Hand- und Lehrbücher zu
Unternehmung, Steuern und Recht

Herausgegeben von
Universitätsprofessor Dr. Michael Heinhold

Israelisches Wirtschaftsrecht

Herausgegeben von
Alon Kaplan, LL. M.
Rechtsanwalt
und
Dr. Katerina Elmaleh
Rechtsanwältin

R. Oldenbourg Verlag München Wien

Die Deutsche Bibliothek - CIP-Einheitsaufnahme

Israelisches Wirtschaftsrecht / hrsg. von Alon Kaplan ; Katerina Elmaleh. – München ; Wien : Oldenbourg, 1998
(Hand- und Lehrbücher zu Unternehmung, Steuer und Recht)
ISBN 3-486-24448-5

Rosenheimer Straße 145, D-81671 München
Telefon: (089) 45051-0, Internet: http://www.oldenbourg.de

Gedruckt auf säure- und chlorfreiem Papier
Gesamtherstellung: Druckhaus "Thomas Müntzer" GmbH, Bad Langensalza

ISBN 3-486-24448-5

Inhaltsübersicht

Über die Herausgeber

Alon Kaplan, LL.B., LL.M. (Jerusalem) ist in Israel seit 1970 als Rechtsanwalt und seit 1989 als Notar tätig. 1990 wurde er in New York als Rechtsanwalt und 1991 in Deutschland als Rechtsbeistand zugelassen. Alon Kaplan praktiziert auf dem Gebiet des internationalen Wirtschaftsrechts in New York, Grossbritannien und Deutschland, wobei er sich in neuerer Zeit immer entschiedener auf die Beziehungen zwischen Israel und den Staaten des deutschsprachigen Raumes spezialisiert hat. Als ehemaliger Assistent an der juristischen Fakultät der Universität Tel Aviv ist es ihm ein Anliegen, Israel und seine Rechtsordnung einem europäischen Publikum näher zu bringen. Er hält heute regelmässig Vorlesungen zu wirtschaftsrechtlichen Themen sowohl in Israel als auch in Europa. Zu seinen zahlreichen Publikationen in Israel und Europa zählen insbesondere zwei Beiträge zum israelischen Agentur- und Unternehmensrecht in der Zeitschrift *Internationale Wirtschaftsbriefe* sowie ein Kapitel im Werk *Agency and Distribution Agreements* (ISBN-1-85966-188-2). Alon Kaplan ist der Herausgeber des englischsprachigen Werkes „Israel Law and Business Guide" sowie von dessen Neubearbeitung „Israeli Business Law" (ISBN-90-411-0323-6). Letzteres Werk bildet die Grundlage für die vorliegende deutsche Bearbeitung.

Dr. *Katerina Elmaleh* promovierte 1993 an der Universität Zürich im Bereich des internationalen Medienrechts und wurde 1995 in der Schweiz als Rechtsanwältin zugelassen. Seither praktizierte sie in Zürich auf dem Gebiet des internationalen Immaterialgüter- und Wirtschaftsrechts. Seit ihrer Doktorandenzeit, die sei als wissenschaftliche Assistenzzeit am Lehrstuhl für Vertrags- und Internationales Privatrecht der Universität Zürich verbrachte, ist sie Autorin verschiedener Publikationen geworden, insbesondere zum internationalen Privatrecht, zum Firmenrecht multinationaler Unternehmen und zum Recht der Massenmedien. Sie ist ferner, zusammen mit Alon Kaplan, Co-Autorin zweier Beiträge zum israelischen Agentur- und Unternehmensrecht in der Zeitschrift *Internationale Wirtschaftsbriefe*. Katerina Elmaleh ist am 1. Oktober 1996 in Israel eingewandert.

Autoren und Bearbeiter

Dan Arbel, LL.M., ist Oberrichter und Präsident des Magistratsgerichtes in Tel Aviv.

Alan Aronson, LL.B. (Witwatersrand), ist Rechtsanwalt in Tel Aviv.

Nahum Bitterman, LL.B. (Jerusalem), ist Rechtsanwalt in Israel und Senior Vice President sowie hauptverantwortlicher Rechtsberater der Bank Leumi Le-Israel B.M.

Emil Brodski ist Rechtsanwalt in München.

Adriel Caro, lic.iur. HSG, ist Rechtsanwalt in Zürich.

Zvi Caspi, LL.B. (Tel Aviv), ist Richter am Magistratsgericht in Tel Aviv.

Beat Eberle ist selbständiger Rechtsanwalt in Flums, Schweiz.

Gideon Fisher ist Rechtsanwalt in Tel Aviv und auf internationales Handels- sowie Immaterialgüterrecht spezialisiert. Er amtiert ferner als ausserordentlicher Professor an der juristischen Fakultät der Universität Tel Aviv sowie als Vorsitzender der EU-Kommission der israelischen Anwaltskammer in der Sektion Tel Aviv.

Gabriele Fontane ist als Rechtsanwältin in Frankfurt a.M. tätig.

Dr. **Jose Fosman** ist Rechtsanwalt mit Zulassungen der Anwaltskammern von Israel, Uruguay und Spanien und I.F.T.T.A. (Internationales Forum der Reise- und Tourismus-Anwälte) sowie Mitglied des Ausschusses für Reiserecht der israelischen Anwaltskammer. Er praktiziert in Tel Aviv.

Froriep Renggli ist eine international tätige Anwaltskanzlei mit Büros in Zürich, Zug, Genf und London. Die Rechtsanwälte praktizieren vornehmlich auf dem Gebiete des Gesellschafts- und Handelsrechts.

Louis Garb, LL.B., (Witwatersrand), praktiziert in Jerusalem, verfügt zusätzlich über Anwaltszulassungen in Südafrika sowie Botswana und amtet als Herausgeber der Materialsammlung *Enforcement of Foreign Judgements*, Kluwer Law International: The Hague, 1995.

Moshe Keshet, LL.B., M. Jur., praktiziert als Anwalt und Notar, ist ein Mitglied des Lehrkörpers am „Institute for Continuing Legal Education“ in Jerusalem, Standesrichter der Israelischen Anwaltskammer sowie Autor verschiedener wirtschafts- und zivilprosessrechtlicher Fachbücher.

Gideon Koren (Kneller), LL.M. (Jerusalen), führt eine Anwaltskanzlei in Jerusalem und praktiziert im Medien-, Vertrags- und Gesellschaftsrecht. Er liest Medienrecht, Vertragsrecht, Zivilprozessrecht an der Rechts- und Sozialwissenschaftlichen Fakultät der Universität Jerusalem.

Shlomo Kerem, M.jur. (Jerusalem), praktiziert als Rechtsanwalt insbesondere auf dem Gebiet des Gesellschafts- und Steuerrechts und ist Autor verschiedener Publikationen, insbesondere eines Standardwerkes zum Recht des Trust.

Christian Looks ist Partner für internationale Steuerberatung von KPMG Frankfurt.

Dr. **Urs Lustenberger**, Dr. iur., ist Rechtsanwalt in Zürich.

Georg A. Rosenberg , B.C.L. (McGill), ist Partner der Anwaltskanzlei Rosenberg Levinson Yanay Kerenin in Haifa und Tel Aviv. Zusätzlich zum israelischen Anwaltsverband ist er zudem Mitglied des Anwaltsverbands von Quebec, Canada. Er praktiziert auf dem Gebiete des Wirtschaftsrechts, insbesondere aber im internationalen Steuerplanungs- und Gesellschaftsrecht.

Jack Rosenthal ist Geschäftsführer der deutsch-israelischen Handelskammer.

Daniela Rudolf ist als Rechtsanwältin in der Abteilung für internationale Steuerberatung der KPMG Frankfurt tätig.

David M. Sassoon, M.Jur. (Jerusalem.), D.Phil. (Oxon), ist Rechtsanwalt und Lehrbeauftragter für Aussenhandelsrecht an der betriebswissenschaftlichen Fakultät der Universität Tel Aviv.

Christoph Schalast ist Rechtsanwalt in Frankfurt a.M., Professor für Wirtschaftsrecht und Wirtschaftsverwaltungsrecht an der Fachhochschule Wismar und Autor zahlreicher Arbeiten und Beiträge u.a. zum deutschen und europäischen Umweltrecht.

Dr. **Gabriela Shalev**, LL.B., LL.M, ist Professorin an der Rechtsfakultät der Hebräischen Universität in Jerusalem.

Roland Kiran Staub ist Rechtsanwalt in Zürich (Rinderknecht Glaus & Stadelhofer).

Dr. **Alon Tal** ist Präsident der Israelischen Vereinigung für Umweltschutz und Professor für Umweltrecht an den Universitäten von Tel Aviv und Beersheva sowie assoziierter Dozent an der Harvard University School of Public Health.

Dr. **Eric Teitler** ist Rechtsanwalt und praktiziert in Zürich.

Dr. **Olaf Tyllack** praktiziert als Rechtsanwalt in München auf dem Gebiete des Wirtschaftsrechts mit Schwerpunkten im Gesellschaftsrecht und im Gewerblichen Rechtsschutz.

Dr. **Georg Vorbrugg**, LL.M. (Harvard), ist Rechtsanwalt bei Bösebeck Droste, München, und Lehrbeauftragter der Universität München.

Vorwort zur deutschen Ausgabe

Im Oktober 1994 erschien unter dem Titel „Israel Law and Business Guide“ die erste Auflage eines englischen Grundrisses zum israelischen Recht und zur israelischen Geschäftspraxis. In weniger als zwei Jahren wurde bereits eine zweite, völlig neu bearbeitete Auflage notwendig, welche die Akzente stärker auf rechtliche Aspekte setzt und den Titel „Israeli Business Law, an Essential Guide“ (ISNB-90-411-0323-6) trägt. Diese 1996 erschienene Neubearbeitung setzte den Anfangspunkt zu einem weiteren Vorhaben:

Aufgrund unserer erweiterten Tätigkeit im deutschsprachigen Raum fassten wir den Entschluss, eine auf die wesentlichen rechtlichen Aspekte konzentrierte deutsche Bearbeitung herauszugeben. Dass die Idee nunmehr die Gestalt des vorliegenden Buches angenommen hat, ist zunächst den Rechtsanwältinnen und Rechtsanwälten der Kanzlei Froriep Renggli, Zürich, zu verdanken, die unsere Initiative von Beginn weg unterstützten und mit ihren Übersetzungen unter der Leitung von Dr. Eric Haymann einen wesentlichen Beitrag leisteten. Ferner haben sämtliche Bearbeiterinnen und Bearbeiter mit ihrer Sachkompetenz und ihrem sprachlichen Geschick zum Gelingen dieser Ausgabe beigetragen. Ohne ihr immerwährendes Interesse wäre das vorliegende Werk nie erschienen. Herzlicher Dank gebührt ferner dem technischen Herausgabeleiter der englischen Ausgabe, Paul Ogden, der uns wiederholt bei der technischen Edition der Texte behilflich war.

Wir haben uns bemüht, den Inhalt dieses Werkes so aktuell wie möglich zu halten. Die Leserschaft sei jedoch daran erinnert, dass Israel ein äusserst dynamisches Land ist, in welchem schnelle politische Wechsel stattfinden. Entsprechend sind alle in diesem Buch enthaltenen Angaben unter Vorbehalt jederzeit möglicher Änderungen zu verstehen.

Tel Aviv

Katerina Elmaleh und Alon Kaplan

1 EINLEITUNG

Alon Kaplan

Katerina Elmaleh

I. ALLGEMEINES

Israel ist ein kleines Land. Es verfügt über eine Fläche, die mit Belgien in Europa und dem Ontario-See auf dem nordamerikanischen Kontinent vergleichbar ist. Durch die stete Einwanderung aus der ganzen Welt hat Israel seit seiner Gründung ein riesiges Bevölkerungswachstum verzeichnet:

1882 belief sich die jüdische Bevölkerung Palästinas auf gerade 24'000. 1914 wurden bereits 94'000 Juden gezählt, eine Zahl die sich während des 1. Weltkrieges auf 56'000 verringerte. Durch die großen Immigrationswellen in den 20er und 30er Jahren sowie nach dem 2. Weltkrieg stieg die jüdische Bevölkerung bis 1951 auf 1,5 Millionen an. 1990, als die jüdische Bevölkerung die 4-Millionen-Grenze beinahe erreicht hatte, hob die riesige Immigrationswelle aus der ehemaligen Sowjetunion die Bevölkerung bis 1996 auf 5,6 Millionen an. Zwischen 1948 und 1996 hat das Land 2,7 Neueinwanderer aufgenommen.

Die frühen Einwanderer waren stark von sozialistischen Idealen geprägt, wie sie im Europa vor dem 2. Weltkrieg entwickelt wurden. Der bekannteste Ausdruck dieser Begeisterung ist die Kibbutz-Bewegung, die über Jahre hinweg die Landwirtschaft des Landes beherrschte und auch in wichtige Industriezweige vordrang.

Ein weiteres Ergebnis der sozialistischen Ideale der Gründergeneration ist die Histadrut, die allgemeine Gewerkschaft, die während langer Zeit die Mehrheit der israelischen Arbeiterschaft repräsentierte und - widersprüchlicherweise - auch einer der wichtigsten Arbeitgeber des Landes wurde: Sie betrieb und betreibt heute noch wichtige Betriebe, die sich im Eigentum der Arbeiterschaft befinden, wie die Bank Hapoalim („Arbeiterbank") oder die Kupat Cholim Klalit (die immer noch größte Krankenkasse des Landes). Angesichts der veränderten Vorzeichen ist die Regierung seit einiger Zeit darangegangen, staatliche Betriebe zu privatisieren. Die Histadrut hat sich - unfreiwilligerweise - an diesem Prozeß beteiligt und sucht nun den Weg zurück zu ihren Wurzeln als Dachorganisation der Gewerkschaften.

II. Jüdisches Recht im modernen Wirtschaftsverkehr?

Eine der Rechtsquellen des israelischen Rechts ist das jüdische Recht, wie es von den Rabinatsgerichten über drei Jahrtausende entwickelt wurde. Der Eingang dieses jüdischen Rechts in die moderne israelische Rechtsordnung war und ist als eine ideologische Frage heftig umstritten. Sieht man vom Familienrecht ab, welches zu weiten Teilen in den Händen der Rabinatsgerichte ruht, blieb der Einfluß auf parlamentarische Erlasse relativ gering.

In sprachlicher Hinsicht diente vor allem in den frühen Jahren der israelischen Staatlichkeit die Rechtssprache von Bibel und Talmud dem Parlament als Vokabular zur Formulierung neuer Erlasse. Allerdings wurde die Bedeutung der Begriffe an die Bedürfnisse des modernen Rechtslebens angepaßt.

In wichtigen Gesetzen, insbesondere ein den Grundgesetzen, welche in neuerer Zeit die Basis für eine gesetzte israelische Verfassung liefern, wird jeweils neben demokratischen und humanistischen auch auf die überlieferten jüdischen Werte hingewiesen.

Der Einfluß auf die Legislativakte des Gesetzgebers ist zwar gering geblieben. Das jüdische Recht übt jedoch auf anderem Weg einen vehementen Einfluß auf den Rechtsalltag israelischer Staatsbürger aus: In verschiedenen wichtigen Rechtsgebieten wurde das jüdische Recht ein seiner durch die Rabinatsgerichte entwickelten Form in die israelische Rechtsordnung inkorporiert, eine Tatsache, die in der Öffentlichkeit immer wieder heftig umstritten ist. So kennt Israel beispielsweise keine Zivilehe. Jüdische, islamische, christliche und drusische Ehen werden somit durch ihre jeweiligen religiösen Rechte beherrscht. Die moderne israelische Rechtsetzung hat zwar insbesondere in neuester Zeit zwar gewisse Gebiete, insbesondere die finanziellen Auswirkungen der Eheschließung und Ehescheidung, an sich gezogen. Die überwiegende Mehrheit eherechtlicher Fragestellungen wird aber nach wie vor durch das religiöse Recht, für jüdische Ehepaare also durch das jüdische Recht geregelt.

III. Hebräisch als Geschäfts- und Alltagssprache

A Die Anfänge

Israels drei größten Städte - Jerusalem, Tel Aviv und Haifa - haben je ihre Hauptstraßen, welche die Namen von Herzel, Weizmann und Ben Yehuda tragen. Herzel und Weizmann waren die beiden wichtigsten Anführer der Zionistischen Bewegung, gehören somit zu Israels Gründervätern. Entsprechend gebührt ihnen der wohlverdiente Platz im Namensinventar israelischer Boulevards. Was aber hat der Linguist und Journalist Eliezer Ben Yehuda auf Israels Strassenschildern zu suchen? Ihm gebührt der große Verdienst, das Hebräische wieder zu einer gesprochenen Sprache zurückgeführt zu haben.

Hebräisch ist neben Griechisch und Latein eine der in Europa teilweise immer noch gelehrten klassischen Sprachen. In den langen Jahrhunderten des jüdischen Exils nach der Zerstörung des Zweiten Tempels, der Diasporah, wurde Hebräisch insbesondere von Juden, teilweise aber auch von christlichen Gelehrten, als eine Sprache des Gebets, der Philosophie und Literatur benutzt, aber nur selten gesprochen. Eliezer Ben Yehuda, der um die Wende zum 20. Jahrhundert in Jerusalem lebte, unternahm ungeheure Anstrengungen, das Hebräische wieder in eine gesprochene Alltagssprache aller Juden umzuwandeln. Er zwang alle seine Familienmitglieder, trotz des Spottes in der (jüdischen) Nachbarschaft, ausschließlich hebräisch zu sprechen. Es sei daran erinnert, daß das damalige Palästina Teil des Osmanischen Reiches war und türkisch, arabisch, jiddisch und ladino (die Sprache der sephardischen Juden mit entferntem Bezug zum Altspanischen) die gängigen Alltagssprachen waren.

1885 gründete Ben Yehuda die Zeitung *Hazvi*, eine der ersten hebräischen, in Europa vertriebenen Zeitungen. Später publizierte er einen Teil des ersten modernen hebräischen Wörterbuches, das nach seinem Tod durch seine Witwe und andere fertiggestellt wurde. Dabei stellte sich das Problem, daß zahlreiche Wörter des modernen Alltagslebens keine Entsprechung im traditionellen Wortschatz der überlieferten Sprachquellen fanden. In der Art, wie Ben Yehuda diese Probleme löste, zeigt sich heute noch, daß er deutscher Muttersprache war. So ist beispielsweise das hebräische Wort für Zeitung, *iton*, die exakte Hebräisierung des deutschen Begriffes (Zeit - ung). Diese Zerlegung des deutschen Wortes ist übrigens linguistisch falsch, wird aber durch das deutschsprachige Publikum immer wieder benutzt.

Die gigantische Aufgabe, das Hebräische immer wieder an die Bedürfnisse eines modernen Alltags anzupassen nimmt heute die von Ben Yehuda gegründete Akademie der Hebräischen Sprache wahr. Immer wieder werden neue Wörter geschaffen, wobei es als Ehrensache gilt, sich nicht dem weltweiten Trend zur Anglisierung anzuschließen, sondern auch für Computer, Display oder Cursor neue hebräische Begriffe zu schaffen und auch zu benutzen.

B Sprache als Integrationsinstrument

Dank Ben Yehudas Anstrengungen wurde Hebräisch 1922 durch die britische Mandatsmacht neben Arabisch und Englisch als eine der offiziellen Sprachen Palästinas anerkannt. Bei den großen Immigrationswellen, die seither das Land überschwemmten, galt es immer als eine der wichtigsten Prioritäten und Integrationsinstrumente, die Neueinwanderer in kürzestmöglicher Zeit mit der hebräischen Sprache vertraut zu machen.

Das Einwanderungsministerium hat ein besonderes Departement für Bildung, welches Hebräischkurse für Erwachsene (hebräisch: *ulpan)* in jeder größeren Stadt veranstaltet. Diese Kurse sollen nicht „nur" die Sprache, sondern auch die wichtigsten kulturellen Grundlagen vermitteln, die Neueinwanderern die Eingliederung als frischgebackene israelische Staatsbürger erleichtern sollen: die Geschichte und Geographie des Landes, die wichtigsten Persönlichkeiten der zeitgenössischen Politik, die schillerndsten Künstler und die bekanntesten Lieder. Jeder Einwanderer hat das Recht, einen dieser in der Regel fünf Monate dauernden Kurse kostenlos zu besuchen.

Das Bildungsministerium verfügt über ein Departement, welches auf die Vermittlung der hebräischen Sprache an Erwachsene spezialisiert ist. Diese Einheit ist insbesondere für die Rekrutierung von qualifiziertem Lehrpersonal verantwortlich und gibt auch zwei Zeitungen in vereinfachtem Hebräisch heraus: *Shaar La'matchil* (Eingangstor für den Anfänger) und *Hed Ha'ulpan* (Echo des Ulpan).

C Von der Bibel zur modernen Alltagssprache

Die beiden Primärquellen des modernen Hebräisch sind die Bibel und der Talmud. Beide Textsammlungen enthalten bereits zahlreiche Begriffe der Geschäfts- und Rechtssprache, von welchen wiederum ein Teil aus dem Arabischen, Aramäischen oder dem Griechischen übernommen wurde. Einige dieser archaischen Bezeichnungen werden heute noch in unveränderter Bedeutung benutzt, wie *mashkanta* (Hypothekarkredit) oder *ribit* (Zins).

Andere Bezeichnungen wiederum wurden in ihrer ursprünglichen Bedeutung abgeändert: Das hebräische Wort für Richter, *shofet*, ist beispielsweise weiterhin in Gebrauch. Die biblischen Richter waren jedoch nicht, wie heute in Israel, Magistratspersonen, sondern hatten die Funktion von Führungspersönlichkeiten für die gesamte Nation. Ein weiteres Beispiel bildet der Begriff *hekdesh*, der heute einen wohltätigen Trust, vergleichbar mit einer Stiftung, bezeichnet. In biblischer Zeit bedeutete *hekdesh* eine Tempel- oder Wohltätigkeitsgabe. Nach der Zerstörung des Tempels wurde der Begriff als Bezeichnung für wohltätige Zuwendungen und Spenden an die

Gemeinde benutzt. 1923 setzte die britische Mandatsmacht die *Public Trust Ordinance* in Kraft, deren hebräische Übersetzung den Begriff *hekdesh* benutzte, und die Knesset, das israelische Parlament, übernahm die Bezeichnung für den wohltätigen Trust in das Trustgesetz von 1979.

Ganz allgemein wurden zahlreiche Erlasse aus der britischen Mandatszeit ins hebräische übersetzt und anschließend durch die Knesset in das israelische Recht inkorporiert. Diese übersetzten, ursprünglich britischen Erlasse sind, mit zahlreichen Änderungen, teilweise heute noch in Kraft und tragen die Zusatzbezeichnung „Neue Version". Als Beispiele seien die *Gesellschaftsverordnung,* die *Verordnung über die Personengesellschaften* oder die *Markenverordnung* genannt.

IV. Alltagsleben in Israel[1]

Sie werden es mit einem kleinen energischen Land zu tun haben, das auf einem fast europäischen Standard lebt und etwa gleich teuer wie die Bundesrepublik ist. Es ist nicht so sauber und manierlich wie Deutschland, aber schon gar nicht so orientalisch wie Kairo. Sie werden mit Deutsch nur schwer, mit Englisch hingegen gut durchkommen. Die Dienstleistungen, Banken, Wirtschaftsprüfer, Rechtsanwälte, Verkehr, Post, Telefon, Fax, Regierung und andere Ämter sind auf europäischem Niveau.

Die Arbeitswoche ist von Sonntag bis Donnerstag, teilweise auch bis Freitag Mittag. Die Arbeitszeiten reichen meist von 08:00-16:00/17:00 Uhr.

Für einen ersten Besuch wählen Sie möglichst nicht die Sommermonate Juli bis September. Es ist wärmer, teilweise auch feuchter, als Sie es gewohnt sind, doch Hotels, Taxis, Restaurants, Büros und Privatwohnungen sind meist klimatisiert - und ich selbst finde die Bundesrepublik an heißen Tagen schwerer zu ertragen als Israel.

Deutschsprachige Geschäftsleute können sich an die deutsch-israelische Handelskammer wenden, die Hifestellung bei der ersten Kontaktnahme sowie verschiedene Dienstleistungen anbietet[2].

Kleidung ist leicht und informell, doch bei Abendeinladungen bringen Sie Blumen und kommen Sie in Schlips und Jackett, die kurz nach der Begrüßung abgenommen werden.

---

[1] Die Herausgeber danken Jack Rosenthal, dem Geschäftsführer der deutsch-israelischen Handelskammer, für seinen Beitrag zu diesem Titel.

[2] Deutsch-israelische Handelskammer, Migdal Te'umim 2, 35, Jabotinsky Rd., Ramat Gan 52 134 (Telephon: ++972 3 613 35 15/6; Fax: ++972 3 613 35 28).

Israel ist ein jüdischer Staat und der Besucher wird sofort einige wichtige soziale Unterschiede zu den christlich dominierten Ländern Europas und Nordamerikas feststellen: Hotels und zahlreiche Restaurants halten sich nach wie vor an die biblischen Speisegesetze, die *kashrut*. Entsprechend werden selten Milchprodukte mit Fleisch serviert; Krustentiere sind ebenso selten auf dem Speisezettel zu finden, wie Schweinefleisch. Andererseits kennt das Judentum in bezug auf den Alkoholkonsum keinerlei Restriktionen, auch wenn in Israel Alkohol nicht an Jugendliche unter 18 Jahren ausgeschenkt werden darf.

Der Samstag als Ruhetag der jüdischen Überlieferung beginnt am Freitag abend bei Sonnenuntergang und endet am Samstag abend bei Sonnenuntergang. In der Regel wird von Sonntag bis Freitag gearbeitet, wobei Freitag als abgekürzter Arbeitstag gilt. In der Zeit zwischen Freitagabend und Samstagabend verkehren in den jüdisch dominierten Gebieten (außer in Haifa) praktisch keine öffentlichen Verkehrsmittel. Gesetzestreue Juden verzichten am Samstag überhaupt darauf, zu fahren, da dies den jüdischen Ruhegeboten zuwiderläuft. Die allermeisten Geschäfte in den jüdisch dominierten Gebieten bleiben samstags geschlossen.

Neben den jüdischen Speise- und Ruhegeboten ist die Armee ein dritter Faktor, welcher den israelischen Alltag entscheidend prägt. Die allermeisten Israelis beginnen im Alter von 18 Jahren ihren Armeedienst, wobei die Dienstzeit für Männer drei Jahre und für Frauen 18 Monate beträgt. Nach deren Entlassung verbleiben die männlichen Armeeangehörigen bis ins Alter von 50 Jahren im Reservedienst der sich für Soldaten ca. 30 Tage im Jahr, für Offiziere insbesondere bei Notfällen auf bis zu 60-90 Tagen im Jahr erstrecken kann. Für unverheiratete, kinderlose Frauen dauert der Reservedienst bis 24. Altersjahr. Wegen der langen Dienstpflicht beginnen junge Israelis ihre Berufsausbildung etwas später als ihre europäischen Kolleginnen und Kollegen. Viele von ihnen hoffen, daß der Friedensprozeß diese schwere Bürde etwas erleichtern wird.

Israelis üben herbe und konstante Kritik an ihrem Volk und Land - gehen jedoch sofort in Verteidigungsstellung, wenn Sie das tun. Zuhören, jedoch nicht zustimmen. Verteidigen Sie Israel gegen die Klagen Ihres Gastgebers, und Sie werden sich eines erfolgreichen Besuches erfreuen und Freunde gewinnen.

2 Fakten zu Politik und Wirtschaft

Jack Rosenthal[1]

I. Historischer Überblick

Der Nahe Osten, wie wir ihn heute kennen, ist die Folge einer Gebietsaufteilung seitens der siegreichen Engländer und Franzosen nach dem Ersten Weltkrieg. 400 Jahre war das ganze Gebiet Teil des Ottomanischen Imperiums gewesen. Ibn Sauds Aufstand gegen die Türken hatte zwar bereits 1913 begonnen, und Ägypten hatte 1840 unter Mohammed Ali versucht, sich von der Pforte zu lösen. Von den Engländern zurückgepfiffen, wurde es dadurch zu einem englischen Protektorat. Die Aufteilung des Mittleren Ostens in neue politische Grenzen erfolgte aber erst nach dem ersten Weltkrieg.

Die Engländer schufen Irak und ernannten Feisal I zum König. Sie schufen Transjordanien und ernannten Abdallah zu dessen Emir. Palästina - auf der Westseite des Jordans - wurde durch einen englischen High Commissioner administriert.

Diese neuen Länder wurden den Engländern vom Völkerbund in Genf 1921 als Mandatsgebiete anvertraut. Die Franzosen erhielten Syrien und den Libanon zur Verwaltung als Mandate.

Feisal und Abdallah waren die Söhne von Hussein, Scharif von Mekka, dem England für seinen Aufstand 1916 gegen die Türken (Lawrence of Arabia) zu Dank verpflichtet war.

Eine weitere Verpflichtung bestand gegenüber den Juden, den Zionisten unter Weizmann, dem späteren ersten Präsidenten Israels. 1917 hatte Englands Außenminister, Lord Balfour, die Schaffung eines jüdischen Nationalheims in Palästina zugesagt.

Um beiden Verpflichtungen gerecht zu werden, wurde das Mandat geteilt in das östliche Transjordanien und das westliche Palästina.

---

[1] Jack Rosenthal verfasste den nachfolgenden historischen Überblick. Er ist Geschäftsführer der deutsch-israelischen Handelskammer.

Durch viele Wandlungen, bedingt durch den erwachenden arabischen Nationalismus, durch die jüdische verfolgungsbedingte Einwanderung der Dreißiger Jahre und während des Zweiten Weltkriegs, blieben England und Frankreich bis Mitte der vierziger Jahre die de-facto Kolonialherren des Mittleren Ostens.

Syrien wurde 1944 selbständig (H. Assad Präsident seit 1971).

Die französischen Truppen verließen den Libanon 1946.

Emir Abdallah erklärte 1946 Transjordanien zum selbständigen Königreich und entließ seinen englischen Armeechef, Glubb Pasha.

Irak hatte 1941 unter Raschid Ali erfolglos versucht, die englische Oberhoheit abzuwerfen. Erst unter Abdel-Karim Kassem wurde Irak zur Republik ausgerufen (1958) und das Konkordat mit England abgebrochen (seit 1970 ist Saddam Hussein die führende Macht im Irak).

König Farukh, der letzte Nachkomme Mohammed Alis (s.o.), dankte 1952 ab und Gamal Abdel-Nasser, Held des Pan-Arabismus, wurde Ägyptens Präsident.

Ich halte diesen Rückblick für wichtig, um zu betonen, daß die Unabhängigkeitserklärung Israels im Mai 1948 einen Teil dieses Wandels und des Übergangs zur Selbständigkeit darstellte, den der gesamte Nahe Osten zu dieser Zeit durchmachte.

Unter den Engländern, bis 1948 hatte sich die jüdische Landwirtschaft blendend entwickelt. Die Kooperativen, die Kibbuzim, aber auch die private Landwirtschaft erreichten Rekordernten.

Die Industrie hingegen wurde von der Mandatsregierung gehemmt. Es entwickelten sich nur wenige Textil und Lebensmittelfabriken und die Pottaschwerke am Toten Meer (Kalisalze, Chloride und Sulfate des Kaliums, Brom und Doppelsalze mit Mg, Ca und Na).

Mit der Staatsgründung änderte sich die Situation schlagartig: Durch die freie Einwanderung aus Europa, den arabischen Ländern und in den letzten Jahren aus der ehemaligen Sowjetunion erreichte die jüdische Bevölkerung Israels 1996 4,7 Millionen (bei der Staatsgründung 1948 waren es 700.000). Dazu kommen 1,1 Million arabische Staatsbürger Israels.

1952 unterschrieben Adenauer und Ben Gurion das "Wiedergutmachungsabkommen". Deutschland lieferte über 12 Jahre für insgesamt DM 3'450 Millionen hauptsächlich Investitionsgüter an Israel. Für Deutschland war dies nicht nur ein Schritt in Richtung Versöhnung, sondern auch die Eröffnung eines interessanten Marktes.

Es folgten 45 bewegte Jahre, die wir alle aus der Medienberichterstattung kennen und die deshalb nur in Stichworten behandelt werden müssen:

1967 eroberte Israel im Sechtagekrieg das heutige Westjordanland, die Golanhöhen sowie die Golanhöhen und den Sinai.

1973 brachte der Jom Kippur Krieg Israel an den Rand des Zusammenbruchs.

1979 wurde das Friedensabkommen mit Ägypten ratifiziert, in dessen Verlauf die Halbinsel Sinai an Ägypten zurückgegeben wurde.

1991 Golf Krieg

1991 Multilaterale Friedenskonferenz in Madrid

1993 Unterzeichnung einer ersten Vereinbarung mit der PLO, bekannt als das Oslo-I-Abkommen.

1994 Ratifizierung des Friedensabkommens zwischen Israel und Jordanien

Anfang Oktober 1995 unterschrieben Rabin, Arafat und Clinton die Israelisch Palästinensische Interimsvereinbarung über Westjordanien und Gaza, bekannt als das Oslo-II-Abkommen.

1996 Aufnahme erster Vorverhandlungen mit Syrien.

Jetzt, 1997, sollen die Verhandlungen über die endgültige Lösung des territorialen Problems, die Durchführung der Oslo-II-Abkommen, beginnen. Allerdings finden sie nach dem Mord an Premierminister Itzchak Rabin und dem Fall Arbeiterpartei von Shimon Peres mit einem wesentlich härteren Partner, dem Likud unter Benjamin Netanjahu statt.

II. Zur aktuellen politischen Situation

Heute ist Israel ein Land, in dem man trotz einer Unzahl schwerwiegender Probleme gut lebt. Nennen wir nur einige davon:

1. Die 1,1 Millionen arabischen Staatsbürger Israels klagen mit Recht, daß die Gleichberechtigung der Minorität vor dem Gesetz, nicht aber im Alltag, besteht. Dieser Zustand wird sich nur durch einen Frieden ändern, denn viele der arabischen Bürger identifizieren sich mehr mit der arabischen Welt als mit Israel. Verständlich, doch nicht integrationsfördernd.
2. Weitere 2,0 Millionen Palästinenser leben in den 1967 im Sechstagekrieg eroberten Gebieten Westjordaniens und des Gazastreifens. Im Laufe der Friedensverhandlungen erreichten diese Bewohner ihre autonome Verwaltung, kämpfen aber weiter um ihren eigenen, selbständigen Staat.

3. Israels Umfeld besteht aus 100 Millionen arabischen Bürgern verschiedener Staaten, die teilweise zum fundamentalen Islam tendieren und dem Friedensprozeß mit wenig Sympathie begegnen.
4. Eine lautstarke jüdisch-fundamentalistische Bewegung beruft sich auf das biblische Versprechen Gottes und wertet den Abzug aus einem Teil des verheißenen Landes als Verrat. Dieser Fanatismus kostete Premierminister Itzchak Rabin am 4. November 1995 das Leben.

Die Demokratie ist ungehemmt und virulent. Am 29. Mai 1996 erlebten wir, daß eine sehr knappe Mehrheit dem rechts orientierten Likudflügel das Steuer in die Hand drückte; die von der westlichen Welt hoch geschätzte Friedenspolitik von Rabin und Peres wird nunmehr durch den unerprobten Benjamin Netanjahu abgelöst.

III. Die Wirtschaft Israels und der Autonomen Gebiete

A Zur Situation in Israel

Die wirtschaftliche Ebene zeigt eine stark defizitäre Leistungsbilanz und etwa 10 % p.A. Inflation. Israels per capita BSP liegt mit $ 17'000.- p.A. tief unter dem der Bundesrepublik (1995 $ 28'300.-), doch haushoch über dem der Anliegerstaaten (Ägypten: $ 1'000.- Jordanien $ 1'300.- Die Autonomen Gebiete $ 2'000.- und Gaza $ 1'400.-). Der Nachholbedarf des Mittleren Osten ist daher enorm.

Das BSP setzt sich in Israel wie folgt zusammen: 32 % Dienstleistungen, 31 % Industrie, 5 % Landwirtschaft, 15 % Transport & Verkehr, 13 % Bau und 4 % Elektrizität. Diese Zusammensetzung sowie der Anteil der arbeitenden Bevölkerung (2,2 Millionen) entsprechen den Werten westlicher Industrieländer.

Einen wichtigen Teil der israelischen Volkswirtschaft bildet heute die High-Tech-Industrie, welche auf dem Gebiet von Elektronik, Telekommunikation, Biochemie, Pharmazie, medizinischen Apparaten, Software und Hardware amerikanische und in neuester Zeit auch japanische Investoren anzog: IBM, Motorola, Intel, Apple, Microsoft und Hitachi unterhalten in Israel sowohl in Forschungs- und Entwicklungsabeilungen wie auch Produktionsbetriebe.

Die Länder des deutschsprachigen Raumes waren mit ihrer Investitionstätigkeit in Israel bisher sehr zurückhaltend. Die deutsch-israelische Handelskammer hat jedoch auf die Entwicklung einer verstärkten Zusammenarbeit großen Wert gelegt und bietet deutschsprachigen Investoren verschiedene Hilfestellungen an[2].

B Zur Situation in den umliegenden arabischen Gebieten und Staaten

Die Weltbank und verschiedene Industriestaaten haben Beiträge in der Höhe von 2,4 Milliarden Dollar für die wirtschaftliche Entwicklung der palästinensischen Autonomie zugesagt. Da sich die Palästinensische Autonomie jetzt auf einen großen Teil der Westbank ausbreitet und man hofft, daß danach eine regionale Infrastruktur geschaffen wird - die Ägypten, Jordanien und vielleicht auch Syrien und den Libanon umfassen wird, wenn Israel selbst groß investiert, um Schritt zu halten - darf man getrost mit einer Investition von $ 35 Milliarden über die nächsten Jahre rechnen.

Das Autonome Gebiet und Israel schlossen im Mai 1994 eine Zollunion, die den freien Verkehr von Industrieprodukten mit gleichen Belastungen und größtenteils auch den freien Verkehr für landwirtschaftliche Erzeugnisse gewährleistet.

Der freie Grenzverkehr galt auch für Arbeitnehmer, für die 130'000 Palästinenser, die bis vor 2 Jahren in Israel in der Landwirtschaft, im Bauwesen und im Gastgewerbe arbeiteten. Diese Arbeitskräfte brachten täglich $ 5-6 Millionen in das Autonome Gebiet - einen wesentlichen Teil des palästinensischen BSP ($ 3,5 Milliarden - verglichen mit Israels BSP von $ 92 Milliarden).

Die Terrorakte in den Ballungszentren Israels Tel Aviv, Hadera, Afula und Jerusalem erwiesen sich als unerwartet effiziente "Erfolge" bei der Verhinderung des neu angelaufenen Friedensprozesses und trugen einen nicht unwesentlichen Teil der Schuld am Sturz der Regierung von Shimon Peres. Ferner zwangen sie die israelische Regierung, den freien Grenzverkehr fast gänzlich zu unterbinden.

Heute arbeiten nur noch 50'000 ältere (über 35 Jahre) und polizeilich registrierte Palästinenser in Israels Wirtschaft. Die entstandene Lücke wurde durch 100'000 oder mehr Fremdarbeiter aus Rumänien, Vietnam, Thailand und den Philippinen gefüllt. Gehälter, die bislang nach Gaza und in das Westjordanland gelangten und zum Teil wieder in Israel ausgegeben wur-

---

[2] Deutsch-israelische Handelskammer, Migdal Te'umim 2, 35, Jabotinsky Rd., Ramat Gan 52 134 (Telephon: ++972 3 613 35 15/6; Fax: ++972 3 613 35 28).

den, werden jetzt in alle Welt transferiert, und in den Autonomen Gebieten herrscht Arbeitslosigkeit. Dies schadet allen - Palästinensern und Israelis.

Ein prosperierendes Palästinensisches Autonomes Gebiet wäre die beste Garantie gegen den Terror. Die Kooperation der Palästinenser mit Israel würde zu einer gegenseitigen Befruchtung führen. Israel könnte seine teure landwirtschaftliche Produktion reduzieren, die Palästinenser einen höheren Anteil des so knappen Wassers nutzen und ihr Gemüse etc. an den israelischen Markt liefern. Ein großer Teil der Textil- und Lederprodukte Israels können in palästinensischen Fabriken gefertigt werden. Dieser Prozeß hat bereits begonnen. Palästinensische Löhne sind jedoch nach wie vor niedriger, das Know-how und bisher auch die weltweiten Verbindungen liefert vorerst Israel.

Man muß hoffen und glauben, daß der gesunde Menschenverstand der gemäßigten Elemente auf beiden Seiten dazu führen wird, daß Palästinenser und Israelis doch lernen zu kooperieren und daß die westliche Welt durch wohlwollenden Druck auf beide Seiten hilft, den Anstoß in diese Richtung zu geben.

3 EINFÜHRUNG IN DAS ISRAELISCHE RECHTSSYSTEM

Zvi Caspi[1]

Emil Brodski[2]

Die Geschichte des israelischen Rechts spiegelt die neuzeitliche Historie des Landes vom Ende des neunzehnten Jahrhunderts bis zur Gegenwart wider: Vor allem die Türken und die Briten, unter deren Einfluß das Land vor der Gründung des Staates Israel stand, haben das Rechtssystem geprägt. Doch je länger diese Periode zurückliegt, desto undeutlicher werden die Spuren der beiden Weltmächte von einst. Nur wenige Bruchstücke des türkischen Rechts sind im heutigen Israel noch von Bedeutung, und obwohl in einigen wichtigen Rechtsgebieten der Einfluß des britischen *common law* noch unverkennbar ist, kann man heute doch von einem genuinen israelischen Recht sprechen.

Die Osmanen, die das Land von 1517 bis zum Ende des Ersten Weltkrieges beherrschten, haben zunächst sehr einfache Regelungen eingeführt, die durch den Islam geprägt waren. Das Zivilgesetzbuch, die „Mejelle" - Schriftrolle -, war auf die schlichten Lebensverhältnisse und das unkomplizierte Geschäftsleben im Osmanischen Reich ausgerichtet. So erkannte beispielsweise das Kaufrecht auf die Zukunft gerichtete Verträge nicht an, die beschränkt haftende Gesellschaft war unbekannt und nicht einmal die Haftpflicht aus unerlaubter Handlung war gesetzlich geregelt.

Mit der Zeit freilich wurden die Unzulänglichkeiten dieser Kodifikation offenbar, und die Türken führten Gesetze ein, die der zunehmenden Komplexität von Handel und Wirtschaft gerecht werden sollten. Die neuen Normenwerke wiederum, beispielsweise das osmanische Seehandelsrecht (von dem einige Teile heute noch Geltung beanspruchen) oder das Versicherungsrecht, hatten ihre Ursprünge im französischen Recht und wurden in die bereits bestehenden moslemischen Gesetze eingefügt. Dennoch blieben wichtige Gebiete - das Gesellschaftsrecht etwa - völlig ungeregelt.

---

[1] Zvi Caspi, LL.B. (Tel Aviv) verfasste den englischen Originaltext. Er ist Richter am Magistratsgericht in Tel Aviv.

[2] Emil Brodski verfasste die deutsche Bearbeitung. Er ist Rechtsanwalt in München.

Von 1917 bis 1947 stand das Land unter britischer Herrschaft, wobei Großbritannien 1922 durch den Völkerbund ein Regierungsmandat übertragen wurde. Während der britischen Mandatszeit kam es zu einer großen Einwanderungswelle jüdischer Emigranten aus Europa, die dazu führte, daß die jüdische Bevölkerung des damaligen Palästina von 55.000 am Ende des Ersten Weltkrieges auf 500.000 am Ende des Zweiten Weltkrieges anschwoll. Wichtige Entwicklungen nahmen in dieser Zeit ihren Anfang: Neue Siedlungen entstanden, ganze Städte und rasant wachsende Industrien wurden gegründet; die Fundamente der modernen israelischen Wirtschaft stammen aus eben dieser Zeit. Das osmanische Recht konnte auf diese neue Wirklichkeit keine adäquate Antwort bieten.

Die Briten hielten sich zunächst mit grundlegenden Änderungen des bestehenden Rechts zurück, hatte doch Palästina nicht einmal den Status einer Kronkolonie. Daher beließen sie es einerseits bei den türkischen Regelungen, gewährten andererseits jedoch auch die Möglichkeit, Normen des englischen common law lückenfüllend zur Anwendung zu bringen. Dieser Spagat wurde durch Art. 46 des *Order in Council* von 1922 ermöglicht, dem wohl wichtigsten Legislativakt der britischen Mandatszeit.

Die Norm statuiert, daß das Recht, welches bis zur Eroberung des Landes durch die Briten in Kraft war, „Bestand haben soll, soweit es nicht mit Änderungen in Widerspruch steht, die als Folgen der Eroberung anzusehen sind," und daß „im Falle einer Regelungslücke die Prinzipien von common law und equity insoweit zur Anwendung kommen, als sie nicht den Verhältnissen des Landes und seiner Bewohner widersprechen." Dieser Artikel 46 kann als Einbruchstelle für die britische Rechtsordnung angesehen werden.

Während der britischen Mandatszeit erließ der Britische Gouverneur von Palästina als Haupt der von London eingesetzten Mandatsregierung zahlreiche noch heute gültige Verordnungen, die auf der gleichen Ebene stehen wie parlamentarisch verabschiedete Gesetze. Erwähnenswert sind insbesondere die Verordnungen, die das Gesellschaftsrecht, das Bankwesen, das Recht der unerlaubten Handlungen, die Einkommensteuer, das Wechselrecht und den Zoll regeln. Sie sind noch immer in Kraft, obwohl die ursprünglichen Fassungen im Laufe der Zeit geändert wurden.

Der Staat Israel wurde am 14. Mai 1948 gegründet. Gleich zu Anfang setzte der provisorische Staatsrat (der später von der Knesset, dem israelischen Parlament, abgelöst wurde) die *Verwaltungs- und Rechts-Verordnung* von 1948 in Kraft, welche die notwendige Kontinuität zum vorbestehenden Recht sicherte und statuierte, daß vor der Staatsgründung in Kraft getretene Rechtsakte weiterhin gültig bleiben, sofern sie „zu dieser Verordnung oder anderen (später in Kraft tretenden) Gesetzen nicht in Widerspruch stehen und ihre Modifikation nicht durch Veränderungen bedingt ist, die als notwendige Folge der Staatsgründung und der Errichtung staatlicher Institutionen anzusehen ist."

Aufgrund des Zusammenspiels dieser Konkurrenzregelung mit Art. 46 des *Order in Council* von 1922 blieb das israelische Recht noch lange nach der Staatsgründung unter dem unmittelbaren Einfluß des englischen Rechts. Prominente Beispiele sind das Verwaltungsrecht und das Recht der ungerechtfertigten Bereicherung, die vollständig auf Prinzipien aus dem englischen Recht aufbauen.

Die Grundsätze und Lehren der anglo-amerikanischen Rechtssysteme beeinflussen nach wie vor das Denken der israelischen Gesetzgeber und Juristen. Vor diesem Hintergrund sei auch auf die in Israel bekannten Institute wie z.B. das Kreuzverhör sowie auf die Regeln des israelischen Zivilprozeßrechts verwiesen.

In neuerer Zeit mausert sich das israelische Recht jedoch zu einer eigenständigen Rechtsordnung: Fast alle Überreste der türkischen Vorschriften wurden nunmehr außer Kraft gesetzt, und auch die Lückenfüllungsregelung von Art. 46 des *Order in Council* von 1922 darf nicht mehr angewandt werden. Gleichwohl können die Regelungen, die bereits in das israelische Recht integriert worden sind, weiterhin Geltung beanspruchen und werden von der israelischen Rechtsprechung weiterentwickelt. Israelische Gerichte verfolgen auch weiterhin die Praxisentwicklung in Großbritannien und den Vereinigten Staaten, obwohl sie nicht an Rechtsprechung dieser Staaten gebunden sind. Langsam hat sich ein neues, israelisches case law herausgebildet, das neben den Einflüssen des common law starke kontinentaleuropäische, teilweise aber auch sehr eigenständige Rechtsideen reflektiert.

Der israelische Gesetzgeber hat insbesondere im Zivilrecht eine Reihe neuer Gesetze in Kraft gesetzt, die ihre Wurzeln in verschiedenen westlichen Rechtsordnungen haben: Das Handelsrecht beispielsweise und auch das Vertrags- und Sachenrecht gründen auf kontinentaleuropäischem Recht. Das Sachenrecht setzt Grundsätze aus dem deutschen BGB um; das Schenkungsrecht ist an italienische Regelungen angelehnt, während der Gutglaubensschutz im Vertragsrecht eine ganz eigenständige israelische Ausformung erfahren hat, die sich allerdings von deutschen Rechtsgedanken und von den Theorien Jherings hat inspirieren lassen. Gleichzeitig wurden in modernen israelischen Gesetzeswerken auch neuere Entwicklungen aus dem anglo-amerikanischen Recht übernommen, wie etwa die Vorschriften zur Vorstandshaftung und zum Anlegerschutz gegenüber Kapitalgesellschaften. Andere Gesetze wiederum - genannt sei hier nur die Mehrwertsteuer - widerspiegeln moderne Wirtschafts- und Rechtsentwicklungen, die ihre Ursprünge in der EU haben.

4 GESCHÄFTSAUFNAHME IN ISRAEL

Alon Kaplan

Urs Lustenberger[1]

I. EINFÜHRUNG

Im ersten Vierteljahrhundert nach der Staatsgründung 1948 war der Zionismus die Hauptmotivation für Investitionen in Israel. Organisationsgrad und Entwicklungsstand waren zu jener Zeit noch nicht auf einem Niveau, welches den Aufbau von Geschäften auf rein ökonomischer Grundlage erlaubt hätte. Die israelische Regierung, die Jewish Agency und andere Gremien waren teilweise gezwungen, für das Land wichtige Geschäftstätigkeiten zu subventionieren, obschon sie unter ökonomischen Gesichtspunkten nicht überlebensfähig waren. In dieser Anfangszeit sahen sich ausländische jüdische Investoren mit verschiedenen Problemen und Fehlschlägen konfrontiert. Es galt der Grundsatz: In Israel kann man kein erfolgreiches Geschäft aufbauen. Entsprechend zog man es vor, den jungen Staat durch Schenkungen zu unterstützen und sah von wirtschaftlich orientierten Investitionen ab.

Heute hat sich das Bild vollkommen geändert: Israel kennt mittlerweile zahlreiche ausländische Investoren, welche sich ausschliesslich von wirtschaftlichen Motiven leiten lassen. Die staatliche Politik strebt danach, diese Entwicklung durch die Gewährleistung freien Wettbewerbs und einen weitestmöglichen Verzicht auf staatlichen Interventionismus weiter zu fördern. Die gegenwärtige Regierung arbeitet an einer schnellstmöglichen Privatisierung des israelischen Marktes und fördert ausländische Investitionen durch Begünstigungen und Anreize.

II. INVESTITIONSARTEN

Aus den verschiedenen Arten von Investitionen, die in Israel im Laufe der letzten Jahre getätigt wurden, lassen sich zwei Hauptkategorien herausfiltern:

---

[1] Dr. Urs Lustenberger verfasste die deutsche Bearbeitung. Er ist Rechtsanwalt in Zürich.

A Passive Investitionen

Der passive Anleger konzentriert sich auf Investitionsmöglichkeiten, die kein aktives Engagement erfordern. Am häufigsten wird er das gewünschte Betätigungsfeld beim Erwerb von Grund-, insbesondere Wohneigentum finden. Andere Investoren bevorzugen kommerzielle Liegenschaften wie Geschäftsgebäude und Ladenlokale. In den letzten Jahren wurden wiederholt erfolgreiche Investitionen in Entwicklungszonen getätigt, welche kurz vor der Umzonung von Landwirtschafts- in Siedlungsgebiet standen und später überbaut werden konnten. Ferner bietet sich eine Vielfalt verschiedenster Bauprojekte an.

Bei passiven Investitionen empfiehlt sich in der Regel die Einsetzung eines lokalen Agenten oder einer Management-Gesellschaft, um die Interessen des Anlegers vor Ort wahrzunehmen. Ist dies geschehen, erfordern diese Investitionsarten vom Anleger üblicherweise weder intensive Aufsicht noch aktives Eingreifen. Diese Lösung wird in der Regel ausreichen, um Effizienz und Kontrolle des Geschäfts sicherzustellen.

In die Kategorie der passiven Investition fallen auch "Risikokapital"-Investitionen ausländischer Gesellschaften und Unternehmen: Auch hier ist der Investor nicht aktiv an der Leitung des Unternehmens beteiligt und hat normalerweise den Status eines beschränkt haftenden Gesellschafters.

B Aktive Investitionen

Die Gruppe der aktiven Investoren umfaßt eine große Vielfalt von Geschäftsleuten und Gesellschaften, die in verschiedene geschäftliche und wirtschaftliche Tätigkeiten involviert sind: Der aktive Investor entscheidet sich vielleicht, in ein Produkt oder eine Dienstleistung mit wenig oder gar keiner Konkurrenz zu investieren. Er könnte aber auch ein Betätigungsfeld auswählen, wo er sich zwar gegen Konkurrenz behaupten muß, aber sein Produkt oder seine Dienstleistung einen bestimmten Vorteil aufweist und der Gewinn eines neuen Absatzmarktes das Risiko aufwiegt.

C Eintritt in die israelische Geschäftswelt

Sowohl der passive als auch der aktive Investor wird zunächst wissen wollen, mit welchem rechtlichen Instrument er in die israelische Geschäftswelt eintreten soll. Hierfür bieten sich drei Alternativen an:

- Ein Joint venture oder eine Teilhaberschaft mit einem lokalen Partner,
- die Bezeichnung eines Agenten, Handelsvertreters oder Verteilers sowie
- der Abschluß eines oder mehrerer Franchiseverträge mit israelischen Unternehmen.

1. Joint ventures und Teilhaberschaften

Eine Joint-venture- oder Teilhaberschaftsvereinbarung wird üblicherweise dann in Betracht gezogen, wenn der ausländische Investor Produkte oder Dienstleistungen auf den Markt bringen will, die er in seinem Herkunftsland bereits anbietet. Entsprechend wird er einen israelischen Partner auswählen, der die Produkte und Dienstleistungen importiert und diese auf dem neuen Markt einführt.

Bekanntermaßen bergen Geschäfte dieser Art sowohl erhebliche Risiken als auch verlockende Gewinnchancen in sich: Der ausländische Unternehmer muß sich auf das Geschick und die Integrität seines israelischen Partners verlassen. Gelegentlich wird das gemeinsame Unternehmen mißlingen, weil der israelische Partner in anderen Geschäftsbereichen, die keinen Bezug zum Joint venture aufweisen, scheitert. In anderen Fällen ist das Engagement des ausländischen Unternehmers in der Leitung des Tagesgeschäfts zeitaufwendig und ökonomisch nicht sinnvoll, weil er nicht in Israel wohnt und das Geschäft aus der Ferne kontrollieren muß. Diese Probleme treten nicht nur in Israel auf. Wirtschaftszweige, welche gezwungen sind, mit Joint ventures, Agenten, Handelsvertretern oder Verteilern zu arbeiten, haben deshalb eigene Strategien entwickelt, sie zu überwinden.

2. Wahl eines israelischen Agenten, Handelsvertreters oder Verteilers

Ein Teil der mit Partnerschaftsverträgen verbundenen Probleme läßt sich durch die Bezeichnung eines erfahrenen und erfolgreichen israelischen Handelsvertreters oder Verteilers vermeiden, der mit dem lokalen Markt und dem importierten Produkt vertraut ist: Auch auf diese Weise kann der ausländische Anleger Türen öffnen, die ihm ohne inländische Vertretung verschlossen blieben. Zum wertvollsten Kapital gehört insbesondere die Möglichkeit, Kontakte zu israelischen Abnehmern und Konsumenten zu knüpfen. Dies garantiert einen guten Kundenservice und hilft, die Anforderungen des israelischen Marktes zu erfüllen. Im Bereich der Produkte, die spezielle Lizenzen erfordern (z.B. pharmazeutische Produkte oder bewilligungspflichtige Importe), sind zusätzliche Hürden wie Zollbeschränkungen, bürokratische Hindernisse und Produktestandards zu überwinden. In diesen Fällen kann ein lokaler Vertreter die Transaktionen erheblich erleichtern und Kosten sparen.

Sowohl Vertreter- als auch Partnerschaftsabsprachen wird man vernünftigerweise in Verträgen schriftlich festhalten. Hierzu sei der Beizug israelischer Fachberater wie Rechtsanwälte oder Wirtschaftsfachleute dringend empfohlen. Sie werden dem ausländischen Investor helfen, ein sicheres Vertragsverhältnis zu erzielen, und sich auch um Import-, Lizenz- sowie Steuer- und Fremdwährungsprobleme kümmern.

3. Franchisevertrag

In den letzten Jahren haben sich internationale Ketten in Franchiseverhältnissen auf den israelischen Markt gedrängt und neue Probleme aufgeworfen. Da es sich hierbei in Israel um ein relativ neues Rechtsgebiet handelt, zu dem noch wenig Rechtsprechung besteht, verdient die Problematik besondere Aufmerksamkeit und wird deshalb in einem eigenen Kapitel behandelt.

III. Gründung eines israelischen Unternehmens in ausländischem Besitz und unter ausländischer Geschäftsführung

Unter gewissen Umständen, speziell bei Produktion in Israel für den Inlandverkauf oder bei Produktion in Israel für den Export, mag es für ausländische Investoren vorteilhaft sein, ein Unternehmen in eigenem Besitz und unter eigener Führung zu errichten. Außerdem sind Investoren, die spezielle Geschäftsbereiche wie Hotelmanagement oder bekannte Franchise-Systeme (z.B. Restaurantketten) kontrollieren, interessiert, unabhängig zu operieren und eine umfassende Kontrolle über das Unternehmen auszuüben.

IV. Möglichkeiten geschäftlicher Präsenz

In allen Konstellationen stellt sich dem Neueinsteiger die Frage, in welcher rechtlichen Form er eine für den Geschäftsbetrieb optimale Präsenz in Israel gewährleisten kann: Soll er denselben Firmennamen wie in seiner Heimat benutzen? Soll er eine neue Gesellschaft in seiner Heimat gründen und eine israelische Zweigniederlassung eröffnen, oder soll er lieber eine israelische Gesellschaft als Ergänzung zu seinen bestehenden Unternehmungen gründen?

Folgende Optionen stehen grundsätzlich zur Verfügung:

- eine Zweigniederlassung in Israel eröffnen,
- eine Tochtergesellschaft in Israel gründen, oder
- eine Partnerschaft mit einem israelischen Unternehmens eingehen.

A Eröffnung einer Zweigniederlassung in Israel

Ausländische Gesellschaften haben die Möglichkeit, in Israel unter ihrem Namen eine Zweigniederlassung zu eröffnen. Diese Entscheidung kann aus Steuergründen erfolgen: Der Aufbau eines neuen Geschäfts ist oft mit mehr Ausgaben als Einnahmen verbunden. Falls das Geschäft in der Heimat erfolgreich ist, können die Verluste im Anfangsstadium der israelischen Niederlassung mit den Profiten des Unternehmens im Heimatstaat verrechnet werden.

Grundsätzlich erfordert jedes Vorgehen dieser Art eine formelle Eintragung der Gesellschaft im israelischen Handelsregister. In Übereinstimmung mit der britischen Rechtstradition kann selbst eine ausländische Gesellschaft in Israel ohne weiteres eingetragen werden. Sie wird dann in jeder Hinsicht als israelische Gesellschaft behandelt[2].

Eine ausländische Gesellschaft muß innerhalb eines Monats nach Beginn ihrer Geschäftstätigkeit in Israel angemeldet sein. Sie muß dem Handelsregister folgende Dokumente einreichen (in der Praxis wird ein israelisches Konsulat im entsprechenden Land die Dokumente bestätigen müssen):

- Die Gründungsurkunde des Heimatlandes,
- eine beglaubigte Kopie und hebräische Übersetzung der Gesellschaftsstatuten,
- Name und Adresse der in Israel wohnhaften Personen, die zur Entgegennahme einer Vorladung oder anderer Mitteilungen ermächtigt sind,
- die beglaubigte Kopie einer Vollmacht, die eine normalerweise in Israel wohnhafte Person dazu ermächtigt, im Namen der Gesellschaft in Israel zu handeln, und
- eine Liste der Verwaltungsräte der Gesellschaft.

Besondere Aufmerksamkeit sollte jenen Fällen geschenkt werden, wo die Aktivitäten einer ausländischen Gesellschaft in Israel als "Geschäftstätigkeit" gelten und demzufolge einer israelischen Besteuerung

---

[2] Vgl. Kesselmann/Kesselmann, *Checklist: Starting a Business in Israel*, 1994.

unterliegen. Dieses Prinzip wird nachfolgend in bezug auf das *Mehrwertsteuergesetz* durch einen Steuerexperten analysiert[3] :

Ein ausländisches Unternehmen, das nicht nach dem Mehrwertsteuergesetz besteuert werden möchte, muß sich aller Handlungen enthalten, die als "Geschäftstätigkeit" im klassischen Sinn interpretiert werden können, wie sie durch das Oberste Gericht umschrieben wurde: Für die Bestimmung des Geschäftsstandortes ist der Verkaufsort entscheidend. Wenn also die verkaufte Ware sich bei Vertragsabschluß in Israel befindet und ein Weiterverkauf vorgesehen ist, dann handelt es sich um ein Geschäft in Israel. Diese Haltung wurde später durch die Gerichte auf Fälle ausgedehnt, wo sich die Ware zwar nicht in Israel befindet, aber das ausländische Unternehmen Agenten in Israel hat, die berechtigt sind, einen bindenden Vertrag einzugehen. Demzufolge muß ein ausländisches Unternehmen, das bezüglich eines im Ausland an einen israelischen Kunden verkauften Produkts nicht unter das israelische *Mehrwertsteuergesetz* fallen möchte, dafür sorgen, daß es seinen Vertreter in Israel nicht zum Abschluß eines bindenden Vertrages im Namen des Geschäftsherren ermächtigt und daß keine bindenden Verträge in Israel abgeschlossen werden.

Ähnliche Überlegungen gelten für die Geschäftstätigkeit einer ausländischen Gesellschaft in Israel bezüglich der Einkommensteuer. Deshalb ist es für jedes Unternehmen, das Waren in Israel durch einen lokalen Vertreter verkauft, ratsam, fachmännischen Rat über seinen Status und seine Pflichten gegenüber den israelischen Steuerbehörden einzuholen.

B Gründung einer Tochtergesellschaft in Israel

Gelegentlich führen steuerliche und andere Erwägungen zur Gründung einer Tochtergesellschaft: Wenn von einem Geschäft in Israel ein hoher Gewinn erwartet wird und die Steuern im Heimatland des Investors wesentlich höher sind als in Israel, kann es vorteilhaft sein, das entsprechende Einkommen in eine separate juristische Person einzubinden. So wird der Gewinn dem Unternehmen in seinem Sitzstaat nicht angerechnet. Besteht zwischen Israel und dem Sitzstaat des ausländischen Anlegers ein Doppelbesteuerungsabkommen, lassen sich daraus weitere Vorteile schöpfen.

Organisatorisch kann eine Gesellschaftsgründung die Verhältnisse vereinfachen, wenn ein joint-venture-Vertrag mit einem israelischen Unternehmen abgeschlossen wurde und die Parteien ihre Zusammenarbeit unter das Dach einer gemeinsamen Gesellschaft stellen wollen. Dasselbe gilt für den Fall, daß die finanziellen Verpflichtungen eines israelischen Geschäfts-

---

[3] Ich danke Daniel Doron, C.P.A., Präsident des Institute of Certified Public Accountants, für diesen Beitrag.

zweiges von den Aktiven des ausländischen Heimatunternehmens abgekoppelt werden sollen.

Nachfolgend seien einige wichtige Aspekte der Gründung einer israelischen Gesellschaft hervorgehoben[4]:

1. Firma

Oft soll der israelische Geschäftsbetrieb dieselbe oder eine ähnliche Firma tragen wie die ausländische Muttergesellschaft. Sofern keine Verwechslungsgefahr mit einer bereits in Israel registrierten Firma besteht, ist eine derartige Namengebung ohne weiteres zulässig. Gelegentlich wird das Handelsregisteramt allerdings die Beibringung von Dokumenten verlangen, welche die rechtliche Bindung an die ausländische Muttergesellschaft und deren Einverständnis mit der Firmenwahl belegen. Der Firmenname wird im israelischen Handelsregister obligatorischerweise in hebräischer Schrift eingetragen, wobei zusätzlich auch eine englische Eintragung möglich ist.

In gewissen Situationen kann das Handelsregisteramt gewisse Zusätze verlangen, um eine Täuschungsgefahr zu verhindern. Dies geschieht, wenn bereits eine Gesellschaft mit ähnlichem Namen in Israel existiert. Diesfalls ist die neu gegründete Gesellschaft gezwungen, ihrer Firma einen Zusatz beizufügen, welcher eine generelle Umschreibung der angebotenen Produkte oder der Dienstleistungen enthält.

Mit der Handelsregistereintragung kommt die Gesellschaft in den Genuß des Firmenschutzes unter israelischem Gesellschaftsrecht. Entsprechend kann sich das Trägerunternehmen fortan gegen irreführenden Gebrauch ähnlicher Geschäftsbezeichnungen gerichtlich zur Wehr setzen und allenfalls mittels vorsorglichen richterlichen Befehls in kurzer Zeit ein Gebrauchsverbot erwirken. Um den Registerschutz noch etwas zu erweitern, kann es ratsam sein, auch für das vertriebene Produkt oder die angebotene Dienstleistung eine Marke beim Markenregister anzumelden.

---

[4] Die nachfolgenden Angaben beziehen sich auf die Gesellschaftsform, welche das israelische Recht für kleine und mittlere Unternehmen vorsieht, die ihre Wertpapiere nicht öffentlich zur Zeichnung anbieten. Die Rechtsform ist in etwa mit der GmbH. Ausgenommen vom Anwendungsbereich der nachfolgend erläuterten Betstimmungen sind also Publikumsgesellschaften mit börsenkottierten Anteilen, welche verschärfte Sicherheitsvorschriften zu erfüllen haben.

2. *Eintragung einer neuen Gesellschaft*

Vor der Eintragung sind die notwendigen Gesellschaftsstatuten vorzubereiten, welche gemäß der britischen Rechtstradition in *Memorandum of Association* und *Articles of Association* aufgeteilt sind, inhaltlich aber weitgehend mit westeuropäischen Gesellschaftsstatuten übereinstimmen.

Das *Memorandum of Association* umschreibt den Gesellschaftszweck. Die Bedeutung dieses Dokuments hat abgenommen, seit es nach einer Gesetzesänderung möglich geworden ist, das Memorandum unter gewissen Voraussetzungen nachträglich abzuändern, was früher nicht möglich war. Die *Articles of Association* beschreiben die Unternehmensführung sowie die internen administrativen Abläufe der Gesellschaft und legen die Aufgaben der zwei vorgeschriebenen Gesellschaftsorgane fest: der Aktionärsversammlung und des Verwaltungsrates.

Im Gegensatz zu Westeuropa kennt das israelische Recht kein minimales Aktienkapital. Es ist jedoch üblich, Gesellschaften mit einem Aktienkapital zwischen NIS 25,000 und NIS 30,000 einzutragen, um die Aktienaufteilung zu vereinfachen und da die Eintragungsgebühren als Prozentsatz des Aktienkapitals berechnet werden: Auf ein Kapital bis NIS 140,000 betragen die Eintragungsgebühren 1 %, aber nicht weniger als NIS 238. Deshalb wird eine Gesellschaft mit einem Aktienkapital von NIS 25,000 eine Eintragungsgebühr von NIS 250 schulden. Auf Aktienkapital zwischen NIS 140,000 und 470,000 beträgt die Eintragungsgebühr 0.6% und über NIS 470,000 0.1 %. Die Stempelgebühr für die Aktienausgabe beträgt 1 % des Liberierungsbetrages (inkl. Prämie).

Die Anwaltshonorare für eine Gesellschaftsgründung bewegen sich zwischen $500 und $1,500, je nach dem, ob günstige Standarddokumente ausreichen oder spezielle Statuten aufgesetzt werden, welche die Beziehungen zwischen den Parteien beschreiben. Im letzteren Fall werden die Gebühren nach einem Stundenansatz berechnet. Das Eintragungsverfahren für eine neue Gesellschaft beansprucht einige Tage, falls keine speziellen Probleme mit dem Firmennamen oder den Dokumenten auftauchen.

Im Verkehr mit Steuerbehörden, Banken oder staatlichen Einrichtungen hat die registrierte Gesellschaft jeweils folgende Dokumente oder eine Kopie davon vorzulegen:

- Eintragungsbescheinigung,
- *Memorandum of Association*,
- *Articles of Association*,
- jede außerordentliche Statutenänderung und
- ein Bestätigungsschreiben des Anwalts oder der Kontrollstelle der Gesellschaft mit einer Liste der Verwaltungsräte und ihren Unterschriften.

- Unmittelbar nach Erhalt der Eintragungsbestätigung müssen dem Handelsregisteramt der offizielle Gesellschaftssitz sowie die Namen der Verwaltungsräte bekanntgegeben werden.

Die Namen der Gründungsmitglieder haben in den Gesellschaftsstatuten aufgeführt zu sein und müssen dementsprechend nicht nochmals separat gemeldet werden. Treten jedoch Änderungen im Aktionariat ein, beispielsweise durch Aktienverkäufe oder das Hinzukommen neuer Aktionäre, ist eine separate Meldung erforderlich.

Da englisches Recht die Grundlage des israelischen Gesellschaftsrechts bildet, ist es möglich, eine Gesellschaft in Israel mit allen Gründungsdokumenten in englischer Sprache einzutragen.

3. *Kauf eines „Gesellschaftsmantels"*

Wie in vielen Ländern des anglo-amerikanischen Rechtskreises besteht auch in Israel die Praxis, Gesellschaftsmäntel vorzubereiten, deren offener Zweck und Gesellschaftsstruktur dazu geeignet sind, Geschäftsleuten den sofortigen Start einer Gesellschaft zu ermöglichen, ohne das Gründungsverfahren abwickeln zu müssen.

Es ist somit möglich, eine bestehende Gesellschaft zu kaufen, die ihre Tätigkeit noch nicht aufgenommen hat. Dem Erwerber bleibt nur noch, die Firma abzuändern, falls dies gewünscht wird. Gelegentlich wird eine Statutenänderung notwendig sein, um die besonderen Ansprüche des Käufers zu erfüllen, vor allem wenn die Gesellschaft zwei oder mehr Aktionäre hat.

Zur Zeit beläuft sich der Preis für einen standartisierten Gesellschaftsmantel mit einem Aktienkapital von NIS 30,000 auf durchschnittlich $500-$1,000 zuzüglich Mehrwertsteuer. Der Preis variiert je nach Art, organisatorischem Aufbau und Aktienkapital. Der Gebrauch von Mantelgesellschaften ist jedoch zurückgegangen, seit Gesellschaften nach der kürzlichen Rationalisierung der Eintragungsformalitäten beim Handelsregister innerhalb von zwei bis drei Tagen gegründet werden können.

4. *Öffentlichkeit der Informationen über Gesellschaften*[5]

Das Handelsregister ist ein öffentlich zugängliches Verzeichnis. Der gegen eine Grundgebühr durch jedermann erhältliche Computerauszug enthält Informationen wie die Namen der Aktionäre und Verwaltungsräte, die Adresse des Sitzes, Pfandrechte auf dem Gesellschaftsvermögen oder Belastungen desselben, Statutenänderungs- und andere wichtige Gesellschaftsbeschlüsse, etwa bezüglich einer freiwilligen Gesellschaftsliquidation.

---

[5] Wir danken den HaMaph'il Services, Jerusalem.

5. *Treuhänderische Gründung*

Wie erwähnt, erscheinen die Namen der Aktionäre auf Gründungsdokumenten und Handelsregisterauszug der Gesellschaft. In der Regel werden die aufgeführten Personen auch die Gründungsmitglieder sein. Oft aber wird die Gesellschaft von Vertretern treuhänderisch gegründet und die Anteile später an die eigentlichen Berechtigten übertragen. Diesem Verfahren können unterschiedliche Motivationen zugrunde liegen:

Zum Zeitpunkt der Gesellschaftsgründung muß der verantwortliche Rechtsanwalt die Identität der Personen, welche die Gründungsdokumente unterschreiben, überprüfen. Falls diese Personen im Ausland Wohnsitz haben, kann das Verfahren zur Beglaubigung ihrer Unterschriften beschwerlich und zeitaufwendig sein. Die Eintragung von Aktien, die anfänglich von Gesellschaften oder Einzelpersonen in Israel gehalten werden, vereinfacht das Vorgehen. Diese Gesellschaften oder Einzelpersonen handeln dann als Treuhänder, d.h. sie halten die Aktien für einen Kunden, der das Eigentum an den Aktien erwirbt, sobald die Gesellschaft gegründet ist.

Wenn ein Gesellschaftsmantel gekauft wird, sind die Gründer eingetragene Gesellschaften, Treuhandgesellschaften oder Anwälte, welche die Aktien halten, bis ein interessierter Käufer auftaucht. Beim Kauf eines solchen Gesellschaftsmantels werden dann die Aktien auf den Namen des Käufers oder auf Wunsch des Käufers auf den Namen einer juristischen Personen übertragen. Im Normalfall wird der Käufer auch neue Verwaltungsräte ernennen.

6. *Treuhänderischer Besitz von Gesellschaftsanteilen*

In Israel dürfen Privatgesellschaften (GmbH), die Ihre Anteile nicht öffentlich zur Zeichnung anbieten, keine Inhaberaktien ausgeben. Entsprechend müssen sämtliche Gesellschaftsanteile auf den Namen einer natürlichen oder juristischen Person eingetragen werden.

Ausländische Unternehmensträger können aus verschiedenen Gründen ein Interesse daran haben, nicht öffentlich als Inhaber ihres israelischen Geschäftszweiges bekannt zu werden: Ausschlaggebend können einerseits steuertechnische Erwägungen sein, andererseits aber auch der Wunsch, Geschäftsaktivitäten in Israel zu verdecken, etwa um einen Boykott arabischer Unternehmen zu vermeiden.

Die gewünschte Anonymität läßt sich gewährleisten, indem Dritte die Geschäftsanteile treuhänderisch für den wahren Berechtigten innehaben und die Mitgliedschaftsrechte nach seiner Instruktion ausüben. Gemäß dem israelischen Trustgesetz bleiben dabei die Eigentumsrechte des Treugebers über seine Anteile vollumfänglich gewahrt; der Treuhänder, auf dessen Namen die Anteile registriert sind, übt die Mitgliedschaftsrechte fiduziarisch aus. Eine weitere Motivation für ein Treuhandverhältnis kann der Umstand sein, dass eine Gesellschaft nach israelischem Recht mindestens zwei Aktionäre haben muss: Es ist üblich, 99 % der Aktien auf den Namen des Investors und die verbleibenden ein Prozent auf den Namen des Treuhänders einzutragen, damit das gesetzliche Erfordernis von mindestens zwei Aktionären erfüllt ist.

7. *Gesellschaftsorgane*

a) *Verwaltungsrat*

Unter israelischem Gesellschaftsrecht wird die Gesellschaft durch einen Verwaltungsrat geführt, der ein oder mehrere Mitglieder umfasst. In den meisten Fällen enthalten die Statuten eine Bestimmung, welche die zulässige Anzahl Verwaltungsräte festlegt. Auch eine juristische Person kann Verwaltungsrat sein.

Das israelische Recht kennt keine Bestimmung, die vorschreibt, der Verwaltungsrat müsse ein israelisches Mitglied haben. Entsprechend können auch Ausländer Verwaltungsräte sein, selbst wenn sie nicht in Israel wohnen. Der Verwaltungsrat hat die Befugnis, eine gewisse Anzahl Direktoren einzusetzen, welche die Tagesgeschäfte der Gesellschaft leiten.

b) *Kontrollstelle*

Eine Gesellschaft ist von Gesetzes wegen verpflichtet, zur Überprüfung ihrer Buchhaltung eine Kontrollstelle einzusetzen. Diese wird an einer Aktionärsversammlung ernannt und ist zuständig für die Vorbereitung der jährlichen Bilanz, die den Steuerbehörden eingereicht werden muss. Privatgesellschaften, die ihre Anteile nicht öffentlich zur Zeichnung anbieten, sind jedoch nicht verpflichtet, ihre Bilanz auch dem Handelsregisteramt vorzulegen.

C Teilhaberschaft im Rahmen einer Gesellschaft

Mehrere Geschäftspartner können auch gemeinsam eine Gesellschaft gründen, über die sie fortan ihre geschäftliche Zusammenarbeit abwickeln. Unter solchen Umständen ist es üblich, einen Aktionärbindungsvertrag aufzusetzen, welcher auch die wichtigsten Bestimmungen des Partnerschaftsverhältnisses enthält, wie etwa Abreden über die Kostentragung oder Bestimmungen zum Schutze der einzelnen Investitionsinteressen. Auf diese Weise gewährleisten die Geschäftspartner nicht nur eine klare Regelung der gegenseitigen Rechte und Pflichten, sondern koordinieren auch die Ausübung der Mitgliedschaftsrechte und verhindern für den Streitfall die Lahmlegung der gemeinsamen Gesellschaft.

V. Aufnahme der Geschäftstätigkeit

Unabhängig von der für die Geschäftstätigkeit gewählten Rechtsform sind vor oder unmittelbar nach Geschäftsaufnahme gewisse rechtliche und wirtschaftliche Erfordernisse zu erfüllen:

(a) Anmeldung der Gesellschaft bei den Steuerbehörden,

(b) Anmeldung der Gesellschaft bei den Mehrwertsteuerbehörden,

(c) Eröffnung einer Arbeitgeberakte bei den Einkommensteuerbehörden,

(d) Eröffnung eines Bankkontos,

(e) Miete oder Kauf von Geschäftsräumlichkeiten, und

(f) diverse technische Vorkehren.

A Anmeldung der Gesellschaft bei den Steuerbehörden[6]

Die Anmeldung als Gesellschaft bei den Steuerbehörden sollte innerhalb von 90 Tagen nach Geschäftsaufnahme erfolgen. Die Anmeldung geschieht mit Formular 5610, das Grundsatzinformationen enthält, wie den Wert der Betriebseinrichtung, ein Inventar, Datum der Geschäftsaufnahme, geschätzte Einnahmen und entsprechende Steuern, Adresse der Gesellschaft, Kontrollstelle, Anzahl der Angestellten, Verrechnungsteuer-Nummer sowie Angaben zu den Aktionären, Verwaltungsräten und beteiligten Gesellschaften. Die Aktennummer ist normalerweise dieselbe wie jene beim Handelsregister.

Nach der Anmeldung lassen die Steuerbehörden der Gesellschaft einen Computerauszug der Formulare für die Gegenwartsbesteuerung zukommen. Die Vorauszahlungen werden grundsätzlich als Prozentsatz des Umsatzes, gelegentlich aber auch als fixer Betrag festgelegt. Falls der Betrag der verlangten Vorauszahlungen höher ist als die von der Gesellschaft geschätzte jährliche Steuer, kann eine Reduktion oder gar ein Verzicht auf Vorauszahlung verlangt werden (Formular 2216/a).

Fällt aber die jährliche Steuer schliesslich höher aus als der reduzierte Betrag, unterliegt die Differenz einer Busse mit Zinsen (zur Zeit 4 % per an-

---

[6] Zum Folgenden vgl. Kesselmann/Kesselmann, *Checklist: Starting a Business in Israel*, 1994.

num) und wird auf der Basis der Konsumentenpreise von der Mitte des vergangenen Jahres an indexiert.

Die Gesellschaft muss bei ihrer Buchhaltung die Gesetzesbestimmungen beachten und den Steuerbehörden am Ende jeder Steuerperiode eine kontrollierte Bilanz einreichen.

B Anmeldung bei den Mehrwertsteuerbehörden

Geschäftstransaktionen unterliegen auf jeder Stufe der Mehrwertsteuer. Nach dem Muster westeuropäischer Steuersysteme können die üblichen Vorsteuerabzüge geltend gemacht werden. Gesellschaften müssen sich bei Geschäftsaufnahme bei der Mehrwertsteuerbehörde registrieren lassen. Dabei sind folgende Schritte zu beachten:

1. Die Anmeldung hat bei derjenigen Mehrwertsteuerbehörde zu erfolgen, die am nächsten beim Geschäftssitz liegt. Die Zentralstelle sollte im voraus kontaktiert werden, damit die örtlich zuständige Mehrwertsteuerbehörde rechtzeitig bezeichnet werden kann.
2. Folgende Dokumente sind für die Anmeldung erforderlich:
   a) die vom Handelsregister unterzeichnete Gründungsurkunde,
   b) eine Kopie von *Memorandum* und *Articles of Association* sowie
   c) der mit Stempel versehene Miet- oder Kaufvertrag für Geschäftsräumlichkeiten.
3. Falls die Geschäftstätigkeit noch nicht aufgenommen worden ist, könnten weitere Unterlagen über die zukünftigen Gesellschaftsaktivitäten verlangt werden, wie etwa Lieferungs- oder Dienstleistungsverträge, Baubewilligungen, Kaufbelege für Baugrundstücke oder staatliche Geschäftslizenzen.
4. Es ist zulässig, sich im Eintragungsverfahren durch einen Rechtsanwalt oder durch einen diplomierten Buchprüfer oder Steuerexperten vertreten zu lassen. Der Vertreter muss über eine entsprechende schriftliche Vollmacht verfügen, und das Anmeldeformular ist durch eine zeichnungsberechtigte Person zu unterschreiben; das Eintragungsverfahren ist zudem persönlich einzuleiten, kann also nicht auf dem Korrespondenzweg abgewickelt werden.
5. Das von einer zeichnungsberechtigten Person zu unterschreibende Registrierungsformular 821 der Mehrwertsteuerbehörde verlangt auch die Vorlegung von Informationen über den Wert der Gesellschaftsaktiven, Investitionsvolumen, Finanzierungsquellen, Bankkonto und geplantes Geschäftsvolumen für das erste Jahr.

6. Nach dem Eintrag erhält die Gesellschaft zunächst eine provisorische Anmeldebestätigung und ein Mehrwertsteuerformular für die erste Berichtsperiode; die definitive Bestätigung sowie ein Heft mit Mehrwertsteuerformularen folgen auf dem Postweg. Die Aktennummer ist normalerweise dieselbe wie die Registernummer beim Handelsregister.

7. Personen oder Gesellschaften mit ausländischem Wohnsitz oder Sitz haben einen lokalen Vertreter zu bezeichnen, der zur Handhabung sämtlicher Mehrwertsteuersachen ermächtigt ist.

Als weitere Punkte sind zu beachten:

1. Mehrwertsteuer-Abrechnungen werden jeden Monat eingereicht (oder alle zwei Monate, falls der Umsatz unter einem gewissen Minimalbetrag liegt, z.B. NIS 365'000 im Mai 1994).

2. Die Abrechnung kann bei der Post oder einer Bank eingereicht werden, falls Mehrwertsteuern geschuldet sind, oder eine Gutschrift bis zu einem gewissen Fixbetrag (NIS 4'357 im Mai 1994) geltend gemacht wird.

3. Wird die Abrechnung bei einer regionalen Amtsstelle eingereicht, muss eine Liste mit Einzelheiten zu den Steuerabrechnungen und den relevanten Importdokumenten beigelegt werden (Formular 874 und 875). Jede Rechnung mit einem Mehrwertsteueranteil über NIS 3'000 muss dem Amt vorgewiesen werden. Am besten bringt man Kopien und Originale mit, da die Behörden Kopien zur weiteren Prüfung verlangen könnten.

4. Eine Rückerstattung von Mehrwertsteuern erfolgt in der Regel innerhalb von 30 Tagen nach Einreichung der Abrechnung. Eine kürzere Rückerstattungsfrist ist für Exporteure vorgesehen, die gewisse Kriterien erfüllen.

5. Falls eine Gutschrift geltend gemacht wird, die unter dem Fixbetrag liegt (vgl. Ziff. 2 hiervor), sollte die Abrechnung bei einer Bank eingereicht werden. Der Betrag wird dann nicht dem Bankkonto der Gesellschaft gutgeschrieben, sondern mit der Steuerschuld des nächsten Monats verrechnet.

6. Für Import-Export-Gesellschaften bestehen spezielle Finanzierungshilfen, um die Mehrwertsteuern auf Importen zu bezahlen.

C Eröffnung einer Arbeitgeberakte

1. Arbeitgeberakte bei der Einkommensteuerbehörde

Die Gesellschaft gilt als Arbeitgeber und muss monatlich die an Arbeitnehmer bezahlten Löhne und den Betrag der an der Quelle abgezogenen Steuern der Einkommensteuerbehörde melden. Zuwiderhandeln kann zu strafrechtlicher Verantwortlichkeit der Verwaltungsräte führen.

2. Sozialversicherungsbeiträge

Die Arbeitgeber sind dafür verantwortlich, dass die Arbeitnehmerbeiträge von den Löhnen abgezogen und zusammen mit den Arbeitgeberbeiträgen bei der Sozialversicherungskasse eingezahlt werden. Formulare und Zahlungen sollten jeweils am 15. jedes Monats abgeliefert werden.

Eine separate Anmeldung ist bei der Sozialversicherungskasse nicht erforderlich. Das verantwortliche Einkommensteueramt wird der Sozialversicherungsbehörde eine Kopie des entsprechenden Registrierungsformulares zustellen. Daraufhin erhält das Arbeitgeberunternehmen ein Heft mit Formularen für die monatlichen Beitragszahlungen.

D Eröffnung eines Bankkontos

Zur schnellstmöglichen Geschäftsaufnahme sowie zur Hinterlegung des Aktienkapitals sollte unmittelbar nach der Registrierung einer neuen Gesellschaft ein Bankkonto bei einer israelischen Bank eröffnet werden.

Als Folge der Devisenbeschränkungen für israelische Staatsangehörige haben die meisten Banken in Israel besondere Abteilungen - und sogar Niederlassungen - für Ausländer, mit speziell ausgebildeten Angestellten. Diese Abteilungen heissen „tourist centers“, obwohl sie für eine Vielzahl von Geschäftsleuten und ausländischen Investoren Dienstleistungen erbringen und sich oft nur am Rande dem Tourismus widmen.

1. Notwendige Dokumente

Normalerweise wird man zuerst ein auf israelische Währung lautendes Inlandkonto und erst danach, wenn nötig, etwa bei Import- und Exportaktivitäten, ein Devisenkonto eröffnen. Zur Kontoeröffnung bei einer Handelsbank sind grundsätzlich folgende Dokumente notwendig:

1. Memorandum und *Articles of Association* sowie die Eintragungsbestätigung des Handelsregisteramtes,

2. ein Beschluss des Verwaltungsrates, ein Konto bei einer bestimmten Bank zu eröffnen sowie eine diesbezügliche Unterschriftenregelung und

3. die Bestätigung des obengenannten Beschlusses durch einen Anwalt oder diplomierten Buchprüfer.

Eine ausländische Gesellschaft muss aus ihrem Sitzstaat eine Beglaubigung der Gesellschaftsdokumente und der Beschlüsse bezüglich der Kontoeröffnung in Israel vorlegen.

2. Zahlungsverkehr

Ein Bankkonto in Israel zu führen ist nicht wesentlich anders als im Ausland. Dennoch soll auf einige Punkte hingewiesen werden:

1. In der Regel wickelt man Zahlungen über das Konto mit einem Scheckbuch ab. Im Gegensatz zu den USA und einigen anderen Ländern retourniert die Bank gebrauchte Checks nicht am Ende des Monats.

2. Banküberweisungen werden nicht so häufig getätigt wie in Kontinentaleuropa. Sie sind vor allem bei grossen Beträgen üblich oder wenn die Parteien es so vereinbaren.

3. Einzahlungen werden meist bei der lokalen Filiale gemacht, obwohl sie bei jeder Filiale möglich sind, auch nach Schalterschluss.

4. In gewissen Situationen stellt die Bank auf Wunsch des Kunden eine Bankgarantie aus. In Israel beträgt die diesbezügliche jährliche Kommission bis zu 4 % des Garantiebetrages.

5. Israelische Banken akzeptieren Akkreditive für Geschäfte mit ausländischen Lieferanten oder Käufern. Jede Bank hat eine diesbezügliche Spezialabteilung.

6. Für Geschäfte, bei denen das Eigentum an einer Sache bei Vertragsabschluss übergeht, kann die Bezahlung auch mittels Bankchecks erfolgen. Bankchecks sind relativ günstig gegen Barbezahlung oder Bareinzahlung erhältlich.

E Miete oder Kauf von Geschäftsräumlichkeiten

Für die Anmahnung neuer Geschäftstätigkeit wird in der Regel die anfängliche Miete von Geschäftsräumlichkeiten deren käuflichem Erwerb vorgezogen. Auf diese Weise kann der ausländische Anleger den israelischen

Markt und die israelische Wirtschaft kennenlernen, bevor er Geld in Grundeigentum investiert. Schon nach einer kurzen Mietperiode kann er eine weit besser fundierte Kaufentscheidung treffen, als dies zum Zeitpunkt der Geschäftsaufnahme möglich gewesen wäre.

F Technische Vorkehren

Nach der Eintragung der Gesellschaft sind noch folgende technischen/organisatorischen Schritte nötig:

1. Firmenstempel

Im Gegensatz zu den USA, aber in Übereinstimmung mit einigen europäischen Ländern, setzt sich nach israelischem Recht die bindende Gegenzeichnung der Gesellschaft aus den Unterschriften der zeichnungsberechtigten Personen einerseits und aus dem Firmenstempel andererseits zusammen. Beim Firmenstempel handelt es sich nicht um ein Siegel im englischen oder amerikanischen Sinn, sondern um einen gewöhnlichen Gummistempel, der den vollen Namen der Gesellschaft trägt. Das Fehlen des Stempels auf einem Dokument kann dazu führen, dass die Gesellschaft nicht verpflichtet wird und die unterzeichnende Person persönlich haftbar ist. Wegen der grossen Bedeutung des Firmenstempels vermerken zahlreiche Gesellschaften in ihren Statuten, dass die Gesellschaft auch durch den Aufdruck des vollen Firmennamens, etwa auf Checks, gebunden sei. Diesfalls ist neben dem Aufdruck die Unterschrift ausreichend.

2. Briefkopf

Im Gegensatz zu anderen Rechtsordnungen kennt Israel keine Pflicht, im Briefkopf Angaben zur Gesellschaft zu machen. Das Gesetz verlangt lediglich, dass der korrekte Name der Gesellschaft auf dem Briefkopf erscheint. Daneben ist es üblich, eine Adresse oder ein Postfach der Gesellschaft anzugeben. Schliesslich ist es in Israel nicht gebräuchlich, Kontonummer und Hausbank der Gesellschaft auf dem Briefkopf aufzuführen.

3. Geschäftsschild

Der Gesellschaftssitz ist nach aussen sichtbar als solcher zu kennzeichnen. Befindet sich der Gesellschaftssitz in den Räumlichkeiten eines Anwalts oder Buchprüfers, wird das Schild oft den schon bestehenden Geschäftsschildern an der Türe des entsprechenden Büros hinzugefügt. Die Steuerbehörden verlangen zudem eine Kennzeichnung auf dem Briefkasten der Geschäftsräumlichkeiten.

G Rechnungsabschlüsse

Das Gesetz schreibt den Gesellschaften keine Rechnungsabschlüsse vor, mit der Ausnahme, dass die Steuerbehörden von allen Gesellschaften numerierte Quittungsbücher verlangen. Falls die Buchhaltung der Gesellschaft computerisiert ist, können Quittungsbücher nach den Anweisungen der Steuerbehörden über den Computer ausgedruckt werden.

VI. Vorgeschlagene Änderungen zum Gesellschaftsrecht

Der Leser sei darauf hingewiesen, dass gegenwärtig ein Regierungsentwurf zur Totalrevision des *Gesellschaftsrechts* dem Parlament zur Beratung vorliegt. Es wird jedoch erwartet, dass der Vorschlag mit den Ausführungen dieses Kapitels, abgesehen von einigen technischen Fragen, übereinstimmen wird.

5 Überblick über das Unternehmensrecht

KPMG Braude Bavly[1]

Olaf Tyllack[2]

I. Einführung

Ein ausländisches Unternehmen kann in Israel als ausländische Kapitalgesellschaft, als ausländische Personengesellschaft oder über in Israel errichtete Zweigniederlassungen tätig werden. Darüber hinaus können ausländische Unternehmen israelische Kapital- und Personengesellschaften erwerben, da es keine generellen Beschränkungen für ausländische Beteiligungen an israelischen Gesellschaften oder Wertpapieren gibt.

II. Kapitalgesellschaften

A Allgemeines

Die Kapitalgesellschaft ist in Israel die häufigste Form der Geschäftsorganisation und wird durch die *Companies Ordinance (Revidierte Version 1983)* von 1929 geregelt.

Die Gründer einer Kapitalgesellschaft müssen eine Gründungsurkunde, das *Memorandum of Association*, sowie eine Satzung, die *Articles of Associati-*

---

[1] Das Material in diesem Kapitel ist ein Auszug aus *Investment in Israel*, 1996 Ausgabe 1996, von KPMG Braude Bavly, einer führenden israelischen Wirtschaftsprüfungsgesellschaft mit Sitz in Tel Aviv und zusätzlichen Büros in Jerusalem und Haifa. Die Firma ist ein Mitglied der internationalen KPMG- Organisation.

[2] Dr. Olaf Tyllack verfasste die deutsche Bearbeitung. Er praktiziert als Rechtsanwalt in München auf dem Gebiete des Wirtschaftsrechts mit Schwerpunkten im Gesellschaftsrecht und im Gewerblichen Rechtsschutz.

on, erstellen[3] und dem Handelsregisteramt vorlegen. Das *Memorandum of Association* beinhaltet die Namen der Gründungsgesellschafter, den Namen der Gesellschaft, den Gesellschaftszweck, das Stammkapital sowie die Unterteilung dieses Stammkapitals in verschiedene Kapitalanteile[4]. Das israelische Recht kennt keine Einmanngesellschaft. Entsprechend müssen mindestens zwei Gründungsmitglieder vorhanden sein, von denen jedes mindestens einen Kapitalanteil hält. In der Regel wird aber dasselbe Ergebnis durch den Einsatz eines Treuhänders erreicht, der als Gesellschafter auftritt, die Anteile aber für den wirtschaftlich Berechtigten hält.

Die Firma der Gesellschaft muß das Wort „Limited" oder „Ltd." als letztes Wort enthalten (in englischer Sprache wird manchmal auch „B.M." verwendet, die Wiedergabe des hebräischen Ausdrucks für „beschränkte Haftung").

Es ist wichtig zu beachten, daß es zwar keine Ober- oder Untergrenzen für das eingetragene Stammkapital gibt, der im *Memorandum of Association* angegebene Betrag aber nachträglich nicht mehr herabgesetzt werden kann. Eine Konsequenz dieses Grundsatzes besteht darin, daß es einer Gesellschaft verboten ist, ihre eigenen Anteile zu erwerben.

Für israelische Gesellschaften gibt es keine Vorschriften bezüglich des Verhältnisses von Fremd- zu Eigenkapital oder zur Unterkapitalisierung. Zu den wichtigeren Punkten, die in den *Articles of Association* geregelt werden sollten, gehören:

a) die Geschäftsführung,

b) die Aufteilung und Übertragung von Anteilen,

c) die Dividendenausschüttung,

d) die allgemeine und die besondere Gesellschafterversammlung,

e) die Ernennung der Mitglieder des Verwaltungsrats,

f) Pfandrechte an Gesellschaftsvermögen und

g) die Liquidation.

---

[3] Wie englische bauen auch israelische Gesellschaften nicht auf einem, sondern auf zwei Statutendokumenten auf.

[4] Das *Memorandum of Association* gilt als eigentliche „Gesellschaftsverfassung", welche nur beschränkt abänderbar ist. Ergänzende statutarische Bestimmungen sind in den *Articles of Association* festgehalten, welche insbesondere die internen Verhältnisse der Gesellschaft regeln und durch qualifizierten Gesellschaftsbeschluß geändert werden können.

Anhang A der *Companies Ordinance* enthält eine dispositive Regelung der *Articles of Association*, welche zur Anwendung gelangt, wenn keine anderweitige statutarische Ordnung vorgesehen wurde. Entsprechend können sich die Gründer bei der Statutenredaktion darauf beschränken, die Abweichungen von der dispositiven Regelung der *Companies Ordinance* aufzuzeichnen und im übrigen auf die gesetzlichen Bestimmungen verweisen.

Die Gründer müssen sowohl *Memorandum* als auch *Articles of Association* beim Handelsregister vorlegen und die Erteilung einer Registrierungsurkunde abwarten. Nach Erhalt der Urkunde gilt die Gesellschaft als ordnungsgemäß gegründet. Gesellschaftsdokumente in englischer Sprache werden im allgemeinen zur Vorlage beim Handelsregister akzeptiert.

Die ordentliche Generalversammlung muß jährlich abgehalten werden, und der Zeitraum zwischen zwei Jahreshauptversammlungen darf 15 Monate nicht überschreiten. Die Versammlung ernennt die Mitglieder des Verwaltungsrats und einen außenstehenden Abschlußprüfer.

Die Befugnisse der Verwaltungsratsmitglieder sind in der Satzung und in der *Companies Ordinance* geregelt. Die Verwaltungsratsmitglieder müssen den Gesellschaftern bei der Jahreshauptversammlung einen geprüften Jahresabschluß sowie einen Geschäftsbericht und eine Empfehlung zur Höhe der Dividenden vorlegen. Die Jahresabschlüsse müssen die wirtschaftliche Lage und das Geschäftsergebnis realistisch und in Übereinstimmung mit den in Israel geltenden Grundsätzen ordnungsgemäßer kaufmännischer Buchhaltung wiedergeben und sind von unabhängigen Buchprüfern zu prüfen. In den meisten Punkten stimmen die in Israel gängigen buchhalterischen Grundsätze mit den in Europa und in den U.S.A. geltenden Regeln überein. Der Jahresabschluß ist allerdings in israelischer Währung und inflationsbereinigt zu erstellen (Buchhaltung auf Grundlage der ursprünglichen Anschaffungskosten und stabiler Währung). In besonderen Fällen können auch andere Besonderheiten des israelischen Buchführungsrechts in Erscheinung treten. Die Anlagen zum Jahresabschluß schlüsseln ausführlich alle wesentlichen Grundlagen der Buchführung auf.

Für Routineentscheidungen der Gesellschaft, wie z.B. die Genehmigung der von der Geschäftsführung vorgeschlagenen Gewinnausschüttung[5], genügt üblicherweise eine einfache Mehrheit der Gesellschafterversammlung. Gravierendere oder außergewöhnliche Beschlüsse, wie Änderungen von *Memorandum*[6] oder *Articles of Association*, eine Kapitalerhöhung oder die

---

[5] Die Gesellschafterversammlung kann die von der Verwaltung vorgeschlagene Gewinnausschüttung zwar reduzieren, nicht aber erhöhen.

[6] Das Memorandum ist nur insofern abänderbar, als dies in der abzuändernden Bestimmung ausdrücklich vorgesehen wurde.

Liquidation des Unternehmens, bedürfen einer qualifizierten Mehrheit, für gewöhnlich 75 %. Außerordentliche Gesellschafterversammlungen können einberufen werden, um solche Angelegenheiten zu beraten und zu genehmigen.

Es gibt zwei Arten von Kapitalgesellschaften in Israel: Gesellschaften mit beschränkter Haftung und Aktiengesellschaften. Die *Companies Ordinance* enthält für beide Formen unterschiedliche Bestimmungen.

B Gesellschaften mit beschränkter Haftung

Die Gesellschaft muß in ihren *Articles of Association* ausdrücklich auf die öffentliche Ausgabe von Anteilen verzichten.

Eine GmbH darf nicht weniger als zwei und nicht mehr als 50 Gesellschafter haben, ausgenommen ehemalige oder derzeitige Mitarbeiter.

Die Gesellschaftssatzung muß eine Vorschrift zur Beschränkung der Übertragung von Geschäftsanteilen enthalten. Beispiele für solche Beschränkungen sind etwa das Erfordernis einer Einwilligung des Verwaltungsrates vor dem Verkauf von Geschäftsanteilen oder eine Bestimmung, daß Geschäftsanteile zuerst anderen Gesellschaftern angeboten werden müssen.

Die beim Handelsregister einzureichenden Geschäftsberichte müssen keinen geprüften Jahresabschluß enthalten. Letzterer ist hingegen durch den Verwaltungsrat bei der Jahreshauptversammlung vorzulegen.

C Aktiengesellschaften

Eine Aktiengesellschaft kann ihre Aktien, Obligationen oder andere Wertpapiere öffentlich anbieten, auch wenn dies nicht immer auch getan wird, und ist durch die Beschränkungen der GmbH nicht betroffen: Ihre Aktien können frei übertragen werden, und es gibt keine Höchstgrenze für die Anzahl der Aktionäre, wobei aber die Mindestzahl bei sieben liegt.

Zusätzlich zum Jahresbericht hat die Gesellschaft beim Handelsregisteramt den geprüften Jahresabschluß einzureichen, den sie den Aktionären vorlegt. Diese werden zu öffentlichen Urkunden.

Wertpapierangebote einer Aktiengesellschaft an der *Tel Aviv Stock Exchange* (TASE) müssen den Vorschriften der *Companies Ordinance* und des *Securities Law* von 1968 entsprechen, was die vorherige Veröffentlichung eines Emissionsprospektes erfordert.

Gesellschaften, deren Aktien an der TASE gehandelt werden, müssen den Vorschriften entsprechen, die von der Börsenaufsichtsbehörde erlassen werden, einer mit dem *Securities Law* 1968 geschaffenen Einrichtung zur

Regulierung des Kapitalmarktes. Diese Vorschriften schreiben insbesondere Folgendes vor:

a) Die Berufung von mindestens zwei Vertretern der Öffentlichkeit als Verwaltungsratsmitglieder, die weder unmittelbar noch mittelbar eigene wirtschaftliche Interessen an der Gesellschaft haben dürfen und die nicht mit der täglichen Geschäftsführung befaßt sind;

b) die Ernennung eines Prüfungsausschusses zur regelmäßigen Überprüfung der Finanzen und der internen Kontrolle, dem mindestens drei Verwaltungsratsmitglieder angehören müssen, wovon zwei die oben genannten unabhängigen Verwaltungsratsmitglieder sind. Der Vorsitzende des Verwaltungsrates, der Geschäftsführer und bestimmte andere Funktionäre dürfen nicht Mitglieder dieses Ausschusses sein;

c) die Ernennung eines internen Buchprüfers, der unter anderem dem Vorsitzenden des Verwaltungsrates und anderen Funktionären Rechenschaft über die Integrität der Geschäftsführung sowie deren Übereinstimmung mit dem Gesetz und allgemein anerkannten Grundsätzen der ordnungsgemäßen Geschäftsführung abzulegen hat;

d) innerhalb von 60 Tagen nach Ablauf jedes Quartals die Veröffentlichung von Quartalsabschlüssen, die zwar nicht extern geprüft, aber von den internen Prüfern der Gesellschaft nachgesehen sein müssen, sowie die Veröffentlichung der geprüften Jahresabschlüsse innerhalb von 120 Tagen nach Ablauf des Geschäftsjahres und

e) die Einreichung von vierteljährlichen und jährlichen Geschäftsberichten bei der Börsenaufsichtsbehörde, der *Tel Aviv Stock Exchange* sowie dem Handelsregisteramt.

D Ausländische Gesellschaften

Eine im Ausland ansässige Gesellschaft, die ihren Geschäftsbereich nach Israel ausweiten will, muß sich beim Handelsregister eintragen lassen. Hierzu sind folgende Dokumente einzureichen:

a) eine Kopie der Gründungsdokumente, welche insbesondere den Gesellschaftszweck und die Satzung enthalten müssen,

b) eine Liste der Verwaltungsratsmitglieder und

c) den Namen eines Vertretungsberechtigten mit Wohnsitz in Israel.

Wenn diese Dokumente nicht in englischer Sprache verfaßt sind, muß eine hebräische Übersetzung beigefügt werden.

Sollen Wertpapiere der Gesellschaft in Israel öffentlich angeboten werden, ist ein Emissionsprospekt mit den entsprechenden Geschäftsberichten herauszugeben und ungeprüfte Quartals- sowie geprüfte Jahresberichte zu veröffentlichen. Sowohl der Emissionsprospekt als auch die veröffentlichten Geschäftsberichte müssen in englischer und hebräischer Sprache abgefaßt sein.

In den USA errichtete Gesellschaften können Bilanzen in Dollar aufstellen, sofern diese mit den in den USA allgemein akzeptierten Bilanzierungsgrundsätzen übereinstimmen. Unterschiede zwischen diesen Standards und den in Israel akzeptierten sollten in einer Anmerkung zum Geschäftsbericht mitgeteilt werden. Diese Bilanzen müssen in Übereinstimmung mit den in den USA allgemein gültigen Prüfungsstandards geprüft sein.

III. GENOSSENSCHAFTEN

Genossenschaften, also kooperative Zusammenschlüsse, welche den Zweck haben, besondere Interessen ihrer Mitglieder zu fördern, haben in Israel eine lange Tradition und einen hohen Stellenwert. Bis heute decken Genossenschaftsbetriebe wichtige Bereiche der Volkswirtschaft ab: Die Gemeinschaftssiedlungen (Kibbutz und Moshav) sind nur das bekannteste Beispiel; ebenfalls in genossenschaftlicher Hand sind die wichtigsten öffentlichen Busbetriebe sowie bedeutende Teile des Kreditwesens.

Eine Genossenschaft muß aus mindestens sieben volljährigen Mitgliedern bestehen; in der Genossenschaftsversammlung gilt das Kopfstimmprinzip, d.h. jedes Mitglied hat eine Stimme.

IV. PERSONENGESELLSCHAFTEN

Personengesellschaften werden durch die *Partnership Ordinance* von 1975 geregelt. Eine Personengesellschaft wird von der Verordnung als eine Gruppe von Personen definiert, die ein Geschäft betreiben, um Gewinn zu erzielen. Eine Personengesellschaft darf nicht weniger als zwei und nicht mehr als 20 Mitglieder haben. Kapitalgesellschaften können sowohl unbeschränkt als auch beschränkt haftende Mitglieder einer Personengesellschaft sein.

Personengesellschaften werden auf der Grundlage von Verträgen zwischen den Mitgliedern errichtet. Diese Verträge können mündlich geschlossen sein, was allerdings selten ist. Personengesellschaften können mit oder ohne Haftungsbeschränkung für die Mitglieder konstituiert sein.

A Personengesellschaften mit unbeschränkter Mitgliederhaftung

Jeder Gesellschafter darf bei der Führung der Geschäfte mitwirken und gilt als Vertreter der Personengesellschaft. Alle Gesellschafter haften persönlich und solidarisch für die Gesellschaftsschulden, auch wenn diese die Kapitaleinlage des einzelnen Gesellschafters übersteigen.

Die Gesellschaft ist innerhalb eines Monats nach ihrer Gründung beim Handelsregister zur Eintragung anzumelden.

B Personengesellschaften mit beschränkter Mitgliederhaftung

Jede Personengesellschaft muß mindestens einen unbeschränkt haftenden Gesellschafter aufweisen. Die übrigen Gesellschafter können jedoch ihre Haftung gesellschaftsvertraglich auf die Höhe ihrer Kapitaleinlagen beschränken. Diese beschränkt haftenden Gesellschafter dürfen allerdings weder an der Geschäftsführung teilhaben noch die Gesellschaft nach außen vertreten.

Soll die Mitgliederhaftung einer Personengesellschaft beschränkt sein, ist dies in einem schriftlichen Gesellschaftsvertrag vorzusehen, der dem Registrierungsbegehren beizufügen ist. Die Gesellschaft darf ihre Geschäftstätigkeit so lange nicht aufnehmen, bis sie durch das Handelsregisteramt für Personengesellschaften von der entsprechenden Genehmigung durch das Justizministerium benachrichtigt wird.

C Ausländische Personengesellschaften

Auch eine ausländische Personengesellschaft, die in Israel geschäftlich tätig werden will, muß sich ins Handelsregister für Personengesellschaften eintragen lassen, wobei ebenfalls eine Genehmigung vom Justizministerium einzuholen ist. Die Mitgliederhaftung kann in der Eintragung beschränkt werden.

V. EINZELUNTERNEHMEN

Bei einer Einzelfirma bilden der Unternehmer und sein Geschäftsbetrieb rechtlich eine Einheit. Der Unternehmer haftet also uneingeschränkt für seine geschäftlichen Verbindlichkeiten. Dabei ist zu beachten, daß das israelische Recht das Institut der Einmanngesellschaft nicht kennt. Trotzdem kann das Ziel, den Geschäftsbetrieb von der Person des Einzelunternehmers zu trennen und damit die Haftung des letzteren zu beschränken, erreicht werden, indem als zweiter Gesellschafter ein Treuhänder auftritt, der die Anteile für den Einzelunternehmer hält. Ein Einzelunternehmer kann einen Geschäftsnamen eintragen lassen.

VI. Joint Venture

Ein Joint Venture stellt als solches keine selbständige juristische Person dar. Im allgemeinen handelt es sich um eine Übereinkunft zu dem Zweck, zwei oder mehr Parteien zu einem speziellen Vorhaben zusammenzuführen. Häufig werden die beteiligten Parteien auf der Grundlage eines vertraglichen Joint-Venture-Abkommens handeln. Ein solches Abkommen kann die Form einer Personengesellschaft, eines Subunternehmervertrages oder einer Kapitalgesellschaft haben [7]

VII. Gemeinnütziger Verein

Wie in Europa stellt auch in Israel das Gesetz für Zwecke, die nicht in wirtschaftlichen Vorteilen zugunsten der Mitglieder bestehen, eine vereinfachte, mit Rechtspersönlichkeit ausgestattete Organisationsstruktur zur Verfügung. Der gemeinnützige Verein verfügt über Statuten und eine Mitgliederversammlung.

Obwohl nicht für wirtschaftliche Zwecke vorgesehen, wird der Verein auch in Israel teilweise zur Tätigung kollektiver Geschäfte benutzt, so insbesondere für den Erwerb von Grundeigentum und den Bau von Gemeinschaftssiedlungen. Dabei schliessen sich die Interessierten zu einem Verein zusammen, in dessen Namen sie gemeinsam Grundeigentum erwerben, um Gemeinschaftszentren, Schulen oder andere gemeinnützige Institutionen bauen und führen zu können.

VIII. Investitionsarten

Ausländer haben bei Investitionen in Israel hauptsächlich folgende Möglichkeiten:

a) direkte Investitionen in israelische Immobilien;

b) israelische oder ausländische Kapitalgesellschaften und

c) israelische oder ausländische Personengesellschaften.

---

[7] Vgl. hierzu auch Ziff.II.C.1. des Kapitels zur Geschäftsanbahnung in Israel.

A Direkte Investitionen in israelische Immobilien

Investitionen in israelische Immobilien sind insofern vorteilhaft, als sie keinerlei Einschränkungen für den Gewinntransfer ins Ausland nach sich ziehen, solange die Steuern bezahlt sind. Folglich sind ausländische Privatpersonen oder Unternehmen, die in israelische Immobilien investieren wollen, normalerweise gut beraten, eine solche Investition direkt vorzunehmen. Außerdem werden Kosten, die im Ausland für die Finanzierung einer solchen Investition anfallen, von den israelischen Steuerbehörden üblicherweise als abzugsfähig anerkannt.

B Investitionen in Kapitalgesellschaften

1. Israelische Kapitalgesellschaften

Israelische Kapitalgesellschaften können ohne Einschränkung im Eigentum von ausländischen Privatpersonen und Gesellschaften stehen. Privatpersonen und Gesellschaften mit Sitz in Ländern ohne Doppelbesteuerungsabkommen mit Israel können Eigentümer von israelischen Gesellschaften mittels Gesellschaften sein, die ihren Sitz in Ländern haben, mit denen Israel ein solches Abkommen hat[8].

2. Israelische Niederlassungen ausländischer Gesellschaften

Diese Art der Investition kann gewisse steuerliche Vorteile gegenüber dem Besitz einer israelischen Gesellschaft haben: Bei Geschäften über eine israelische Tochtergesellschaft löst die Gewinnausschüttung an die ausländische Muttergesellschaft zusätzlich zur Körperschaftsteuer eine Quellensteuer aus, welche bei Geschäftsaktivitäten durch eine israelische Niederlassung vermieden werden kann. Mit der Ausnahme von „anerkannten Unternehmen“[9] erhebt der Staat Israel keine zusätzlichen Steuern von Niederlassungen, die ihre Gewinne an ihren Hauptsitz überweisen. Bestimmte Steuerabkommen können allerdings eine Befreiung von der Quellensteuer auf Gewinne oder die Erhebung einer „Niederlassungsteuer“ vorsehen.

Ferner ist zu beachten, daß für die Gewinnüberweisung in einer Fremdwährung eine Bewilligung der Währungskontrollbehörde erforderlich ist[10].

---

[8] Vgl. hierzu das Kapitel über Israels Doppelbesteuerungsabkommen.

[9] Vgl. hierzu das Kapitel über die Ausländerbesteuerung.

[10] Vgl. hierzu das Kapitel über die Ausländerbesteuerung.

3. Investitionen über Personengesellschaften

Das israelische Steuerrecht sieht keine Besteuerung von Personengesellschaften vor, sondern addiert das Einkommen jedes Gesellschafters aus der Personengesellschaft zu seinem sonstigen Einkommen und besteuert sein persönliches Gesamteinkommen[11].

[11] Zum Ganzen vgl. auch das vorhergehende Kapitel über die Geschäftsanbahnung in Israel.

6 Novelle im Gesellschaftsrecht[1]

Alon Kaplan und Alan Aronson[2]

Urs Lustenberger[3]

Das israelisches Gesellschaftsrecht beruht auf dem englischen *Companies Act* von 1929, welcher in der israelischen *Companies Ordinance (Neue Version)* von 1983 neu revidiert wurde. Das geschriebene Recht wurde im Laufe der Zeit ergänzt durch Gerichtsentscheide, die sich mit Fragen über Gesellschaftsgründer, abgeleitete Klagen und dem Durchgriff befassten.

Die rechtliche Grundlage für diese Fragen war bis 1980 englisches *Common Law* und englisches *Law of Equity*, die herangezogen wurden, um Lücken in der *Companies Ordinance* zu schliessen. 1980 wurde die Verbindung zum englischen Recht unterbrochen: Die Autorität, Präzedenzfälle zu schaffen, wurde der israelischen Justiz übertragen, welche seither ein israelisches *Common Law* entwickelt hat.

Weltweite Entwicklungen in Recht und Wirtschaft haben Länder wie England und die USA dazu veranlasst, neue und innovative Gesellschaftsrechte zu erlassen:

Von 1929 bis zum Ende der Mandatszeit wurde die *Companies Ordinance* mehr als zehnmal revidiert, und seit der Gründung des Staates Israel im Jahre 1948 wurden 15 Ergänzungen erlassen. Diese Ergänzungen brachten aber nur *ad hoc* Lösungen zu auftauchenden Problemen. Obwohl zur Zeit mehr als 160'000 Gesellschaften registriert sind, wurde noch keine umfassende Revision vorgenommen, um das Gesellschaftsrecht der modernen Zeit anzupassen.

Um diese Situation zu beenden, wurde unter Prof. Aharon Barak, heute Vorsitzender des Obersten Gerichtshofes, eine Kommission gegründet, die

---

[1] Beruhend auf Erläuterungen zum Gesetzesentwurf 2432 vom 23. Oktober 1995 zur Revision der *Companies Ordinance*.

[2] Alan Aranson, LL.B. (Witwatersrand), ist Rechtsanwalt in Tel Aviv.

[3] Dr. Urs Lustenberger erstellte die deutsche Bearbeitung. Er ist Rechtsanwalt in Zürich.

gestützt auf Vorschläge von Prof. Uriel Procaccia einen Gesetzesentwurf ausgearbeitet hat.

Die Kommission hat 1995 ihre Vorschläge veröffentlicht, und im Oktober desselben Jahres wurde der Gesetzesentwurf der Knesset präsentiert, wo er sich immer noch befindet. Das Inkrafttreten wird für 1998 erwartet.

Die Kommission hat eine moderne und umfassende Gesellschaftsrechtskodifikation vorgeschlagen, welche das Rechtsgebiet möglichst abschliessend regeln soll, wobei die Rechtsprechung weiterhin für die Füllung von Gesetzeslücken sorgen wird, obschon die Kommission sich vom Gedanken leiten liess, dass die meisten Fragen durch die Gesetzgebung abgedeckt und nur die Lücken durch Rechtsprechung gefüllt werden sollen.

Bei der Formulierung des neuen Gesetzes hat die Kommission Modelle anderer Länder wie Grossbritannien, die USA, Kanada, Neuseeland berücksichtigt. Dabei wurden Ansätze gesucht, die eine solide rechtliche Grundlage für Geschäftstätigkeiten bieten. Grössere Änderungen wurden allerdings nur vorgenommen, wenn das bestehende Recht unangemessen schien und sich eine bessere Regelung anbot. Da das neue Gesetz vom englischen Recht unabhängig ist, wird letzteres keine Auslegungsgrundlage mehr sein.

Das Gesetz wird sowohl auf Privatgesellschaften (GmbH) wie auch auf Publikumsgesellschaften, die ihre Anteile öffentlich zur Zeichnung anbieten dürfen, Anwendung finden, wobei aber gewisse Bestimmungen nur für Privat- oder nur für Publikumsgesellschaften gelten.

Der Leitsatz hinter den vorgeschlagenen Reformen ist jener der Privatautonomie: Jede Person ist frei, eine Gesellschaft zu gründen und sollte die Art der Gründung frei bestimmen können. Deshalb sind die meisten Bestimmungen des neuen Rechts dispositiver Natur und nur wenige zwingend. Diese Autonomie widerspiegelt sich auch in der grossen Auswahl der Aktienarten und der Möglichkeit, Gesellschaftsstatuten mit einfacher Mehrheit zu ändern.

Zwingende Regeln wurden da beibehalten, wo es nötig ist, Dritte (wie bei der Kapitalherabsetzung) oder die Öffentlichkeit (wie beim Handelsregistereintrag und bei der Überprüfung der Gesellschaftsdokumente) zu schützen. Im Kern beruhen die Vorschläge auf der Anerkennung des freien Marktes, versäumen es jedoch nicht, für den Fall, dass das Marktprinzip versagt, Schutzmechanismen für Investoren, seien es nun Aktionäre oder Dritte, einzubauen.

Das vorgeschlagene Gesetz befasst sich mit vielen Fragen, die bisher teils auf Rechtssätzen, teils auf der Rechtsprechung beruhten und nun gesetzlich geregelt werden. Einige wichtige Beispiele:

- Die *ultra-vires*-Doktrin wird abgeschafft. Diese dem englischen Recht entnommene Lehrmeinung ging davon aus, dass eine Gesellschaft nur Handlungen vornehmen kann, welche unmittelbar von ihrem statutarischen Zweck erfasst sind. Dies führte dazu, dass Gesellschaftsstatuten in der Regel sehr langfädige Ausführungen über den Gesellschaftszweck enthielten, wobei sämtliche davon erfassten Handlungen minutiös aufgezählt wurden. Nach dem neuen Gesetz kann eine Gesellschaft nunmehr auch eine allgemeine Zielsetzung haben und wird damit berechtigt sein, jeden rechtmässigen Zweck zu verfolgen.
- Das Gesetz sieht bei gegebenen Voraussetzungen die Möglichkeit des Durchgriffs auf die Gesellschafter vor.
- Der Gesetzesentwurf stellt klar, dass Gesellschaftsstatuten als ein besonderer Vertrag einerseits zwischen der Gesellschaft und ihren Mitgliedern einerseits und andererseits zwischen den Mitgliedern selbst andererseits anzusehen sind. Ausgehend von dieser Grundhaltung wurden verschiedene
- Treue- und Sorgfaltspflichten eingeführt: Während die Amtsinhaber mit der üblichen Treue- und Sorgfaltshaftung belastet sind, beziehen sich die Treuepflichten nunmehr auch auf die Aktionäre und verpflichten diese teilweise gegenüber der Gesellschaft, teilweise aber auch gegenüber anderen Aktionären. Der Aktionär hat beispielsweise die Pflicht, seine Rechte, inklusive des Stimmrechts, nicht treuwidrig auszunutzen, das Geschäft nicht für private Zwecke zu missbrauchen oder die Rechte der Minderheitsaktionäre nicht zu umgehen.
- Das Stellvertretungs- und das Gesellschaftsrecht sind für den Fall angepasst worden, dass ein Vertrag im Namen der Gesellschaft abgeschlossen wird, aber ausserhalb der Kompetenzen der vertragschliessenden Person liegt.
- Eine Gesellschaft darf Verwaltungsrat einer anderen Gesellschaft sein.
- Eine umfassende Regelung ist erfolgt bezüglich der Auflösung einer Gesellschaft, der damit verbundenen Klagen und der Klagen der Aktionäre bzw. deren Vertreter.

Eine wichtige Neuerung erlaubt die Bildung einer Einmanngesellschaft, wobei die Rechte Dritter geschützt werden. Dieser Wechsel hebt die bisherige Zweiteilung der Gesellschaftsstatuten auf: Bisher kannte das israelische Gesellschaftsrecht nach englischem Vorbild den Dualismus zwischen *Memorandum of Association*, welches die publikumsrelevanten, nach aussen gerichteten Grundsätze der Gesellschaft regelte, und den *Articles of Association*, welche die eigentliche interne Geschäftsführung der Gesellschaft ordneten. Wegen seiner Publikumsrelevanz konnte das *Memorandum of Association* bisher nur unter bestimmten, erschwerten Bedingungen abgeändert werden. Nach dem Gesetzesentwurf werden nun einheitliche Gesellschaftsstatuten geschaffen, ohne dass ihre einzelnen Teile eine rechtliche Sonderbehandlung erfahren: Wie erwähnt, kann jeder Teil der Statuten mit einfacher Mehrheit abgeändert werden.

Der Vorentwurf definiert die einzelnen Organe der Gesellschaft neu:

a) die Generalversammlung - das "legislative" Organ,

b) der Verwaltungsrat - das Organ, welches die langfristigen Ziele festlegt und die Oberaufsicht über die Gesellschaft ausübt und

c) der Generaldirektor und die Direktion - das Organ, welches das Tagesgeschäft des Unternehmens leitet.

Beträchtliche Änderungen wurden bei den Bestimmungen zum Gesellschaftskapital vorgenommen, wobei zu beachten ist, dass weder das geltende israelische Recht noch die Gesetzesnovelle ein minimales Aktienkapital kennen:

a) Eine Gesellschaft wird mit dem Kapital, das zur Ausschüttung der Dividende benutzt worden wäre, eigene Aktien kaufen dürfen,

b) eine Bestimmung regelt die Emission von Aktien über oder unter pari, und

c) eine Bestimmung erlaubt es, einen angemessenen Preis für solche Aktien zu verlangen.

Obschon der Gesetzesentwurf sich mit Fragen des Gesellschaftsrechts befasst, ist er nicht unabhängig von den übrigen Gesetzen. Allgemeines Recht kommt dort zur Anwendung, wo Fragen auftauchen, die nicht spezifisch auf Gesellschaften zugeschnitten sind. So müssen z.B. alle Rechte und Befugnisse des Gesellschaftsrechts nach Treu und Glauben ausgeübt werden, ein allgemeiner Grundsatz des Vertragsrechts, welcher aber auch auf ausservertragliche Beziehungen Anwendung findet.

Das neue Recht enthält kein Kapitel über die Auflösung einer Gesellschaft. Entsprechend werden die Bestimmungen der *Companies Ordinance* über Geschäftsauflösung ihre Geltung weiterhin bewahren. Die ganze Problematik soll zu einem späteren Zeitpunkt im Rahmen eines Gesetzgebungsprojektes neu aufgegriffen werden, wo das Recht über die Auflösung der Gesellschaft und das allgemeine Konkursrecht zusammengefasst werden sollen.

Das vorgeschlagene Gesetz enthält auch kein Kapitel über das Konzernrecht, d.h. das Recht der Holdinggesellschaften und Gesellschaftsgruppen. Immerhin regelt der Gesetzentwurf gewisse Teilbereiche des Konzernrechts, etwa Grundzüge des Rechts der Tochtergesellschaften. Ferner werden Direktionsmitgliedern eines Konzerns spezielle Treuepflichten auferlegt, und es wird das Erfordernis erlassen, gewisse Genehmigungen für konzerninterne Transaktionen einzuholen.

Einige Bestimmungen des Entwurfs sollen das Gesellschaftsrecht mit dem geltenden Wertpapierrecht, insbesondere dem *Securities Law* von 1969, vereinbaren. Begriffe, die das neue Recht zwar verwendet, die aber im *Securities Law* definiert sind, werden nunmehr in Übereinstimmung mit letzterem interpretiert. Insbesondere im Bereich der Publikumsgesellschaften wird das *Securities Law* von 1969 weiterhin eine wichtige Rolle spielen.

Andere Gebiete, die im vorgeschlagenen Gesetz behandelt werden, sind die Einsetzung eines Zwangsverwalters sowie eine neue Regelung der Schuldenbereinigung.

7 ALLGEMEINES VERTRAGSRECHT[1]

Gabriela Shalev[2]

Georg Vorbrugg[3]

I. HISTORISCHER ÜBERBLICK

A Vertragsrecht zum Zeitpunkt der Staatsgründung

Nach der Staatsgründung 1948 übernahm der israelische Gesetzgeber das bis zur Unabhängigkeit geltende englische Mandatsrecht. Das israelische Vertragsrecht bestand zu jener Zeit aus zwei einander überlagernden Schichten, dem ottomanischen und dem englischen Recht.

Das übernommene ottomanische Vertragsrecht bestand hauptsächlich aus der *Mejelle* (dem ottomanischen Zivilrecht) und materiellen Vorschriften des ottomanischen Zivilprozeßrechts. Die *Mejelle* regelte zwar einige wichtige Rechtsgeschäfte wie Kauf und Miete, enthielt aber weder einen allgemeinen Teil noch grundlegende Prinzipien des Vertragsrechts. Dieses Vakuum wurde teilweise durch die ottomanische Zivilprozeßkodifikation ausgefüllt, welche entgegen ihrer Bezeichnung auch materiellrechtliche Vorschriften enthielt; so lieferte zum Beispiel Art. 64 die gesetzliche Basis für den Grundsatz der Vertragsfreiheit: Nach dieser Vorschrift wurden alle von den Parteien vereinbarten Verträge anerkannt, solange ihr Inhalt nicht dem Gesetz, den guten Sitten oder dem *ordre public* widersprach.

Das englische Recht bildete jedoch die grundlegendere und wichtigere Quelle israelischen Vertragsrechts. Die kodifizierten Teile des ottomanischen Rechts blieben zwar theoretisch in Kraft, praktisch jedoch bedeutete

---

[1] Dieses Kapitel beruht auf einer Wiedergabe aus dem Werk *Introduction to the Law of Israel* von Prof. Amos Shapira (Hrsg.), Kluwer Law International, Den Haag 1995.

[2] Dr. Gabriela Shalev, LL.B. LL.M verfasste den englischen Originaltext. Sie ist Professorin an der Rechtsfakultät der Hebräischen Universität in Jerusalem.

[3] Dr. Georg Vorbrugg, LL.M. (Harvard), verfasste die deutsche Bearbeitung. Er ist Rechtsanwalt bei Bösebeck Droste, München, und Lehrbeauftragter der Universität München.

der Zeitraum des britischen Mandats in Israel eine nahezu vollständige Übernahme des englischen Vertragsrechts: Gemäß Art. 46 des (britischen) *Order in Counsil* von 1922, waren Lücken im Landesrecht durch die direkte Anwendung englischen Rechts auszufüllen. Die Gerichte machten zur Zeit des Völkerbundsmandats ausgiebig Gebrauch von Art. 46 und wandten englisches Recht selbst dort an, wo keine Lücke bestand oder englisches Recht sogar ausdrücklichen Bestimmungen des ottomanischen Rechtes widersprach. Am Vorabend der Staatsgründung bestand das Vertragsrecht in Israel deshalb im wesentlichen aus englischem *Case Law*.

B Die ersten Jahre der Staatlichkeit

Während der ersten Jahre nach der israelischen Staatsgründung diente englisches Recht weiterhin als Hauptquelle für die Ausfüllung gesetzlicher Lücken, und fast das gesamte materielle Vertragsrecht basierte auf englischem Recht. Gleichzeitig aber zeigte die israelische Rechtsprechung eine starke Tendenz zur Eigenständigkeit und drängte die Anwendung englischen Rechts insbesondere in Bereichen zurück, in welchen englische Vorschriften den Richtern unzweckmäßig erschienen, so etwa bei der Frage, ob die Vereinbarung einer Gegenleistung („*consideration*") ein konstitutives Element des Vertrages sei. Eine eigenständige Haltung nahmen israelische Gerichte auch etwa bei der Gewährung eines unmittelbaren Erfüllungsanspruches ein (vgl. dazu hinten, Ziff. XI.B).

C Die Kodifizierung

Ein neues Zeitalter des israelischen Vertragsrechtes begann Anfang der 60er Jahre, als der israelische Gesetzgeber tätig wurde. Seither gingen Wellen originärer Rechtssetzung über das Land, und zwar sowohl im Bereich des Zivilrechts im allgemeinen als auch auf dem Gebiet des Vertragsrechtes im besonderen. Der damalige Justizminister faßte das gesetzgeberische Ziel zusammen als „einen umfassenden Plan zur Befreiung des israelischen Rechtes von den Bindungen an ausländisches Recht und fremde Sprachen". Im Bereich des Vertragsrechts wurden drei allgemeine Gesetze in Kraft gesetzt: das *Vertragsgesetz (Allgemeiner Teil)* von 1973 (nachfolgend: *„Allgemeines Vertragsgesetz"*), das *Vertragsgesetz (Ansprüche/Rechtsbehelfe aus Vertragsverletzung)* von 1970 (nachfolgend: *„Rechtsbehelfsgesetz")* und das *Gesetz über die Standardverträge* von 1982. Diese generellen Kodifizierungen wurden von Spezialgesetzen begleitet, wie: das *Rechtsfähigkeits- und Vormundschaftsgesetz* von 1962, das *Auftrags- und Stellvertretungsgesetz* von 1965, das *Kaufgesetz* von 1968, das *Schenkungsgesetz* von 1968, das *Forderungsabtretungsgesetz* von 1969, das *Leihe- und Mietgesetz* von 1971, das *Dienstvertragsgesetz* von 1974 und das *Versicherungsvertragsgesetz* von 1981. All diese Gesetze sind als Teile des zukünftigen Zivilgesetzbuches geplant; der Gesetzgeber hat sie jedoch zunächst als Einzelgesetze abgefaßt und in Kraft gesetzt, um später zu einem einheitlichen Gesetzeswerk zusammenzufassen. Inzwischen, drei Jahrzehnte nach Beginn der gesetzgeberischen Bemühungen, ist das Werk nahezu vollendet. Schon bald sollen diese Gesetze nun in ein Gesetzbuch des Schuld- und Sachenrechtes eingebracht werden. Zum Abschluß der Kodifizierungsarbeiten bedarf es nur noch der Inkraftsetzung eines *Arbeitsvertragsgesetzes* und eines Statutes zum internationalen Privatrecht.

Die Verbindungen zur Vergangenheit sind also durch unabhängige Gesetzgebungsakte getrennt worden. Dies geschah hauptsächlich durch mehrere wichtige Autarkie-Bestimmungen und zwar zunächst durch die offizielle Aufhebung der Überreste der *Mejelle* und schließlich durch die Inkraftsetzung des *Rechtsgrundlagengesetzes* von 1980, welches die Rezeption englischen Rechts zur Lückenfüllung abgeschaffte und die Verbindung zum englischen Recht formell unterbrach. Das israelische Recht hat sich von seinem englischen Vorfahren emanzipiert.

Eine vom Justizminister ernannte Kommission unter dem Vorsitz des Präsidenten des Obersten Gerichtes, Aharon Barak, ist gegenwärtig damit befaßt, alle Zivilgesetze zum lange geplanten Kodex zusammenzufügen, dem israelischen *Code Civil*.

D Gesetzgebungsquellen

Die historischen Quellen, an denen sich die israelische Gesetzgebung im Bereich des Vertragsrechtes orientierte, sind vielfältig:

1. Internationale Abkommen

Einige Gesetze und Gesetzesentwürfe beruhen auf der Tätigkeit der internationalen Kommissionen zur Vereinheitlichung des Privatrechts. So wurde das *Kaufrecht von* 1968 und das *Abzahlungsgesetz von* 1971 durch das auf das *Haager Kaufrechtsübereinkommen* zurückgehende *Einheitliche Gesetz* über den *internationalen Kauf beweglicher Sachen* beeinflußt. Die Bestimmungen des ersten Kapitels des *Allgemeinen Vertragsrechts* zu Offerte und Akzept gehen ebenfalls auf das *Einheitliche Kaufgesetz* zurück.

2. Kontinentaleuropäische Kodifikationen

Einflüsse der großen kontinentaleuropäischen Zivilrechtskodifikationen sind sowohl in der Form wie im Inhalt zahlreicher israelischer Gesetze zu spüren. Beispielsweise ähnelt das *Allgemeine Vertragsgesetz* im Stil dem französischen *Code Civil*, welcher sich durch allgemein gehaltene Bestimmungen vom detaillierteren Stil des deutschen *BGB* unterscheidet. Dennoch ist die israelische Auffassung des guten Glaubens als Grundlage des gesamten Vertragsrechts *§ 242 BGB* nachgebildet und orientiert sich weitgehend an der diesbezüglichen deutschen Lehre.

3. *Englisches Recht*

Der Einfluß des englischen Rechts, welches in der Vergangenheit im Bereich des Vertragsrechts von primärer Bedeutung war, ist besonders in einigen Spezialgesetzen immer noch spürbar, wie im *Forderungsabtretungsgesetz* von 1969, im *Stellvertretungsgesetz* von 1965, im *Trust-Gesetz* von 1979 sowie bei einzelnen Bestimmungen des *Allgemeinen Vertragsgesetzes* (wie bei der Regelung der Schuldner- und Gläubigermehrheit in Kapitel 6) und dem *Rechtsbehelfsgesetz* von 1970 (wie bei der Regelung des Schadenersatzes in Art. 10 oder beim antizipierten Vertragsbruch in Art. 17).

4. *Jüdisches Recht*

Der Einfluß jüdischen Rechts auf die neue Gesetzgebung ist geringer als von seinen Anhängern erhofft und drückt sich im wesentlichen in der Terminologie aus (z.B. der Begriff „Beschluß“ im Kapitel A des *Allgemeinen Vertragsgesetzes*) oder in Bestimmungen, die an sich auch ausländischen Regelungen entnommen sein könnten, die zufällig mit dem jüdischen Recht übereinstimmen (so zum Beispiel die Bestimmungen des Kapitels D des *Allgemeinen Vertragsgesetzes*, welche die Verträge zugunsten Dritter regeln und offensichtlich dem deutschen BGB nachgebildet wurden, welches seinerseits den gleichen Ansatz aufweist wie das jüdische Recht). Immerhin finden sich Einflüsse jüdischen Rechtes bis zu einem gewissen Grad im *Hinterlegungsgesetz von 1967* und möglicherweise sogar in Art. 31 des *Allgemeinen Vertragsgesetzes* bezüglich rechtswidriger Verträge.

5. *Israelisches Case Law*

Gewisse Neuerungen im *Allgemeinen Vertragsgesetz* entstammen früheren Gerichtsentscheidungen. Beispielsweise unterscheidet Art. 14 (d) des *Allgemeinen Vertragsgesetzes* nicht mehr zwischen Rechts- und Tatsachenirrtum, was unmittelbar auf Gerichtsentscheidungen zurückgeht, in welchen die Unterscheidung kritisiert und ihre Aufhebung empfohlen wurde. Gemäß Art. 33 des *Allgemeinen Vertragsgesetzes* können Vertragsbestandteile wie die Benotung von Leistungen oder die Vergabe von Titeln und Preisen, die vertragsgemäß nach dem Entscheid einer Vertragspartei vergeben werden, durch die Gerichte nicht überprüft werden. Auch diese Bestimmung geht auf Gerichtsentscheidungen vor ihrem Inkrafttreten zurück.

II. Vertragsfreiheit sowie Treu und Glauben

A Spannung zwischen beiden Grundsätzen

Das israelische Vertragsrecht oszilliert zwischen zwei Polen. Jeder Pol wird von einem leitenden Grundsatz markiert, der verschiedene rechtliche, wirtschaftliche und philosophische Ansätze wiedergibt. Wenn man diese Grundsätze sowie ihre Bedeutung und Anwendung im geltenden Recht betrachtet, sieht man sich der Grundfeste des israelischen Vertragsrechtes gegenüber: der Spannung zwischen dem Grundsatz der Vertragsfreiheit und dem Grundsatz von Treu und Glauben.

Diese Spannung, welche auf außervertragliche Quellen zurückgeht und deren Auswirkungen in allen Bereichen des Vertragsrechtes zu spüren sind, macht den Kern des gegenwärtigen israelischen Vertragsrechtes aus. Der Faden durch das vertragsrechtliche Labyrinth besteht in der Auflösung dieser Spannung.

B Vertragsfreiheit

Jedermann ist frei, nach seinem Belieben Verträge zu schließen und deren Inhalt nach seinen Wünschen zu formen. Ein Vertrag, der Ausdruck freien Parteiwillens ist, wird gesetzlich als bindend anerkannt.

Der Grundsatz der Vertragsfreiheit ist jedoch nicht absolut. Das israelische Rechtssystem sieht eine Reihe von Beschränkungen vor, die sich beispielsweise in Gesetzen zum Arbeitnehmer- und zum Verbraucherschutz finden und den Schutz der jeweils benachteiligten Partei bezwecken. Die Vertragsfreiheit erfährt eine weitere Beschränkung in Bestimmungen, welche die Ungültigkeit von Verträgen festlegen, welche den guten Sitten oder dem Grundsatz von Treu und Glauben widersprechen.

C Treu und Glauben

1. Allgemeines

Sowohl die Parteien eines vorvertraglichen Verhandlungsverhältnisses als auch Vertragsparteien sind verpflichtet, in gutem Glauben zu handeln. Israelische Richter haben die Tendenz, den Grundsatz von Treu und Glauben großzügig auszulegen und dessen Anwendungsbereich zu erweitern. Richter Elon vom Obersten Gericht hat zu Recht festgestellt, das der Grundsatz von Treu und Glauben sein Netz über das gesamte israelische Rechtssystem geworfen habe.

Der Grundsatz von Treu und Glauben wurde durch die Rechtsprechung entwickelt und fand Aufnahme im *Allgemeine Vertragsgesetz*. Seit Inkrafttreten dieses Gesetzes wurde der Grundsatz sowohl auf außervertragliche Tatbestände als auch auf Bereiche jenseits der Schranken des Zivilrechts ausgedehnt.

Die historische Rechtsquelle des Grundsatzes von Treu und Glauben ist § 242 des deutschen *BGB*. In Deutschland wurde der Grundsatz bekanntlich als die „wichtigste Gesetzesbestimmung", „der das gesamte Rechtsleben beherrschende Grundsatz" bezeichnet. Das der Grundsatz auch in Israel seine wohlverdiente und weitreichende Anerkennung durch die Rechtsgemeinschaft gefunden hat, demonstriert eine Fülle von Rechtsliteratur und richterlichen Stellungnahmen, welche Treu und Glauben oft einen klaren Vorrang vor anderen Rechtsgrundsätzen einräumen.

2. *Bedeutung von Treu und Glauben*

Eine einfache und umfassende Definition des Begriffes von Treu und Glauben existiert nicht; der Inhalt läßt sich nur im nachhinein aufgrund von Beispielfällen feststellen. In der Praxis läßt sich Treu und Glauben als ein „Ausschlußtatbestand" definieren, dessen Funktion es ist, verschiedenen Handlungsweisen, welche Treu und Glauben widersprechen, den Rechtsschutz zu versagen. Immerhin läßt sich der Grundsatz von Treu und Glauben als ein Parameter beschreiben, durch welchen moralische Vorstellungen Eingang in das Vertragsrecht finden. Seine Bedeutung liegt in der Sphäre der Ethik und seine Leuchtkraft gewinnt er aus Begriffen wie Vertrauen, Glaube, Gerechtigkeit und Fairneß.

Der Vorsitzende des Obersten Gerichtshofes, Aharon Barak, hat diesen ethischen Aspekt in einer Präzedenzentscheidung durch die Feststellung illustriert, daß „die Parteien eines Vertrages keine Engel sind, aber auch keine Wölfe sein sollen". Ein faires Wirtschaftssystem lebt von einem ausgewogenen Verhältnis zwischen Rücksichtnahme und Zusammenarbeit einerseits und Konkurrenz andererseits. Das wahre Ziel des Grundsatzes von Treu und Glauben ist die Verwirklichung des gemeinsamen Vertragsziels.

3. *Ausarbeitung durch die Rechtsprechung*

Ein Rückblick auf die Präzedenzfälle offenbart eine Pendelbewegung: Zu Beginn war die Antriebskraft des Grundsatzes von Treu und Glauben überwältigend. Während der ersten 12 Jahre nach Inkrafttreten des *Allgemeinen Vertragsgesetzes* gab es praktisch keinen Rechtsbereich, in welchem der Grundsatz von Treu und Glauben nicht zur Anwendung kam. Ähnlich der Entwicklung in Deutschland zwischen den beiden Weltkriegen setzte er sich praktisch im gesamten israelischen Rechtssystem durch. Diese Antriebskraft hat kürzlich nachgelassen, um einer vorsichtigeren Betrachtungsweise Platz zu machen.

Die neuere Strömung in der Lehre hält sich an die vergleichsweise konservative Feststellung, daß die Erfüllung vertraglicher Verpflichtungen keinen Verstoß gegen den Grundsatz von Treu und Glauben darstellt. Nichtsdestoweniger ist festzuhalten, daß der Grundsatz durch israelische Gerichte mit bemerkenswerter Intensität beachtet wird. Die Möglichkeiten seiner Anwendung scheinen noch nicht erschöpft. So wird beispielsweise die Verpflichtung zur Offenbarung wesentlicher Tatsachen oft als Anwendung des Grundsatzes von Treu und Glauben diskutiert; gleiches gilt für das Verbot der Führung von Parallelverhandlungen.

Erst die Zukunft wird weisen, welcher Trend sich durchsetzt: die weite Auslegung, wonach der Grundsatz von Treu und Glauben das gesamte Zivilrecht im allgemeinen und im Bereich des Vertragsrechtes im besonderen schrankenlos regiert, oder der konservative Trend, wonach der Grundsatz vertragliche Rechte nicht negieren oder beschränken kann.

4. Vertragsverhandlungen

Die Rechte und Pflichten im Zusammenhang mit vorvertraglichen Verhandlungen waren bis zum Inkrafttreten des *Allgemeinen Vertragsgesetzes* weder geregelt noch erforscht.. Erst mit Einführung des Grundsatzes von Treu- und Glauben im Vertragsrecht Vertragsverhandlungen ein eigenes juristisches Gewicht.

Art. 12 des *Allgemeinen Vertragsgesetzes* schreibt vor, daß die Verhandlungsbeteiligten gemäß der Verkehrssitte und nach Treu und Glauben zu handeln verpflichtet sind. Das israelische Recht folgt hier der kontinentalen Theorie von *culpa in contrahendo* und dehnt gleichzeitig den Anwendungsbereich des allgemeinen Grundsatzes von Treu und Glauben auf das Verhandlungsstadium aus. Das Verlangen nach Einklang mit Verkehrssitte und Treu und Glauben ist insoweit identisch mit Art. 39 des *Allgemeinen Vertragsgesetzes*, welcher seinerseits fast wörtlich § 242 BGB entspricht und das vertragliche Stadium betrifft. Danach sind „sich aus einem Vertrag ergebende Verpflichtungen oder Rechte entsprechend der Verkehrssitte und nach Treu und Glauben zu erfüllen oder auszuüben."

Art. 12 wird von den israelischen Gerichten weit ausgelegt. Diese weite Auslegung zeigt sich in chronologischer, persönlicher und materieller Hinsicht.

In *chronologischer Hinsicht* findet Art. 12 Anwendung von den ersten Kontakten der Parteien bis hin entweder zum Abschluß des Vertrages oder dem Abbruch der Verhandlungen. Die Anforderungen an die Integrität der Parteien wachsen in dem Maße, in dem sich die gegenseitigen Wünsche konkretisieren. Neben seiner Anwendung auf die vorvertraglichen Verhandlungen gilt Art. 12 auch für den eigentlichen Vertragsschluß, d.h. das Stadium, in welchem sich Angebot und Annahme treffen.

In *persönlicher Hinsicht* verpflichtet Art. 12 jeden an den vorvertraglichen Verhandlungen Beteiligten, gleichviel ob er Vertragspartei wird oder ob ein Vertrag tatsächlich das Ergebnis der Verhandlungen ist. Ausschlaggebend für den persönlichen Geltungsbereich ist einzig die Beteiligung an Vertragsverhandlungen. Mithin kann sich selbst der verhandlungsführende Vertreter haftbar machen.

In *materieller Hinsicht* findet Art. 12 unabhängig davon Anwendung, ob weitere Anspruchsgrundlagen existieren.

III. Form der Verträge

Das israelische Vertragsrecht folgt dem Grundsatz der Formfreiheit, die jedoch nicht absolut gilt. Deren Schranken können zwei verschiedene Grundlagen haben: Zum einen kann das Gesetz für einen bestimmten Vertrag eine Form als Wirksamkeitserfordernis vorschreiben und zum anderen können die Parteien eine bestimmte Gültigkeitsform vertraglich vereinbart wurde.

Das wichtigste gesetzliche Formerfordernis findet sich in Art. 8 des *Grundstücksgesetzes von 1969*, welcher für Grundstückgeschäfte die Schriftform vorsieht. Diese Vorschrift wurde vom Obersten Gericht im Sinne einer konstitutiven Wirksamkeitsvoraussetzung ausgelegt. Ebenfalls konstitutiv wirkt die Schriftform gemäß Art. 5(a) des *Schenkungsgesetzes von 1968* für die Verpflichtung zu einer künftigen Schenkung.

IV. Vertragswille

Das israelische Recht betrachtet den Willen, Rechtsbeziehungen zu schaffen, als wesentlichen Bestandteil und als wesentliche Wirksamkeitsvoraussetzung eines Vertrages. Dieses Erfordernis erlangt besondere Bedeutung in einem Rechtssystem, welches von weiteren Erfordernissen wie einer Gegenleistung oder eines Rechtsgrundes absieht.

V. Offerte und Akzept

Ein Vertrag kommt durch Angebot und Annahme zustande, also durch übereinstimmende Willenserklärungen der Parteien. Für die Feststellung, ob eine Partei dem Vertragsschluß zugestimmt hat, stellt das Gericht auf deren Äußerungen ab, wie sie nach außen manifestiert wurden. Nach dieser objektiven Theorie müssen Handlungen und Worte der Parteien zusammen mit den Umständen des Einzelfalles in angemessener Weise ihren Willen zum Vertragsabschluß demonstrieren. Der nicht zum Ausdruck gekommene innere Wille ist daher unbeachtlich.

Das zweite Erfordernis für das Zustandekommen eines Vertrages ist dessen Bestimmtheit. Eine Offerte muß so präzis und detailliert sein, daß sie ohne die Notwendigkeit weiteren Verhandelns von der Gegenpartei angenommen werden kann. Allerdings sind auch Vereinbarungen gültig, deren fehlende Einzelheiten durch das Gericht ergänzt werden können. Entsprechend genügt es, wenn der Rahmen des Geschäfts festgelegt wurde, der die grundlegenden, vitalen Elemente des Rechtsgeschäfts absteckt. Es ist Aufgabe des Gerichtes, im nachhinein festzustellen, ob der Vertrag ausreichend bestimmt war, ergänzungsbedürftig oder nichtig ist.

Ein Vertrag kommt mit Zugang der Annahmeerklärung an die anbietende Partei zustande. Nach israelischem Recht gilt die Erklärung als zugegangen, wenn sie entweder die anbietende Partei oder deren Adresse erreicht. Zur Bestimmung des Gerichtsstandes und im Falle der Rechtswahl gilt ein Vertrag dort als abgeschlossen, wo die Annahmeerklärung zugegangen ist.

Bei einem Vorschlag, der den Vertragswillen nicht ausreichend zum Ausdruck bringt oder der zu unbestimmt ist, um eine vertragliche Bindung zu erzeugen, kann es sich um eine Einladung zur Aufnahme von Vertragsverhandlungen handeln. Dies gilt auch für öffentliche Auskündigungen wie Inserate, Werbeankündigungen, Katalogverkäufe, Schaufensterangebote, Supermarktankündigungen, Verkaufsautomaten, Ausschreibungen und Auktionen.

VI. Willensmängel

Willensmängel, also Irrtum, Täuschung, Nötigung oder Erpressung, geben der beeinträchtigten Partei das Recht zur Anfechtung, die jedoch vorgängig einer entsprechenden Mitteilung an die andere Partei bedarf. Diese Anfechtungserklärung hat innerhalb angemessener Frist zu erfolgen und muß den Anfechtungswillen klar und unzweideutig zum Ausdruck bringen. Folge der Anfechtung ist eine Rückabwicklung des Vertrages, in deren Verlauf jede Partei der anderen alles *in natura* oder im Gegenwert zurückzuerstatten hat, was sie aufgrund des Vertragsverhältnisses erhalten hat.

VII. Widerrechtlichkeit

Gesetz- oder sittenwidrige Verträge sowie Verträge, welche dem Gemeinwohl zuwiderlaufen, sind von Anfang an ungültig. Dabei ist der Begriff des Gemeinwohls (*public policy*) in dieser starken Ausprägung wohl charakteristisch für das israelische Recht, wo kulturelle und staatsschützende Gedanken den Rechtsalltag besonders stark prägen und weiterreichend sind als die Begriffe „zwingendes Recht“ oder „ordre public“. Die Parteien haben sich in diesen Fällen so zu stellen, wie sie vor Vertragsabschluß standen. Dieses Wiederherstellungsrecht bedarf keiner Anfechtungserklärung, da der Vertrag automatisch ungültig ist.

Im Falle der Rückabwicklung eines wegen Rechtswidrigkeit hinfälligen Vertrages wird das zuständige Gericht durch den Gesetzgeber ermächtigt, eine Partei von der Wiederherstellungspflicht befreien. In der Regel geschieht dies dann, wenn die Widerrechtlichkeit einzig von einer Partei zu vertreten ist. Damit wird beispielsweise einer Partei, die eine Leistung erbracht und die Widerrechlichkeit nicht zu vertreten hat, das Risiko der Zahlungsunfähigkeit der Gegenpartei erspart. Nach welchen Kriterien aber die Widerrechtlichkeitsmerkmale einer Vertragspartei zurechenbar sind, wird in der Rechtsliteratur heftig diskutiert. Der Gesetzgeber ermächtigt das Gericht ferner, eine Partei trotz Widerrechlichkeit des Vertrages zur Vertragsleistung anzuhalten, falls die Gegenpartei ihre Leistung bereits erbracht hat. Auch in diesem Fall wird das Gericht häufig die Frage nach der Zurechenbarkeit der Widerrechlichkeitsmerkmale stellen müssen. Im deutschsprachigen Raum werden die Ergebnisse, die mit der israelischen Ermessensklausel angestrebt werden, mit einem Zusammenspiel verschiedener Institute erreicht, wie des Grundsatzes der Leistung Zug um Zug und den verschiedenen Rückabwicklungstheorien. Der israelische Gesetzgeber hat sich hier auf die Judikatur verlassen, die ein entsprechendes Fallrecht auszubilden hat.

In diesem Zusammenhang ist darauf hinzuweisen, das auch das israelische Recht ein *Gesetz über die ungerechtfertigte Bereicherung von 1979* kennt, welches in sieben Artikeln die auch im deutschsprachigen Raum gängigen Grundsätze dieses Rechtsinstitutes festlegt. Bei der Rückabwicklung von Verträgen kommt es allerdings nicht zur Anwendung, da die Grundlage der Rückabwicklung im Vertragsrecht selbst geregelt ist.

VIII. Auslegung und Ergänzung

Ein Vertrag ist entsprechend der darin zum Ausdruck kommenden Absicht der Parteien, auszulegen. Läßt sich die Absicht der Parteien nicht aus dem Vertrag selbst erkennen , ist sie den Umständen zu entnehmen. Das Gericht versucht somit, den Willen der Parteien durch Rekonstruktion ihrer Gedanken zum Zeitpunkt des Vertragsschlusses zu erfassen und damit Bedeutung, Geltungsbereich und Wirkung des Vertrages festzustellen.

Nach Ausschöpfung der Auslegungsmöglichkeiten kann das Gericht einen weiteren Weg beschreiten: Es kann den Vertrag mit Rückgriff auf äußere Quellen, zum Beispiel die zwischen den Parteien üblichen Gebräuche, ergänzen.

IX. Bedingte Verträge

Nach Art. 27 (a) des *Allgemeinen Vertragsgesetzes* kann ein Vertrag von der Erfüllung einer Bedingung abhängen (aufschiebende Bedingung) oder seine Wirkung mit Erfüllung einer Bedingung verlieren (auflösende Bedingung).

Der entscheidende Unterschied in der gesetzlichen Regelung aufschiebender und auflösender Bedingungen liegt darin, daß im ersteren Fall die Durchführungsfolgen und die Wirksamkeit des Vertrages bedingt sind, während im letzteren Fall der Eintritt der Bedingung die Vertragswirkungen beendet. In beiden Fällen betreffen die Bedingungen ungewisse Ereignisse außerhalb des Vertrages selbst. Ob ein Vertrag bedingt oder unbedingt und ob eine Bedingung aufschiebend oder auflösend ist, entscheidet sich nach dem Willen der Parteien, wie er sich aus dem Vertrag und den Umständen des Falles ergibt.

Die Unterscheidung zwischen aufschiebender und auflösender Bedingung hat Auswirkungen auf die Beweislast. Im Falle einer aufschiebenden Bedingung liegt die Beweislast für den Eintritt der Bedingung bei der Partei, welche Vertragserfüllung erlangt. Im Falle einer auflösenden Bedingung trifft die Beweislast die Partei, welche sich der Vertragserfüllung entziehen will.

X. Vertrag zugunsten Dritter

Eine Drittperson hat, ohne Vertragspartei zu sein, direkten Anspruch auf Erfüllung eines Vertrages, der zu ihren Gunsten geschlossen wurde, sofern die Einräumung dieses Durchgriffsrechtes aus dem Vertrag hervorgeht. Dieser Anspruch des Begünstigten wird durch eine Änderung oder Rücknahme seiner Rechte mittels nachträglicher Vereinbarung zwischen den Vertragsparteien nicht beeinträchtigt, wenn die Änderung vorgenommen wurde, nachdem eine der Vertragsparteien dem Begünstigten sein Recht mitgeteilt hat. Solange jedoch keine entsprechende Mitteilung erfolgte, können die Vertragsparteien das Recht des Dritten durch Vereinbarung beliebig ändern oder aufheben.

Die Unwiderruflichkeit der Rechte des Begünstigten ist daher weder eine Bedingung noch eine Folge der Anerkennung eines solchen Rechtes und hängt allein vom entsprechenden Parteiwillen ab. Da das Recht des Begünstigten Dritten durch den Willen der Vertragsparteien begründet wurde, kann es auch durch die Vertragsparteien zurückgenommen werden, wenn keine Mitteilung an den Dritten erfolgt ist oder die Mitteilung einen entsprechenden Vorbehalt enthielt.

XI. Ansprüche bei Vertragsverletzung

A Vertragsverletzung

Art. 1 des *Rechtsbehelfsgesetzes* definiert den Vertragsbruch als ein Handeln oder Unterlassen, das gegen einen Vertrag verstößt.

Art. 17 des *Rechtsbehelfsgesetzes* anerkennt die Lehre vom antizipierten Vertragsbruch: Selbst wenn ein Schuldner lediglich die Absicht zum Ausdruck bringt, den Vertrag nicht zu erfüllen, oder wenn die Umstände erkennen lassen, daß er erfüllungsunfähig oder -unwillig sein wird, kann der Gläubiger die aus Vertragsverletzung folgenden Rechtsbehelfe in Anspruch nehmen, obwohl die Erfüllungsfrist noch nicht abgelaufen ist.

Bei Vertragsverletzung kann der Gläubiger entweder vom Vertrag zurücktreten oder weiterhin vertragsgemäße Erfüllung verlangen. In beiden Fällen besteht zusätzlich ein Anspruch auf Schadenersatz.

B Erfüllungsanspruch

Entscheidet sich der Gläubiger, auf der Vertragserfüllung zu beharren, bleibt er in der Regel darauf verwiesen, seinen Erfüllungsanspruch vor Gericht einzuklagen. Das *Rechtsbehelfsgesetz* führt allerdings Ausnahmen auf, wo der Gläubiger seinen Erfüllungsanspruch verliert: Dies ist beispielsweise der Fall, wenn die Vertragserfüllung objektiv unmöglich ist oder wenn es sich um einen persönlich zu erfüllenden Werk- oder Dienstvertrag handelt. Letztere Ausnahme folgt aus der vom Englischen Recht übernommenen Auffassung, persönliche Leistungen gerichtlich nicht durchgesetzt werden können. Schließlich steht es im Ermessen des Gerichtes, die Durchsetzung des Erfüllungsanspruchs abzulehnen, wenn sich dieser Rechtsbehelf nach den Umständen des Einzelfalles als ungerecht darstellt.

C Vertragsrücktritt

Das Recht zum Vertragsrücktritt besteht ohne weiteres alternativ zum Erfüllungsanspruch, wenn die Vertragsverletzung grundlegend ist. Ist dies nicht der Fall, muß der säumige Schuldner vor dem Vertragsrücktritt erfolglos gemahnt werden. In jedem Fall hat aber der Vertragsrücktritt den Vorteil, das er ohne Einschaltung eines Gerichtes durch einseitige Erklärung vorgenommen werden kann. Nach erfolgtem Rücktritt haben beide Parteien einander zurückzuerstatten, was sie nach dem Vertrag erhalten haben.

D Schadenersatz

Der Schadenersatzanspruch besteht unabhängig davon, ob sich der beeinträchtigte Gläubiger für die Durchsetzung der Vertragserfüllung oder für den Vertragsrücktritt entschieden hat. Die israelische Schadenslehre folgt weitgehend kontinentaleuropäischen Vorbildern: Die verletzte Partei soll generell durch den Schadenersatz so gestellt werden, wie sie ohne das schädigende Ereignis dastehen würde. Beharrt der Gläubiger also auf der Vertragserfüllung, sollte er so gestellt werden, wie er bei Vertragserfüllung dastehen würde. Trat er hingegen vom Vertrag zurück kann er lediglich beanspruchen, so gestellt zu werden, wie wenn der Vertrag nie geschlossen worden wäre. Was den Kausalzusammenhang zwischen Vertragsverletzung und Schaden anbetrifft, so hält sich das israelische Recht an die Formulierung, daß der verursachte Schaden für den Verletzer zur Zeit des Vertragsabschlusses als Folge der Vertragsverletzung vorhersehbar gewesen sein muß.

Nach Art. 15 des *Rechtbehelfsgesetzes* können die Vertragsparteien sich im voraus auf eine Konventionalstrafe einigen und damit verhindern, das die verletzte Partei den Schaden nachweisen muß. Das Gericht kann die Konventionalstrafe jedoch herabsetzen, wenn es deren Höhe im Verhältnis zum bei Vertragsabschluß vorhersehbaren Schaden als bar jeglicher Verhältnismäßigkeit betrachtet.

E Nachträgliche Unmöglichkeit, Unzumutbarkeit der Vertragserfüllung

Wird die Erfüllung eines Vertrages unmöglich oder stellt sie sich aufgrund einer Änderung äußerer Umstände, die bei Vertragsschluß unbekannt und unvorhersehbar waren, als grundlegend anders dar, entfällt der Anspruch auf Vertragserfüllung und entsprechenden Schadenersatz.

XII. Allgemeine Geschäftsbedingungen

Im modernen Wirtschaftsverkehr basieren viele Verträge auf vorformulierten Texten, den sogenannten Allgemeinen Geschäftsbedingungen, die in der Regel von der wirtschaftlich stärkeren Partei erstellt werden. Der israelische Gesetzgeber hat dieser Erscheinung ein besonderes Gesetz, das *Gesetz über Standartverträge von* 1982, gewidmet, welches auf ein Vorgängergesetz von 1964 zurückgeht. Ziel dieses Gesetzes ist es, Konsumenten vor unangemessener Benachteiligung durch Allgemeine Vertragsbedingungen zu schützen. Das Gesetz unterwirft Standardverträge deshalb der gerichtlichen wie auch der behördlichen Prüfung: Einerseits bedürfen Allgemeine Geschäftsbedingungen der Genehmigung des Amtes für Standardverträge. Andererseits können sowohl Behörden wie auch Konsumentenschutzorganisationen beim Amt für Standardverträge die Annullierung oder Modifikation diskriminierender Klauseln in Allgemeinen Geschäftsbedingungen beantragen. Dieselbe Annulierungsberechtigung haben auch die Gerichte.

Neben der behördlichen und gerichtlichen Kontrolle finden jedoch auf Allgemeine Geschäftsbedingungen sämtliche Bestimmungen des Vertragsrecht Anwendung. Entsprechend betont Art. 24 des *Gesetzes über die Standartverträge*, daß die Sonderbestimmungen insbesondere die Bestimmungen über den Vertragsrücktritt und die Ungültigkeit von Verträgen keineswegs aufheben.

Überraschenderweise gibt es bisher nur wenig Rechtsprechung aufgrund des *Gesetzes über Standardverträge*. Es wird jedoch erwartet, daß auch dieses Gesetz im Laufe der Zeit und mit Einfügung in das Zivilgesetzbuch seinen Platz im israelischen Vertragsrecht einnehmen wird.

XIII. Besondere Verträge

Wie in den kontinentaleuropäischen Kodifikationen wurden auch im israelischen Recht die wichtigsten Vertragstypen besonders geregelt. Diese Vertragstypen unterliegen neben der Allgemeinen Vertragsgesetzgebung auch zusätzlich den Bestimmungen der entsprechenden, nachfolgend aufgezählten Sondergesetze, welche der allgemeinen Regelung vorgehen:

- Das *Kaufgesetz* von 1968,
- das *Schenkungsgesetz* von 1968,
- das *Miet- und Leihegesetz* von 1971,
- das *Bürgschaftsgesetz* von 1967,
- das *Versicherungsvertragsgesetz* von 1981 sowie
- das *Dienstleistungsgesetz* von 1974.

8 HANDELSVERTRETER- UND VERTRIEBSRECHT

Alon Kaplan

Gabriele Fontane[1]

I. EINFÜHRUNG

Das israelische Recht kennt keine gesetzlichen Vorschriften, welche die Handelsvertretung oder das Vertriebsrecht speziell regeln. Dennoch stimmen israelische Handelsvertreter- und Vertriebsverträge in vielerlei Hinsicht mit den in europäischen Staaten üblichen Vertragsgestaltungen überein.

In der Praxis werden die Begriffe „Handelsvertreter" oder „Vertragshändler" häufig für die Bezeichnung unterschiedlicher, am Vertrieb mitwirkender Personen verwendet. In rechtlicher Hinsicht wird nach dem Grad der Abhängigkeit vom Unternehmer differenziert:

Während *Angestellte* als konstanter Bestandteil in den Betrieb des Unternehmers eingebunden sind, agieren *Vertragshändler* als rechtlich unabhängige Vertragspartner des Unternehmers in eigenem Namen und auf eigene Rechnung. Entsprechend schirmt der Vertragshändler den Unternehmer auch weitgehend von Ansprüchen der Kunden ab, wobei der Trennungseffekt allerdings bei deliktischen Ansprüchen aus Körperverletzung durch das *Produktehaftungsgesetz* von 1980 etwas eingeschränkt wird.

Zwischen den beiden Extremen steht der *Handelsvertreter*, der zwar rechtlich selbständig, üblicherweise aber nur für einen einzigen Unternehmer tätig und weitgehend an dessen Weisungen gebunden ist.

Die Abgrenzung zwischen Handelsvertreter und Vertragshändler wird grundsätzlich anhand der wirtschaftlichen Risikoverteilung und des Einflusses vorgenommen, den der Unternehmer auf den Vertrieb ausüben kann. In der Praxis haben sich verschiedenste Mischformen zwischen Handelsvertreter und Vertragshändler entwickelt: So kann beispielsweise ein Vertragshändler die Produkte des Unternehmers in eigenem Namen und auf

[1] Gabriele Fontane verfasste die deutsche Bearbeitung. Sie ist als Rechtsanwältin in Frankfurt a.M. tätig.

eigene Rechnung verkaufen, aber Unterhaltsdienstleistungen oder den Verkauf weiterer Produktkategorien im Namen des Unternehmers anbieten.

A Stellvertreter

Als Stellvertretung wird von Art. 1 (a) des israelischen *Stellvertretungsgesetzes* von 1965 die Ermächtigung definiert, mit Bindungswirkung für den Prinzipal Rechtshandlungen vorzunehmen. Der Aufbau eines Vertriebsnetzes in Israel könnte deshalb auch durch Ernennung eines einfachen Stellvertreters erfolgen, die keiner besonderen Form bedarf. Da jedoch Rechtsakte des Stellvertreters für den Prinzipal grundsätzlich bindend sind, bietet sich der Vertrieb mittels Bevollmächtigung nur dann an, wenn der Prinzipal entweder den selbständigen Entscheidungen des Stellvertreters vertraut oder die Möglichkeit hat, den Stellvertreter, beispielsweise als seinen Angestellten oder als zu 100% beherrschte Tochtergesellschaft, ausreichend zu kontrollieren.

Für den Prinzipal empfiehlt es sich, den Umfang der Vertretungsmacht des Stellvertreters zu beschränken. Andernfalls sind gemäß Art. 5 (a) *Stellvertretungsgesetz* alle Rechtshandlungen, die vernünftigerweise zur Erfüllung der dem Stellvertreter übertragenen Aufgaben erforderlich erscheinen, für den Prinzipal bindend. Von dieser generellen Bindungswirkung ausgenommen sind lediglich Rechtshandlungen vor ordentlichen Gerichten und Schiedsgerichten, der Abschluß von Vergleichen, Verzichtserklärungen sowie die Vornahme unentgeltlicher Geschäfte. Allerdings sind im Aussenverhältnis für den Prinzipal selbst diejenigen Rechtsgeschäfte des Stellvertreters bindend, die unter Überschreitung der im Innenverhältnis auferlegten Beschränkungen vorgenommen werden (Art. 6 *Stellvertretungsgesetz*).

Das israelische Recht kennt ebenso wie das deutsche Recht die Haftung kraft Anscheinsvollmacht. Der Prinzipal ist deshalb auch an Rechtsgeschäfte des vollmachtlosen Vertreters gebunden, wenn er Anlaß dazu gibt, daß Dritte im Vertrauen an das Bestehen einer wirksamen Bevollmächtigung Rechtsgeschäfte mit dem Vertreter eingehen.

Legt der wirksam Bevollmächtigte dem Vertragspartner gegenüber nicht offen, daß er für einen Dritten handelt, haftet er gemäß Art. 7 *Stellvertretungsgesetz* gemeinsam mit dem Prinzipal als Gesamtschuldner. Rechte aus dem geschlossenen Geschäft kann allerdings nur der Bevollmächtigte geltend machen, außer wenn der Charakter der aus dem Geschäft fließenden Rechte und deren Entstehungsgrund einer Ausübung durch den Prinzipal nicht entgegenstehen.

Als grundlegende Pflichten des Stellvertreters nennt Art. 8 *Stellvertretungsgesetz* insbesondere Treue- und Aufklärungspflichten, die

Pflicht zur Interessenwahrung zugunsten des Prinzipals sowie das Verbot der Mehrfachvertretung in derselben Sache. Diese Verpflichtungen können durch Parteivereinbarung abbedungen oder verschärft werden. Pflichtverletzungen des Stellvertreters stellen einen Vertragsbruch dar und berechtigten den Prinzipal gemäß Art. 9 *Stellvertretungsgesetz*, Schadenersatz zu verlangen.

B Handelsvertretung

Handelsvertreter sind unabhängige Vertragspartner des Unternehmers, die auf Weisung, im Namen und auf Rechnung des letzteren regelmäßig im Rahmen einer auf Dauer angelegten Geschäftsbeziehung tätig sind. Durch die Dauerhaftigkeit der Geschäftsbeziehung unterscheidet sich der Handelsvertreter vom Handelsmakler, der für den Prinzipal lediglich aufgrund konkret erteilter Einzelaufträge tätig wird.

Die Tätigkeit des Handelsvertreters ist auf die Anbahnung und/oder den Abschluß von Rechtsgeschäften gerichtet. Die Vergütung besteht üblicherweise in einer Provision, die in der Regel als Prozentsatz des durch den Handelsvertreter akquirierten Umsatzvolumens bemessen wird. Grundsätzlich liegt das Schwergewicht der Handelsvertretertätigkeit auf der bloßen Vermittlung von Geschäftsabschlüssen. Entsprechend kann der Prinzipal den Abschluß des an ihn herangetragenen Geschäfts ablehnen. In bestimmten Geschäftszweigen ist es aber auch üblich, daß der Unternehmer dem Handelsvertreter Abschlußvollmacht erteilt. Die dem Handelsvertreter eingeräumte Vertretungsmacht kann je nach dem Inhalt der Handelsvertretervereinbarung unterschiedlich stark ausgestaltet sein.

C Verkaufsrepräsentanten

Verkaufsrepräsentanten sind Angestellte des Unternehmers und unterliegen deshalb neben der individuellen Vertragsabrede auch den Vorschriften des israelischen Arbeitsrechts. Aufgrund der arbeitsrechtlichen Treuepflicht ist es Verkaufsrepräsentanten untersagt, für Konkurrenten ihres Arbeitgebers tätig zu werden. Ihre Vergütung kann in einem festen Gehalt, einer Provision oder in einer Verbindung beider Vergütungsarten bestehen. Üblich ist insbesondere eine erfolgsabhängige Vergütung, etwa in Form einer Umsatzbeteiligung, oder eine Kombination von Festgehalt und Provision.

II. Grundzüge des Handelsvertreterrechts

A Formvorschriften

Der Abschluß des Handelsvertretervertrages unterliegt keinen Formvorschriften, und der Vertragsinhalt kann durch die Parteien weitgehend frei bestimmt werden: Das israelische Vertragsrecht geht vom Grundsatz der Form- und Vertragsfreiheit aus. Insgesamt ist der Handelsvertretervertrag den Regelungen des Allgemeinen Schuldrechts unterworfen, da dieses gemäß Art. 61 (a) des *Vertragsgesetzes (Allgemeiner Teil) von 1973* stets in Ermangelung spezialgesetzlicher Vorschriften anwendbar ist.

Aufgrund der Besonderheiten des Handelsvertreterverhältnisses weicht die Rechtsprechung jedoch in wichtigen Fragen von den Grundsätzen des Allgemeinen Vertragsrechts ab: Gemäß dem *Vertragsgesetz (Rechtsbehelfe bei Vertragsbruch)* von 1970 berechtigt ein Vertragsbruch die verletzte Partei grundsätzlich dazu, entweder die Vertragserfüllung durchzusetzen oder vom Vertrag zurückzutreten. In beiden Fällen ist zusätzlich ein entsprechender Schadenersatz geschuldet. Bei Verträgen allerdings, die eine persönliche Erfüllungspflicht stipulieren, kann der Anspruch auf (persönliche) Erfüllung nicht durchgesetzt werden. Die verletzte Partei bleibt diesfalls auf den Vertragsrücktritt und entsprechenden Schadenersatz verwiesen[2]. Die Rechtsprechung hat in diesem Zusammenhang Handelsvertreterverträge als Verträge persönlichen Charakters angesehen, da sie gewöhnlich persönliche Leistungen zum Inhalt haben und auf einem Vertrauensverhältnis beruhen, dessen Herstellung nach Ansicht der Gerichte nicht rechtlich erzwingbar ist. Entsprechend wird ein Handelsvertretervertrag mit seiner Kündigung in jedem Fall beendet. War die Kündigung ungerechtfertigt oder ist sie vertragswidrig erfolgt, bleibt die verletzte Partei auf Schadenersatz verwiesen, kann aber nicht geltend machen, der Vertrag sei weiterhin bindend, da er nicht rechtsgültig gekündigt wurde.

Aus dem gleichen Grund kann die verletzte Partei dem Vertragsbrüchigen nicht im Wege des einstweiligen Rechtsschutzes an den Handelsvertretervertrag binden. Der bisherige Meinungsstreit zu dieser Frage ist durch eine Präzedenzentscheidung des Obersten Gerichtshofes zum Vertriebsvertrag in diesem Sinne beendet worden.[3]

---

[2] Getreu dem Vorbild des englischen Zivilprozessrechts können in Israel persönliche Leistungen ausser in einigen sehr seltenen Fällen nicht vollstreckt werden.

[3] Vgl. hierzu Richter Strassberg-Cohen in Gigi Kosmetics Laboratories Ltd. vs. Shell Beauty Agencies Ltd., C.A. 5284/95 [1995]; im vorliegenden Fall wollten die Vertreiber dem Unternehmer aufgrund der Exklusivitätsklausel in ihren

B Exklusivität

Dem Handelsvertreter wird zumeist ein bestimmtes Vertragsgebiet oder eine bestimmte Kundengruppe zur alleinigen Betreuung zugewiesen. Im Gegenzug verpflichtet sich der Handelsvertreter, keine konkurrierenden Produkte Dritter zu vertreiben. Die Ausgestaltung von Exklusivitätsrechten kann sehr unterschiedlich sein und hängt ausschließlich vom jeweiligen Handelsvertretervertrag ab.

Der Unternehmer kann sich das Recht zu Direktabschlüssen mit dem zugewiesenen Kundenkreis oder mit Kunden aus dem zugewiesenen Vertragsgebiet vorbehalten. In diesem Fall wird üblicherweise vereinbart, daß der Handelsvertreter auch für Direktabschlüsse provisionsberechtigt ist. Dies gilt um so mehr, wenn der Handelsvertreter verpflichtet ist, auch solche Kunden, die nur Direktabschlüsse mit dem Unternehmer tätigen, zu bewerben oder anderweitig zu betreuen. Das Recht des Unternehmers zu Direktabschlüssen kann im Handelsvertretervertrag allerdings auch gänzlich ausgeschlossen sein.

C Vergütung des Handelsvertreters

Auch hinsichtlich der Vergütung gilt der Grundsatz der Vertragsfreiheit. In der Praxis haben sich verschiedene Arten der Handelsvertretervergütung entwickelt. Im wesentlichen richtet sich die Art der vereinbarten Vergütung nach der individuellen Ausgestaltung des jeweiligen Handelsvertreterbetriebes. Ein Handelsvertreter, dessen Betrieb in Form einer Niederlassung als Bestandteil des Geschäftsbetriebes des Unternehmers organisiert ist, erhält üblicherweise eine sog. *„Kosten plus“*-Vergütung in der Höhe des Kostenersatzes zuzüglich einer Prämie. Der Unternehmer trägt in diesem Fall die Betriebskosten des Handelsvertreters und gewährt darüber hinaus eine Prämie, die den Gewinn des Handelsvertreters darstellt.

Selbständige Handelsvertreter werden üblicherweise auf *Provisionsbasis* tätig, wobei die Provision als Bruchteil des aus den vermittelten oder abgeschlossenen Geschäften resultierenden Umsatzes dargestellt wird.

Ferner ist in Israel die sog. *Transferpreismethode* geläufig, wonach die Vergütung in der Marge zwischen dem Einkaufspreis der Produkte und deren Verkaufspreis besteht. Die Transferpreismethode wird jedoch hauptsächlich mit Vertragshändlern vereinbart (vgl. nachfolgend, Ziff. III.C., Vertriebsverträge, Pflichten des Unternehmers). Bei der Anwendung dieser

---

(unrechtmässig durch den Unternehmer gekündigten) Vertriebsverträgen den Direktkontakt zur Kundschaft im Wege des einstweiligen Rechtsschutzes verbieten lassen.

Vergütungsmethode muß die israelische Besonderheit beachtet werden, daß die Unterscheidung zwischen Handelsvertreter und Vertragshändler weitgehend fließend sind und Waren vom Handelsvertreter erworben und weiterveräußert werden können.

D Vertragsgebiet

Die Definition des Vertragsgebiets bleibt weitgehend der vertraglichen Regelung überlassen. Dabei ist zu beachten, daß die Bezeichnung des Vertragsgebiets als „Staat Israel„ die autonomen palästinensischen Gebiete ausschließt, d.h. gegenwärtig den Gazastreifen und das Westjordanland nicht umfaßt.

Wollen die Parteien auch die Autonomen Gebiete mit in das Vertragsgebiet einbeziehen, muß dies explizit in den Vertrag aufgenommen werden. Bislang existieren seitens der palästinensischen Behörden keine Restriktionen für die Tätigkeit israelischer Handelsvertreter in den palästinensischen Gebieten. Allerdings könnten Beschränkungen in der Zukunft eingeführt werden, so daß der Handelsvertretervertrag für diesen Fall entsprechende Regelungen vorsehen sollte.

E Vertragspflichten des Unternehmers

Allgemein ist der Unternehmer zur vereinbarten Vergütungszahlung an den Handelsvertreter und zu dessen Belieferung mit der Vertragsware verpflichtet. Ferner wird häufig vertraglich vereinbart, daß der Unternehmer dem Handelsvertreter Werbematerial wie Muster, Preislisten, Kopien der allgemeinen Geschäftsbedingungen und andere Informationen zur Verfügung stellt. Letztere Verpflichtungen des Unternehmers stellen nach der herrschenden Meinung allerdings nur reine Mitwirkungspflichten dar, die nicht für sich allein einklagbar sind.

F Pflichten des Handelsvertreters

Die Vertragspflichten des Handelsvertreters bestehen hauptsächlich in der Vermittlung von Geschäftsabschlüssen und der Bewerbung der Vertragsprodukte nach den Weisungen des Unternehmers. Üblich sind Vereinbarungen, daß der Handelsvertreter die Interessen des Unternehmers zu wahren, Kundenbesuche durchzuführen und den Unternehmer über den Geschäftsgang zu informieren hat.

Der Handelsvertreter ist auch ohne vertragliche Absprache zur Wahrung von Geschäftsgeheimnissen verpflichtet. Als Geschäftsgeheimnis gilt jegliche Information über interne, technische oder verwaltungstechnische Strukturen des Geschäftsbetriebes (z. B. Ausstattung, Know how, Marktanalysen) oder dessen externe Rechtsverhältnisse (Kundenlisten, Bewerbungsmethoden, etc.). Zusätzlich muß die Preisgabe der Information an einen Konkurrenten erfolgen und geeignet sein, letzterem Zeit, Kosten oder Arbeitsleistung einzusparen, die er anderenfalls für den Erwerb des entsprechenden Wissens hätte aufbringen müssen. Geschäftsgeheimnisse sind jedoch von den allgemeinen Erfahrungen und Kenntnissen zu trennen, welche der Handelsvertreter im Rahmen seiner Tätigkeit für den Unternehmer sammelte und die zu seiner freien Verfügung stehen. Wie in Europa bereitet diese Unterscheidung auch in Israel den Gerichten einige Schwierigkeiten.

G Vertragsdauer

Sofern keine Vereinbarung hinsichtlich der Vertragsdauer getroffen wird, kann der Handelsvertretervertrag unter Einhaltung einer angemessenen Kündigungsfrist von einer der Parteien gekündigt werden. Die Beendigung von Handelsvertreterverträgen hat die israelischen Gerichte extensiv beschäftigt: Als Grundsatz ist von der Rechtsprechung die These entwickelt worden, daß, sofern keine ausdrückliche Vereinbarung hinsichtlich der Vertragslaufzeit getroffen worden ist, keine der Parteien sich endlos an den Vertrag gebunden fühlen muß. Je nach den Umständen des Einzelfalles kann die Kündigungsfrist bis zu einem Jahr betragen (vgl. oben, Ziff. II.A. sowie nachfolgend).

H Nachvertraglicher Ausgleichsanspruch

Handelsvertreterverträge enthalten für gewöhnlich keine Regelungen über eine nachvertragliche Ausgleichspflicht. Auch aus dem *Stellvertretungsgesetz* lassen sich keine Ausgleichsansprüche des Handelsvertreters bei Vertragsbeendigung ableiten.

Israelische Handelsvertreterverträge befassen sich in der Regel lediglich mit der Frage, ob eine Überhangprovision zu zahlen ist, also eine Provision für Rechtsgeschäfte im Tätigkeitsbereich des Handelsvertreters, die nach Beendigung des Vertretervertrages abgeschlossen wurden, aber durch den Handelsvertreter initiiert waren. Soweit eine Bestimmung hinsichtlich der Gewährung von Überhangprovisionen im Handelsvertretervertrag nicht enthalten ist, sind solche auch nicht geschuldet. Das Oberste Gericht hat im Jahre 1990 zu dieser Frage eine Präzedenzentscheidung gefällt[4]: Der Handelsvertreter war im betreffenden Fall während der Vertragsdauer verstorben. Das Gericht wies die Klage der Erben auf Auszahlung einer Über-

[4] Polgat Industries Ltd. / Estate Blechner (C.A. 528/86 [1990] PADI 44 (3) P. 821).

hangprovision ab, da nicht nachgewiesen werden konnte, daß die mündliche Vertragsabrede zwischen den Parteien eine entsprechende Vereinbarung enthielt und die Kläger nicht Ansprüche aus ungerechtfertigter Bereicherung geltend machten. Das Gericht lehnte es ab, dem Handelsvertretervertrag eine implizite Verpflichtung zur Auszahlung einer Überhangprovision zu entnehmen (vgl. ferner nachfolgend, Ziff. III.E.).

Ausgleichsansprüche des Handelsvertreters wegen Vertragsbruchs des Unternehmers durch ungerechtfertigte Kündigung des Handelsvertretervertrages werden auf der Basis des Durchschnitts der jährlichen Einkünfte des Handelsvertreters berechnet. Die zur Berechnung herangezogenen Kriterien ähneln den Kriterien, die für die Berechnung des Ausgleichsanspruches nach § 89 b HGB maßgeblich sind.

I Nachvertragliches Wettbewerbsverbot

Die Praxis der Handelsvertreter, das während des Handelsvertretervertrages erworbene Wissen nach Beendigung des Vertragsverhältnisses zum Prinzipal im Rahmen eines eigenen Geschäftsbetriebes oder der Tätigkeit für einen Wettbewerber des Prinzipals einzusetzen, hat dazu geführt, daß Handelsvertreterverträge regelmäßig ein nachvertragliches Wettbewerbsverbot enthalten. Dieses Wettbewerbsverbot ist üblicherweise räumlich und zeitlich beschränkt. Bei der Formulierung eines nachvertraglichen Wettbewerbsverbots ist darauf zu achten, daß die Dauer des Wettbewerbsverbots und die räumliche Beschränkung den konkreten Umständen des Einzelfalls angemessen sein müssen, da anderenfalls eine unlautere Wettbewerbseinschränkung vorliegt, welche die Unwirksamkeit des Konkurrenzverbots zur Folge haben kann.

Die von der israelischen Rechtsprechung entwickelten Grundsätze zur Angemessenheit des Wettbewerbsverbots folgen dem Vorbild der dem deutschen Handelsvertreterrecht zugrunde liegenden EG Richtlinie vom 18. Dezember 1986 (86/653/EWG). Die Gerichte wägen dabei die Reichweite des Wettbewerbsverbotes gegen die schützenswerten Interessen des Unternehmers ab. Als ausschlaggebendes Element spielt hier auch die wirtschaftliche Gleichwertigkeit und die Verhandlungsstärke der Vertragspartner eine Rolle. Im Gegensatz zur Praxis in vielen europäischen Staaten tendieren die israelischen Gerichte bislang dazu, wettbewerbsbeschränkende Vertragsklauseln grundsätzlich als wirksam anzusehen: War sich der Handelsvertreter des Umfangs und der Bedeutung des nachvertraglichen Wettbewerbsverbotes bewußt, kann er sich später nicht auf die Unwirksamkeit des Verbots berufen, und zwar selbst dann nicht, wenn er ohne

Zustimmung zum Wettbewerbsverbot die Position als Handelsvertreter nicht erlangt hätte. Die Tendenz der Gerichte, Wettbewerbsverbote für wirksam anzusehen, ist um so eher gegeben, je länger der Handelsvertretervertrag bestand.

Im Jahre 1994 hat die Knesset das *Grundgesetz zur Berufsfreiheit*[5] verabschiedet und damit dem Recht auf Berufsfreiheit verfassungsmäßigen Rang eingeräumt. Die Berufsfreiheit darf seitdem nur noch durch Gesetze beschränkt werden, die rechtmäßig zustande gekommen, zweckmäßig und angemessen sind. In Anbetracht der großen Bedeutung, die mit Erlaß dieses Gesetzes der Berufsfreiheit zuteil geworden ist, kann man davon ausgehen, daß Wettbewerbsverbote von den Gerichten in Zukunft weniger großzügig gehandhabt werden.

III. VERTRIEBSVERTRÄGE

A Formvorschriften

Ebenso wie zum Handelsvertreterrecht existiert keine lex specialis der Vertriebsverträge. Dementsprechend sind bei Vertragsabschluß keine Formvorschriften zu beachten. Dennoch weisen Vertriebsverträge hinsichtlich der Form, der darin stipulierten Rechte und Pflichten sowie hinsichtlich deren Beendigung Ähnlichkeiten zu den in europäischen Staaten geläufigen Vereinbarungen auf.

B Exklusivität

Ohne entsprechende ausdrückliche Vereinbarung gilt für die Parteien von Vertriebsverträgen keine Exklusivität. Letztere kann jedoch stipuliert werden, und zwar entweder in der Form, daß der Vertragshändler Produkte bzw. Dienstleistungen nur eines einzigen Prinzipals vertreiben darf oder dergestalt, daß der Prinzipal nur an einen einzigen Vertragshändler leisten kann. Vertriebsverträge mit Exklusivitätsklausel zu Lasten des Prinzipals

---

[5] Obwohl Israel keine geschriebene Verfassung kennt, hat die Knesset in den 90er Jahren eine Reihe von Gesetzen verabschiedet, die sich selbst als „Grundgesetze“ bezeichnen und durch die Rechtsprechung grundsätzlich als der übrigen Gesetzgebung übergeordnet bezeichnet werden. Status und Geltungskraft dieser Gesetze sind jedoch bis heute heftig umstritten und die entsprechende Lehrmeinung ist nicht ausgereift.

können diesen berechtigen, Direktverträge abzuschließen oder ihm dieses Recht vollständig versagen.

Die israelischen Gerichte waren vielfach mit der Frage der Zulässigkeit von Parallelimporten befaßt, und es ist heute herrschende Meinung, daß der Vertragshändler die von ihm vertriebenen Produkte selbst dann über andere Bezugsquellen als den Prinzipal beziehen darf, wenn hinsichtlich des Produktes Exklusivität zugunsten des Prinzipals vereinbart worden ist.

C Pflichten des Unternehmers

Der Wortlaut des Vertriebsvertrages erschöpft sich meist in der Verpflichtung des Unternehmers, den Vertragshändler in bestimmten Zeitabschnitten oder nach konkreter Bestellung mit den Vertragsprodukten zu beliefern, ihn bei der Bewerbung der Produkte durch Muster, Werbematerial, Demonstrationsprodukte und dergleichen sowie gelegentlich durch das Angebot von Kundendienstleistungen zu unterstützen.

Die Vergütung des Vertragshändlers erfolgt entweder auf Provisionsbasis, nach dem sog. "*Kosten plus*"-Verfahren oder im Wege der sog. *Transferpreismethode* (siehe oben, Ziff. II.C., Vergütung des Handelsvertreters).

D Pflichten des Vertragshändlers

Üblicherweise bestehen die Verpflichtungen des Vertragshändlers in der Absatzförderung und Bewerbung der Vertragsprodukte. Dem Vertragshändler wird zuweilen die Verpflichtung auferlegt, Verkaufspersonal nach Anweisung des Prinzipals auszubilden, für den Abschluß bestimmter Versicherungsverträge Sorge zu tragen, gewerbliche Schutzrechte des Prinzipals zur Eintragung zu bringen oder zu gewährleisten, daß der Verkauf der Produkte im Einklang mit den jeweils gültigen Gesetzen steht. Üblich ist es auch, den Vertragshändler zur Abnahme von Mindestmengen bzw. zur Bereithaltung von Ware auf Lager zu verpflichten. Häufig wird auch vereinbart, daß der Vertragshändler über seine Geschäftstätigkeit, neue Kunden und die Geschäftsentwicklung zu berichten, Nachweise für seine Werbetätigkeit zu erbringen und Auskünfte zu erteilen hat, die es dem Unternehmer ermöglichen, den Vertriebsweg der Produkte nachzuvollziehen. Häufig finden sich in Vertriebsverträgen auch zeitliche, produktbezogene oder räumliche Wettbewerbsbeschränkungen, die für die Dauer des Vertrages oder nachvertraglich gelten.

E Vertragsdauer

Auf unbestimmte Zeit geschlossene Vertriebsverträge können jederzeit durch einseitige Erklärung unter Einhaltung einer angemessenen Kündigungsfrist beendet werden. Eine Pflicht zur Weiterführung des Vertragsverhältnisses existiert jedoch auch bei unrechtmäßiger Kündigung nicht, da das Rechtsverhältnis zwischen den Parteien, wie auch der Handelsvertretervertrag, als persönlich angesehen wird, so daß ein Anspruch auf Durchsetzung der Vertragserfüllung nicht existiert (vgl. hierzu oben, Ziff. II.A. und II.E.).

Eine Beendigung des Vertriebsvertrages ohne Einhaltung einer angemessenen Kündigungsfrist führt zur Begründung von Schadenersatzansprüchen aus Vertragsbruch. Die Kriterien für die Beurteilung der Angemessenheit der Kündigungsfrist sind umstritten, wurden aber durch das Oberste Gericht in einem Präzedenzentscheid untersucht[6].

Zu beurteilen war die Beendigung eines Vertriebsvertrages, der rund sechs Jahre gedauert hatte und sich auf Produkte mit kurzer Lebensdauer und Haltbarkeit bezog. Der israelische Markt war einzig durch die Aktivität des betreffenden Vertragshändlers erschlossen worden.

Eine starke Minderheit der Richter sah den Zweck der Kündigungsfrist allein darin, dem Vertragspartner ausreichend Zeit zur Neuorientierung und Einstellung auf die baldige Beendigung des Vertragsverhältnisses zu geben und setzte die angemessene Kündigungsfrist bei 70 Tagen an. Die Vertreter dieser Ansicht hielten jedoch dafür, den Vertragshändler für seine (nunmehr fruchtlos gebliebene) Vorbereitungsarbeit nach den Grundsätzen der ungerechtfertigten Bereicherung in der Höhe eines Jahreseinkommens zu entschädigen.

Die in der zitierten Entscheidung vorherrschende Meinung geht dagegen davon aus, daß die Kündigungsfrist es dem Vertragshändler erlauben soll, in den Genuß der Früchte des von ihm vor Ausspruch der Kündigung erbrachten Zeit- und Arbeitsaufwandes zu kommen. Der Vertragshändler gehe grundsätzlich davon aus, daß das Vertragsverhältnis nicht gekündigt werde, so daß er sich bestimmte Einnahmen aus der von ihm investierten Arbeit erhoffe. Dieser berechtigten Erwartung habe die Länge der Kündigungsfrist Rechnung zu tragen. Entsprechend hielt die Mehrheit der Richter dafür, die Kündigungsfrist auf ein Jahr anzusetzen und dem Vertragshändler somit aus Vertragsbruch einen Entschädigungsanspruch von einem Jahresgehalt einzuräumen.

Beide Meinungen kamen also trotz unterschiedlicher Begründung zu demselben Ergebnis. Der Unterschied bestand lediglich in der Rechtsgrundlage der Forderung: Die Mehrheit sprach einen vertraglichen Schadenersatz zu,

---

[6] Moshe Zohar u.a. / Travenol Laboratories (Israel) Ltd. u. a. (C.A. 442/85 [1990]; PADI 44 (3) Seite 660).

[7] Vgl. die dissenting opinion der Richterin Netanyahu.

indem sie sich darauf berief, daß auf das Institut der ungerechtfertigten Bereicherung nur dann zurückgegriffen werden soll, wenn keine vertragliche Anspruchsgrundlage herangezogen werden kann.

In jedem Fall sollten zur Bestimmung der Angemessenheit der Kündigungsfrist stets wichtige Faktoren berücksichtigt werden, wie die Art der vertriebenen Produkte, die Zeit, die nötig war, um die Produkte auf dem Markt einzuführen, die mit dem Vertrieb verbundenen Kosten und Aufwendungen sowie der zu erwartende Gewinn. Wie wir im oben zitierten Beispiel gesehen haben, räumen die Gerichte ausgehend von diesen Kriterien eine relativ lange Kündigungsfrist ein, wenn die Vertragsware vor Vertrieb durch den Vertragshändler im israelischen Markt unbekannt war und allein der Aufwand des Vertragshändlers die Markterschließung ermöglichte. Im Gegensatz dazu wurde eine Kündigungsfrist von nur 3 Monaten als angemessen betrachtet, nachdem die Vertragshändler bereits 18 oder 19 Jahre für den Unternehmer tätig gewesen waren, ihre Tätigkeit aber in den vergangenen Jahren keine nennenswerten Investitionen verlangt hatte und auch keine Investitionen getätigt wurden[7]. Das Oberste Gericht stellte deshalb fest, daß die Vertragshändler durch die kurzfristige Kündigung keinen nennenswerten Schaden erlitten hatten. In einer anderen Entscheidung war der Vertragshändler über 30 Jahre für den Unternehmer tätig gewesen und das Gericht betrachtete eine Kündigungsfrist von einem Jahr als angemessen[8].

Die Parteien können das Problem der Angemessenheitsprüfung vermeiden, indem sie den Vertriebsvertrag bereits bei Abschluß zeitlich beschränken und nach Fristablauf einen neuen abschließen. Andernfalls muß der Unternehmer damit rechnen, dem vorzeitig aus dem Vertragsverhältnis entlassenen Vertragshändler bis zu einem Jahresumsatz als Schadenersatz für vertragsbrüchige Kündigung haften zu müssen.

F Nachvertragliche Ausgleichsansprüche

Wie oben anhand der Zohar/Travenol-Entscheidung erläutert (vgl. Fn. 8), ist der Vertragshändler bei unangemessener Kündigung des Vertrages zu einer Entschädigung berechtigt, die von der Mindermeinung hauptsächlich

---

[7] Menachem Hertschik u. a. / Yachin Chakal Ltd (C.A. 47/88 [1993]; PADI 47 (2) Seite 429).

[8] Estate Nikola Hinawi u. a. / Mivshelet Sheichar Leumit u. a. (C.A. 355/89 [1992]; PADI 46 (2) Seite 70).

aber nicht ausschließlich auf der Grundlage von Ansprüchen aus ungerechtfertigter Bereicherung und von der h. M. als Erfüllungsanspruch gewährt wird. Der Unterschied zwischen beiden Meinungen zeigt sich an einem Beispiel: Der Vertragshändler, der erheblichen Aufwand zur Erschließung eines kleinen Marktes betreibt, würde nach der Minderheitsmeinung aufgrund des Erfüllungsanspruches einen höheren Ausgleich erzielen als nach den Grundsätzen der ungerechtfertigten Bereicherung. Hat der Vertragshändler hingegen mit geringem Aufwand einen bedeutenden Markt erschlossen, würde die Kündigungsfrist so kurz angesetzt, daß der vertragliche Ersatzanspruch bedeutend niedriger ausfällt, dafür aber eine höhere Entschädigung aus ungerechtfertigter Bereicherung zugesprochen. Die Mehrheitsmeinung dagegen gewährt Entschädigung ausschließlich als Erfüllungsanspruch und berücksichtigt bei der Entschädigungsbemessung lediglich die Größe des geschaffenen Marktes.

Eine weitere möglicher Entschädigungsgrundlage könnte der durch den Vertragshändler geschaffene Goodwill sein. Die Rechtsprechung ist jedoch diesbezüglich sehr zurückhaltend: Nach der Gerichtspraxis wird Goodwill in drei Subkathegorien unterteilt, wovon eine vollständig dem Vertragshändler, eine dem Unternehmer und ein dritter Teil dem vertriebenen Produkt anhaftet. Die Schaffung des am Produkt haftenden Goodwill durch den Vertragshändler gehört jedoch nach Auffassung der Gerichte zu dessen vertraglichen Pflichten und muß deshalb nicht zusätzlich entschädigt werden. Entsprechend kann der Vertragshändler in der Regel keine Goodwill-Entschädigung beanspruchen.

G Nachvertragliches Wettbewerbsverbot

Generell gelten hier die gleichen Grundsätze wie für Handelsvertreter (vgl. oben, Ziff. II.I). Daneben kommt für Vertriebsverträge das *Gesetz gegen Gewerbeausübungsbeschränkungen* von 1988 zur Anwendung, welches für Kaufleute mit eigenem Geschäftsbetrieb gilt, zu denen Vertragshändler, anders als Handelsvertreter, zählen. Das Gesetz untersagt vertragliche Beschränkungen, die einer Partei den Wettbewerb mit der anderen verbieten. Daneben enthält das Gesetz auch Beschränkungen gegen die Bildung von Monopolstellungen und Regeln zur Fusionskontrolle.

Am 3. Januar 1996 hat die israelische Regierung zudem den Entwurf eines *Gesetzes gegen unlauteren Wettbewerb* verabschiedet, welches bisher noch nicht in Kraft getreten ist. Der Entwurf untersagt Handlungen, welche den Grundsätzen des fairen Handels und lauteren Wettbewerbs widersprechen und verbietet gewisse spezifizierte Handlungen, wie den Mißbrauch des vom Vertragspartner geschaffenen Goodwill und dessen Geschäftsgeheimnissen.

Der Gesetzgeber versucht hiermit, die Grenzen zwischen freier Gewerbeausübung, der Wahrung des fairen Handels und Anreizen für einen freien Wettbewerb aufzuzeigen. Wie überall wird jedoch letztlich die Anwendung und Auslegung der Gesetze der Rechtsfortbildung durch die Gerichte überlassen bleiben.

IV. DAS (INTERNATIONALE) KAUFRECHT

Soweit keine anderslautende vertragliche Regelung existiert, gilt für Kaufverträge mit internationalem Bezug die *Haager Übereinkommen zur Einführung eines einheitlichen Gesetzes über den internationalen Kauf beweglicher Sachen vom 1. Juli 1964*. Das *Übereinkommen der Vereinten Nationen über Verträge über den internationalen Warenkauf vom 11. April 1980* wurde hingegen durch Israel noch nicht ratifiziert[9].

Das Haager Kaufrechtsübereinkommen von 1964 ist in Israel durch das *Kaufgesetz (internationaler Warenkauf)* von 1971 (nachfolgend „*Kaufgesetz*") in das nationale Recht übernommen worden. Die Konvention ist nicht anwendbar auf den Kauf bestimmter Gegenstände wie z.B. Schiffe, Flugzeuge, Elektrizität oder auch auf den Rechtskauf, beispielsweise von Gesellschaftsanteilen. Das *Haager Kaufrechtsübereinkommen*, und damit auch das *Kaufgesetz*, regeln zudem nur die Verpflichtungen der Parteien eines bestehenden Kaufvertrages, enthalten also keine Regeln bezüglich Zustandekommen und Gültigkeitsvoraussetzungen eines Vertrages. Die hiermit in Zusammenhang stehenden Fragen bestimmen sich nach dem *Gesetz über das Zustandekommen von internationalen Kaufverträgen* von 1978 (nachfolgend: „*Vertragsschlussgesetz*" genannt).

Das *Vertragsschlussgesetz* erklärt die Handelsbräuche für verbindlich, welche entweder konkret zwischen den Parteien oder allgemein in deren Handelsbranche üblich sind. Ferner werden bestimmte im Handelsverkehr geläufige Rechtsbegriffe wie "unverzüglich" oder "Zeitwert" definiert.

Ein wesentlicher Vertragsbruch , welcher der verletzten Partei verschärfte Reaktionsmöglichkeiten einräumt, ist gegeben, wenn die vertragsbrüchige Partei wußte oder wissen mußte, daß ein objektiver Dritter den Vertrag bei Kenntnis des späteren Vertragsbruches nicht abgeschlossen hätte. Das Gesetz statuiert keine Schriftformerfordernisse und läßt ausdrücklich den Zeugenbeweis für den Nachweis des Vertragsschlusses zu.

---

[9] Am 16. Juli 1997 hat aber die israelische Regierung dem Parlament den Entwurf zum entsprechenden Beitrittsgesetz unterbreitet (in Israel erfolgt der Beitritt zu internationalen Übereinkommen durch Gesetz).

Das *Kaufgesetz* statuiert als Verkäuferpflichten die Lieferung der vertragsgemäßen Ware, die Eigentumsverschaffung und die Übergabe der entsprechenden Papiere. Des weiteren regelt es die Rechtsbehelfe des Käufers bei Vertragsbruch des Verkäufers. Das *Kaufgesetz* statuiert ferner den Verlust der Gewährleistungsrechte des Käufers, wenn nicht unverzüglich die Mangelhaftigkeit der Ware gerügt wird, wobei die Rügefrist kurz bemessen ist. Sofern der Mangel nicht das Fehlen einer zugerichteten Eigenschaft darstellt, kann der Käufer Gewährleistungsrechte aufgrund versteckter Mängel innerhalb von zwei Jahren ab Übergabe der Ware ausüben.

Das Kaufrecht statuiert als Pflichten des Käufers die Kaufpreiszahlung, Abnahme der Vertragsware sowie die Rücktritts- und Schadenersatzrechte bei Vertragsbruch. Tritt die verletzte Partei nicht vom Vertrag zurück, hat sie generell Anspruch auf Ersatz des Erfüllungsschadens einschließlich entgangenem Gewinn. Zum Ausdruck des notwendigen Kausalzusammenhanges zwischen Vertragsbruch und entstandenem Schaden benutzt das israelische Recht nach englischem Vorbild die Formel, daß nur der Schaden zu ersetzen ist, den die haftpflichtige Partei als Folge ihrer Vertragsverletzung zum Zeitpunkt des Vertragsschlusses vorhergesehen hat oder vorhersehen mußte. Tritt die verletzte Partei vom Vertrag zurück und hat die Vertragsware einen Marktpreis, so bemißt sich der Schadensersatzanspruch nach der Differenz zwischen dem vereinbarten und dem Zeitwert im Zeitpunkt des Vertragsrücktritts.

Das *Kaufgesetz* regelt außerdem die Erstattung von Aufwendungen und die Gefahrtragung. Im Gegensatz zum deutschen oder schweizerischen Recht bleibt die Gefahr so lange beim Verkäufer, bis die Ware entsprechend den Bedingungen des Kaufvertrages dem Käufer übergeben wird.

Die besondere Bedeutung des internationalen Kaufrechts liegt darin, daß es stets automatisch zur Anwendung kommt, wenn die Parteien nicht ausdrücklich abweichende Regelungen vereinbaren.

V. Schluß

Obwohl das israelische Recht im Bereich des Handelsvertreter- und Vertragshändlerrechts weitreichende Entwicklungen hinter sich hat, besteht dennoch in vielerlei Beziehung Bedarf nach Klärung. Die Knesset hat bislang keine Initiative ergriffen, diesen bedeutsamen Ausschnitt des Handelsrechts gesetzgeberisch zu regeln. Die gegenwärtig angewandten Regeln sind das Ergebnis des allgemeiner Rechtsnormen und ihrer Auslegung durch die Gerichte. Um möglichst umfassende Rechtsklarheit zu erzielen, empfiehlt sich bei der Bestellung eines israelischen Handelsvertreters oder Vertragshändlers stets eine umfassende vertragliche Regelung und deren eingehende rechtliche Prüfung.

9 HAFTPFLICHTRECHT[1]

Dan Arbel[2]

I. ISRAELISCHE HAFTPFLICHTGESETZE

Das israelischen Haftpflichtrecht geht auf das englische Recht zurück. Im Jahre 1944, während der britischen Mandatszeit und einige Jahre vor der Gründung des israelischen Staates, wurde die Haftpflichtverordnung in Kraft gesetzt, welche dem damaligen englischen Recht entnommen war. Sie sah eine abschliessende Liste von Haftpflichttatbeständen vor, deren Verletzung einen Schadenersatzanspruch begründet, und enthielt auch die auf das Haftpflichtrecht anwendbaren Prinzipien. Es wurden mithin Kompensationskriterien zugunsten einer geschädigten Partei definiert sowie Einreden, die dem Haftpflichtigen zur Verfügung stehen. Die Haftpflichtverordnung aus dem Jahre 1944 stand in Israel bis 1968 in Kraft; in jenem Jahr hat das Parlament eine revidierte Fassung verabschiedet.

Zusätzlich zur Haftpflichtverordnung, welche nach wie vor die Grundlage des israelischen Haftpflichtrechts darstellt, wurden einige Spezialgesetze in Kraft gesetzt. Widerhandlungen gegen die Bestimmungen dieser Gesetze begründen ebenfalls einen haftpflichtrechtlichen Schadenersatzanspruch.

Nachfolgend sind einige dieser wichtigen Haftpflichtgesetze aufgeführt:

1. Das *Gesetz gegen die Verleumdung* aus dem Jahre 1965 statuiert sowohl einen Verleumdungs-Straftatbestand als auch einen entsprechenden Haftungsgrund. Dem zur Verantwortung Gezogenen stehen verschiedene Verteidigungsmöglichkeiten offen, wie der Wahrheitsbeweis, der Nachweis guten Glaubens oder die Geltendmachung verschiedener Immunitäten.
2. Das *Produktehaftpflichtgesetz* aus dem Jahre 1980 auferlegt dem Hersteller eines defekten Produktes eine Kausalhaftung für daraus entstandene Körperverletzungen; der Geschädigte muss also kein Verschulden des Herstellers nachweisen. Vielmehr räumt das Gesetz dem haftpflich-

---

[1] Die Herausgeber danken der Kanzlei Froriep Renggli, Zürich, für die deutsche Übersetzung dieses Kapitels.

[2] Dan Arbel, LL.M., verfasste den englischen Originaltext. Er ist Oberrichter und Präsident des Magistratsgerichtes in Tel Aviv.

tigen Hersteller die üblichen Einreden ein, wie den Nachweis, dass nach dem Stand der Wissenschaft und Technik zum Zeitpunkt des Inverkehrbringens die Fehlerhaftigkeit des Produkts nicht erkennbar war.

3. Das *Gesetz zum Schutze der Privatsphäre* aus dem Jahre 1981 definiert die Verletzung der Privatsphäre, wie etwa die Verwendung des Namens oder des Bildes einer anderen Person, die Verletzung der Geheimhaltungspflicht in privaten Angelegenheiten oder die Veröffentlichung einer Angelegenheit, welche das Privatleben einer Person betrifft. Eine solche Verletzung kann als deliktische Handlung gemäss der Haftpflichtverordnung qualifiziert werden.

4. Das *Gesetz zur Vermeidung von Immissionen* aus dem Jahre 1991 befasst sich hauptsächlich mit der Haftpflicht für Lärm, Abluft und Luftverschmutzung. Normverstösse gegen dieses Gesetze stellen Haftungsgründe dar, die nach der Haftpflichtverordnung zu behandeln sind.

5. Das *Umweltschutzgesetz* aus dem Jahre 1992 befasst sich mit Luft-, Wasser- und Meeresverschmutzung sowie anderen umweltrelevanten Fragestellungen wie etwa der Abfallentsorgung, gefährlichen Stoffen und Strahlung. Dieses Gesetz richtet sich also gegen Beeinträchtigungen der Umwelt, welche der Allgemeinheit Schaden zufügen. Dadurch unterscheidet es sich vom oben erwähnten Gesetz zur Vermeidung von Immissionen, welches sich auf Beeinträchtigungen des Einzelnen bezieht.

   Auch das *Umweltschutzgesetz* postuliert eine Kausalhaftung: Das Verschulden des Schadensverursachers muss nicht bewiesen werden; bei einem Gesetzesverstoss genügt das Vorhandensein des Schadens, um eine Haftung des Schädigers auszulösen.

6. Das *Haftungsgesetz (Staatshaftung)* aus dem Jahre 1952 enthält generelle Prinzipien, um den Staat ebenso haftbar zu machen wie jede andere Körperschaft. Der Staat haftet indessen nicht für Handlungen die aufgrund rechtsgültiger Ermächtigung oder, rechtsgültige Ermächtigung vorausgesetzt, in gutem Glauben vorgenommen wurden, es sei denn, es liege Fahrlässigkeit vor. Das Haftungsgesetz begründet also eine Staatshaftung nur in jenen Fällen, in denen eine Fahrlässigkeit auf Seiten des Staates bewiesen werden kann. Das Gesetz sieht überdies vor, dass der Staat nicht für Ehrverletzungen haftbar gemacht werden kann. Schliesslich sind in jenen Fällen, in denen der Staat von der Haftung befreit ist, auch dessen Beamte nicht haftbar, soweit sie in Erfüllung ihrer Amtspflicht gehandelt hatten.

7. Das *Entschädigungsgesetz für Opfer von Motorfahrzeugunfällen* aus dem Jahre 1975 sieht vor, dass jedermann, der durch den Betrieb eines Motorfahrzeuges verletzt wird, einen verschuldensunabhängigen Anspruch auf Entschädigung aus einem Spezialfonds hat, welcher durch

die israelischen Versicherungsgesellschaften errichtet wurde. Diesbezüglich gehört das Gesetz weltweit zu den fortschrittlichsten, weil die geschädigte Person in den meisten Fällen unabhängig vom Vorliegen eines Verschuldens entschädigt wird; Klagen aus Motorfahrzeugunfällen bilden einen erheblichen Teil der Zivilrechtsstreitigkeiten, da Israel eine sehr hohe Unfallhäufigkeit aufweist und die diesbezüglichen Schäden vergleichsweise einfach durch die Geschädigten erhältlich gemacht werden können.

Nachdem die Gerichte während längerer Zeit den Anwendungsbereich dieses Gesetzes durch Auslegung ausgeweitet haben, sorgten in neuerer Zeit vor allem Gesetzesrevisionen für eine einschränkendere Interpretation.

8. Das *Konsumentenschutzgesetz* aus dem Jahre 1981 schützt den Konsumenten gegen Täuschungen seitens eines Geschäftsbetriebes oder Herstellers. Eine solche Täuschung kann sich auf verschiedene Eigenschaften des Produktes beziehen wie die Qualität, die Grösse, das Gewicht, die Beschreibung, die Menge.

II. Grundprinzipien des Haftpflichtrechts

Wir wenden uns nun den Grundprinzipien des Haftpflichtrechts zu, wie sie in der Haftpflichtverordnung aus dem Jahre 1944 niedergelegt sind und wie sie durch die Rechtsprechung des Obersten Gerichtshofes entwickelt wurden. Anschliessend soll auf die wichtigsten Haftpflichttatbestände und Gesetze eingegangen werden.

Das Haftpflichtrecht ist in zwei Hauptgruppen unterteilt: Spezifische und allgemeine Haftungstatbestände. Spezifische Haftungstatbestände haben einen eingeschränkten Anwendungsbereich, sind im Gesetz abschliessend definiert und aufgezählt. Dazu gehören etwa die Körperverletzung, die unrichtige Tatsachendarstellung, die Vergewaltigung, der Landfriedensbruch oder die unrechtmässige Aneignung einer Sache, die Emissionsbeeinträchtigung, die grundlose Verhaftung, die böswillige Strafanzeige und die Verleitung zum Vertragsbruch.

Für allgemeine Haftungstatbestände hat der Gesetzgeber dagegen nur allgemeine Prinzipien niedergelegt, ohne Tatbestandsmerkmale zu definieren und Einschränkungen in bezug auf den Anwendungsbereich vorzusehen; die Konkretisierung wird den Gerichten überlassen. In diese Kategorie gehören die Haftung für Fahrlässigkeit sowie die Haftung für die Missachtung einer Rechtspflicht.

Überdies existieren Haftungstatbestände, die durch Sondergesetze geregelt sind, welche nach der Inkraftsetzung der Haftpflichtverordnung erlassen wurden, und die sich auf bestimmte, genau abgegrenzte Bereiche beziehen.

A Allgemeine Delikte

Die Haftung für fahrlässig verursachten Schaden stellt den wesentlichsten Haftungstatbestand in der Kategorie der allgemeinen Delikte dar. Die entsprechenden Prinzipien sind in der Haftpflichtverordnung niedergelegt, haben aber eine grosse Entwicklung durch die Rechtsprechung erfahren. Verschulden ist im allgemeinen umschrieben als Abweichung vom Normalverhalten eines vernünftigen Bürgers, ein Grundsatz, der durch das entscheidende Gericht konkretisiert wird. Demzufolge ist im Wesentlichen der „vernünftige Normalbürger" als Haftungsmassstab niemand anders als das Gericht selbst.

Gleichwohl muss das Gericht, bevor es bestimmt, ob ein Schädiger schuldhaft handelte, prüfen, ob der Schädiger eine Sorgfaltspflicht gegenüber dem Geschädigten hatte. Dazu muss es zwei Fragen beantworten:

1. besteht eine allgemeine Sorgfaltspflicht, d.h. besteht zwischen den Schäden, die der Schädiger verursachte, und denjenigen, die der Geschädigte erlitt, eine Beziehung, die im Falle einer Sorgfaltspflichtverletzung eine Schadenersatzpflicht zur Folge hat, und
2. besteht eine spezifische Sorgfaltspflicht, d.h. trifft den Schädiger gerade gegenüber dem Geschädigten eine Sorgfaltspflicht in bezug auf die vorgenommenen Handlungen und den erlittenen Schaden?

Beide Fragen werden durch das Gericht nach Massgabe des Voraussehbarkeitskriteriums geprüft. In jedem Fall fragt das Gericht, ob ein vernünftiger Mensch den Schaden hätte voraussehen können oder was er, als normative Kategorie, hätte voraussehen müssen. Wenn sich das Gericht mit der Frage des allgemeinen Konzepts der Sorgfaltspflicht befasst, ist es in Wahrheit rechtspolitisch tätig. Anders ausgedrückt, das Gericht umschreibt Kategorien bestimmter Arten von Rechtsbeziehungen sowie generelle Situationen, in denen eine allgemeine Sorgfaltspflicht postuliert wird.

So besteht z.B. aufgrund der Rechtsprechung eine allgemeine Sorgfaltspflicht der öffentlichen Hand, etwa der kommunalen Körperschaften, die Eigentümer von Liegenschaften sind, gegenüber allen sich auf dieser Liegenschaft befindenden Personen. Die Rechtspraxis erweitert eine solche generelle Sorgfaltspflicht auf andere Beziehungen, wie etwa zwischen Arzt und Patient, Geschäftsmann und Kunde, Arbeitgeber und Arbeitnehmer sowie zwischen Bauunternehmer und Passanten sowie unbeteiligten Dritten. Obwohl die erwähnten Situationen nicht die einzigen sind, mit denen sich die Gerichte befassen, zeigen sie doch die Richtung der Rechtsprechung auf.

Hat das Gericht festgestellt, dass eine generelle oder spezifische Sorgfaltspflicht besteht, und hat es in solchen Fällen bereits früher eine Sorgfaltspflicht bejaht, muss die Angelegenheit nicht weiter analysiert und kann die Sorgfaltspflicht unmittelbar bestimmt werden. Das Gericht wird dann feststellen, ob eine Sorgfaltspflichtverletzung vorlag, d.h. der Schädiger gegenüber der geschädigten Partei von den durch das Recht und/oder die Rechtsprechung vorgegebenen Verhaltensnormen abgewichen ist.

Es ist zu beachten, dass die Fahrlässigkeitshaftung als genereller Haftungstatbestand nicht abschliessend geregelt ist und von Zeit zu Zeit durch die Gerichte auf neue Gebiete ausgeweitet wird, die bislang nicht durch die Rechtsprechung behandelt wurden, deren Umstände aber auf den gleichen Prinzipien beruhen.

Einige Autoren vertreten die Auffassung, dass das ganze Haftpflichtrecht als Haftung für Verschulden verstanden werden kann, d.h. dass auch die spezifischen Haftungstatbestände auf einem Verschulden beruhen, weshalb es ihrer nicht wirklich bedarf. Es ist auch klar, dass in jenen Fällen, in denen der Gesetzgeber spezifische Haftungstatbestände umschrieben hat, keine Notwendigkeit für die Prüfung einer generellen oder spezifischen Sorgfaltspflicht besteht und demzufolge keine Notwendigkeit für den Beweis eines Verschuldens.

Ein Normverstoss ist ebenfalls ein allgemeines Delikt, obwohl er weniger häufig vorkommt als die Fahrlässigkeitshaftung. Die Grundlagen dieses Haftungstatbestandes sind die folgenden:

1. eine dem Schädiger gesetzlich auferlegte Pflicht;
2. die Bestimmungen sind zum Schutze des Geschädigten erlassen;
3. der Schädiger hat gegen eine ihm auferlegte Pflicht verstossen;
4. der Pflichtverstoss hat beim Geschädigten einen Schaden verursacht; und
5. beim verursachten Schaden handelt es sich um eine gesetzlich anerkannte Schadensart.

Dies kann an folgenden Beispielen illustriert werden: Ein Arbeiter wird in einer Fabrik durch eine Maschine, welche die gesetzlichen Sicherheitsvorschriften nicht erfüllt, verletzt, oder er fällt von einem nicht gesicherten Gerüst. In solchen Fällen kann der Arbeitgeber wegen einer Normverletzung haftbar gemacht werden und zwar unabhängig vom Nachweis eines Verschuldens. Es genügt nachzuweisen, dass der Arbeitgeber gegen eine Norm verstossen hat. Das Recht schützt mithin den Angestellten, und die Schadenersatzpflicht des Arbeitgebers entsteht aus dieser Normverletzung.

In ähnlicher Weise liegt eine Haftung infolge Normwidrigkeit in jenen Fällen vor, in denen die Gesetze in Kraft gesetzt wurden, um den konkret entstandenen Schaden zu verhindern, und der Schädiger gegen diese Norm verstossen hat. Im allgemeinen wird die betreffende Norm den Gerichten als Orientierungshilfe bei der Prüfung der Sorgfaltspflicht und der damit verbundenen Fahrlässigkeitshaftung dienen, indem sie das geforderte Mass der Sorgfalt vorgibt, wobei eine Abweichung von diesem Standard als Verschulden qualifiziert wird. Dies ist indessen nicht immer so. Es gibt Fälle, in denen spezifische Normen in Kraft gesetzt wurden, welche einen höheren Sorgfaltsstandard postulieren als den des vernünftigen Dritten und wo es nicht möglich ist, die allgemeinen Grundsätze der Fahrlässigkeitshaftung heranzuziehen, sondern nur die Haftung aufgrund einer Normwidrigkeit.

Auf die zweite Haftungskategorie, d.h. die spezifischen Haftungstatbestände, wird später eingegangen, da sich diese Haftungen auf spezifische Situationen und Umstände, nicht auf generelle Prinzipien beziehen.

B Der Kausalzusammenhang

Damit der Kläger seinen Haftpflichtanspruch durchsetzen kann, muss er nicht nur das Vorhandensein der Grundvoraussetzungen eines bestimmten Haftungstatbestandes darlegen, sondern überdies auch nachweisen, dass der Kausalzusammenhang zwischen dem Haftungstatbestand und dem erlittenen Schaden nicht unterbrochen wurde.

Es gibt Fälle, in denen eine unerlaubte Handlung begangen und eine Person geschädigt wurde, aber kein Kausalzusammenhang zwischen dem Haftungstatbestand und der eingetretenen Einbusse besteht. Dies wird in jenen Fällen vorkommen, in denen ein dazwischentretender Grund die Kausalkette zwischen der unerlaubten Handlung und dem eingetretenen Schaden unterbrochen hat: Ein Wachmann vergisst die Heizung in einem Gebäude abzustellen, weshalb der Heizkessel weiter in Betrieb bleibt. Später wird bekannt, dass ein Dritter eine brennende Zigarette oder brennbares Material im Gebäude gelassen hat, wodurch ein Feuer ausbrach. Wer hat die entstandenen Gebäudeschäden verursacht: Der Wachmann, der vergass, die Heizung auszuschalten, oder die Person, welche die brennende Zigarette oder das brennbare Material hinterlassen hat? Dies ist eine Situation, in welcher eine Ursache zwischen die Ersthandlung und den Schaden trat und die entsprechende Kausalkette unterbrach. Es gibt zahlreiche Tests, welche die Gerichte verwenden, um das Vorliegen des Kausalzusammenhanges zwischen der Handlung oder Unterlassung und dem Schaden festzustellen:

1. Der “conditio-sine-qua-non-Test”: Das Gericht fragt danach, ob der Schaden nur wegen der konkreten Handlung oder Unterlassung entstanden ist; und
2. der Test des dazwischentretenden Grundes: Das Gericht prüft, ob der dazwischentretende Grund die entscheidende Ursache für den Schaden war.

Im erwähnten Beispiel muss das Gericht daher fragen, ob bei Nichtabschaltung der Heizung der Schaden in jedem Fall oder ob ohne die brennende Zigarette überhaupt ein Schaden entstanden wäre. Das Gericht wird auch prüfen, ob die hinterlassene Zigarette ein Umstand war, welcher den Kausalzusammenhang zwischen der ursprünglichen Ursache, selbst wenn diese den Schaden ebenfalls herbeigeführt hätte, und dem Schaden unterbrach.

Es gibt auch Fälle, in denen der Geschädigte selbst sorgfaltswidrig handelte und den Kausalzusammenhang unterbrach. Dies geschieht oftmals bei Unfällen am Arbeitsplatz. Es kann eine Situation entstehen, in welcher der Arbeitgeber gegen eine Norm verstösst, etwa indem er bei einer Maschine keine Abtrennungs- oder Schutzvorrichtung anbringt, aber gleichwohl nicht für einen Schaden haftbar ist, den der an dieser Maschine arbeitende Arbeitnehmer erleidet. Dies ist der Fall, wenn der Arbeiter offensichtlich gewarnt wurde, sich der Maschine nicht zu nähern oder an ihr zu arbeiten, und er Kenntnis über die damit verbundenen Risiken hat. In diesem Fall wird das Gericht vermutlich entscheiden, dass das Verhalten des Arbeitnehmers eine leichtsinnige Sorgfaltspflichtverletzung darstellt, welche genügend schwer wiegt, um den Zusammenhang zwischen der Unterlassung des Arbeitgebers und dem verursachten Schaden zu unterbrechen.

C Mittelbare Schädigung

Eng verbunden mit dem Kausalitätsprinzip ist der Grundsatz der fehlenden Ersatzpflicht bei inadäquater Schädigung. In diesem Fall erhält der Geschädigte nur Ersatz für den nach dem allgemeinen Lauf der Dinge entstehenden Schaden. Es geht hier nicht um den Kausalzusammenhang, sondern um den Schutzzweck der Haftungsnorm. Im Grunde prüft dieser Test, ob der Schaden eine derart entfernte Folge ist, dass das Gericht eine Haftung ablehnen kann.

Dies kann anhand eines Beispiels veranschaulicht werden: Während des Umladens eines Schiffes lässt ein Hafenarbeiter ein Brett in den Frachtraum fallen, was einen Funken verursacht, welcher den Brennstoff, welcher im Frachtraum gelagert ist, entzündet. Ein Feuer bricht aus und zerstört das Schiff. Das Gericht prüfte die Frage, ob der verursachte Schaden nach dem normalen und natürlichen Lauf der Dinge vorauszusehen war, d.h. war es voraussehbar, dass ein Brett, welches in den Schiffsraum fällt, die Zerstörung des ganzen Schiffes samt der Ladung verursachen wird?

Selbst wenn das Gericht zum Schluss kommt, dass ein Kausalzusammenhang zwischen dem fallenden Brett und dem verursachten Schaden vorliegt, wird es den Schädiger nicht für den Schaden haftbar machen. Auch hier basiert der entscheidende Test auf dem Kriterium Voraussehbarkeit.

D Mitverschulden

Wie bereits erwähnt, kann auch das Verhalten des Geschädigten sorgfaltswidrig oder schuldhaft sein. Wenn ein solches Verhalten den Grad der Leichtsinnigkeit oder Grobfahrlässigkeit erreicht, kann es den Kausalzusammenhang zwischen der haftungsbegründenden Handlung des Haftpflichtigen und dem Schaden unterbrechen. Infolgedessen ist der Schädiger nicht schadenersatzpflichtig.

Weniger weit wird das Gericht dann gehen, wenn das Verhalten des Geschädigten in einem geringeren Umfange schuldhaft ist, d.h. bei normaler Fahrlässigkeit. In diesem Fall wird das Gericht den Grad des eigenen Verschuldens, im allgemeinen als Prozentsatz ausgedrückt, bestimmen und den zugesprochenen Schadenersatz entsprechend herabsetzen. Der bereits erwähnte Arbeitgeber/Arbeitnehmerfall ist solch ein Beispiel. Während das Gericht den Arbeitgeber für den schuldhaft oder normwidrig verursachten Schaden haftbar machen kann, wird es dem Arbeitnehmer gleichzeitig ein Verschulden bei der Bedienung der Maschine oder bei der zum Schaden führenden Handlung vorwerfen. Das Gericht wird den Grad seines Verschuldens als Prozentsatz (z.B. 30%) bestimmen und den Schadenersatz entsprechend herabsetzen.

E Handeln auf eigene Gefahr

In bestimmten Fällen, in denen sich eine Person bewusst einem Risiko aussetzt, wird sie keinen Anspruch auf Entschädigung für erlittenen Schaden haben. Es bestehen zwei derartige Möglichkeiten, eine spezifische und eine allgemeine:

1. A kann mit B eine Vereinbarung abschliessen, wonach die Haftung des letzteren für die dem A entstehenden Schäden anlässlich der durch die Vereinbarung umfassten Handlungen von vornherein ausgeschlossen ist. Vertragliche Haftungsausschlüsse dieser Art werden durch die Gerichte summarisch auf ihre Übereinstimmung mit den allgemeinen Grundsätzen des Vertragsrechts, des ordre public sowie des öffentlichen Interesses geprüft. Entsprechend kann ein Gericht trotz der vertraglichen Vereinbarung einen Schadenersatz zusprechen, wenn es feststellt, dass die

Haftungsausschlussklausel gegen die guten Sitten oder das öffentliche Interesse verstösst.

2. Weiter kann eine Person generell ein Risiko eingehen und damit auf ihren Schadenersatzanspruch verzichten. Das häufigste Beispiel kommt im Sport vor, wenn z.B. bei einem Boxkampf ein Boxer durch seinen Gegner verletzt wird. Eine Klage ist nicht möglich, weil durch den Eintritt in den Ring beide das allgemeine Verletzungsrisiko übernahmen.

F Gesellschaften und Haftung für Hilfspersonen

Das israelische Haftpflichtrecht ist auf juristische Personen einschliesslich Aktiengesellschaften grundsätzlich in derselben Weise anwendbar wie auf natürliche Personen. Nachdem jedoch eine Gesellschaft keine physischen Merkmale aufweist, gibt es Delikte, welche nicht durch oder gegen eine Gesellschaft verübt werden können. Darunter fallen Handlungen, welche eine Körperverletzung zur Folge haben oder die physische Bewegungsfreiheit einschränken. Beispielsweise kann eine Gesellschaft nicht tätlich angegriffen werden und sie kann auch nicht die spezielle Einrede erheben, sie sei minderjährig und deshalb nicht verantwortlich.

Begeht das Organ einer Aktiengesellschaft - beispielsweise ein Geschäftsführungsmitglied - eine deliktische Handlung, wird dies aus haftpflichtrechtlicher Sicht beurteilt, wie wenn die Gesellschaft die Handlung selbst vorgenommen hätte. Dies entspricht dem Prinzip der Hilfspersonenhaftung, wonach der Geschäftsherr grundsätzlich uneingeschränkt für die deliktischen Handlungen seiner Hilfspersonen haftet, sofern die schädigende Handlung bei Verrichtung der vertraglich geschuldeten Leistung und während der Arbeitszeit verübt wurde.

Als Geschäftsherr gilt dabei, wer beispielsweise seinen Angestellten, die Hilfsperson, in bezug auf die Art der Ausführung der zu leistenden Arbeit vollständig kontrolliert. Diese Definition ist notwendig, um eine Hilfsperson von einem unabhängigen Unterbeauftragten unterscheiden zu können, welchen der Geschäftsherr nicht kontrollieren kann und auch nicht berechtigt ist, ihm irgendwelche Weisungen zu erteilen. In diesem zweiten Falle hat sich der Geschädigte direkt an den Beauftragten zu halten.

Demgegenüber gilt als Hilfsperson, wer für seine Arbeit ein regelmässiges Einkommen bezieht, in bezug auf die Ausführung der Arbeit den Weisungen und der Kontrolle des Arbeitgebers unterstellt ist, das notwendige Arbeitsmaterial vom Arbeitgeber erhält und bei dem der Arbeitgeber über die Anzahl Arbeitsstunden bestimmt.

Der Geschäftsherr kann aber unter gewissen Umständen auch für deliktische Handlungen seines unabhängigen Unterbeauftragten eingeklagt werden. Dies ist dann der Fall, wenn der Geschäftsherr bei der Auswahl seines

Vertragspartners nachlässig war, er eine deliktische Handlung zulässt oder gar billigt oder wenn er aufgrund des Gesetzes für eine Handlung, welche er an seinen Vertragspartner delegiert hat, verantwortlich ist. Ferner kann der Geschäftsherr für deliktische Handlungen eines unabhängigen Vertragspartners haftbar gemacht werden, wenn seine Intervention in dessen Arbeit zu einem Schaden führte.

G Die Verantwortlichkeit des Arbeitnehmers für deliktische Handlungen während eines Streiks

Eines der wichtigsten und fundamentalsten Rechte in Israel ist das Recht des Arbeitnehmers zu streiken. Wird jemand bei einer Streikaktion geschädigt, kann er deshalb den streikenden Arbeitnehmer oder dessen Gewerkschaft im allgemeinen nicht behaften. In einem kürzlich entschiedenen Fall hat der Oberste Gerichtshof in dieser Beziehung jedoch eine wichtige Ausnahme gemacht: Aufgrund eines von der Handelsmarine einberufenen Streiks wurde der Hafen blockiert und ein Schiff am Löschen seiner Fracht gehindert. Das Schiff musste in der Folge voll beladen nach Neapel zurückkehren.

Die Schiffseigner klagten daraufhin die Gewerkschaft ein, welche den Streik organisiert hatte. Der Oberste Gerichtshof hielt in seinem Entscheid fest, dass die streikenden Arbeitnehmer das Recht der Schiffseigner, ihre Schiffsladung zu löschen und dabei die Dienstleistungen des Hafens in Anspruch zu nehmen, missachtet hätten. Die streikenden Arbeitnehmer hätten voraussehen können, dass durch ihre Streikaktion Drittpersonen zu Schaden kommen würden. Sie hätten den Schaden nicht nur in Kauf genommen, sondern bewusst damit gerechnet.

Der Oberste Gerichtshof führte weiter aus, dass es das Recht zu streiken nicht eingeschränkt hätte, wenn die streikenden Arbeitnehmer das Schiff vom Hafen an einen anderen Ort geführt hätten. Im Glauben, dass alles erlaubt sei, hätten die Streikenden statt dessen beharrlich von ihrer Kontrolle über die öffentlichen Ressourcen Gebrauch gemacht. Die Streikenden hätten dabei nicht einmal Anstalten getroffen, die vom Streik allenfalls Betroffenen frühzeitig zu warnen. Das Gericht verglich deren Handlungen mit denjenigen eines streikenden Arztes, welcher seine Patienten während einer Operation im Stich lässt, um sich einem Streik anzuschliessen. Das Recht zu streiken ginge nur soweit, als dadurch nicht Rechte anderer verletzt würden. Diese Grenze hätten die Streikenden überschritten. Das Gericht erklärte, die Streikenden hätten die gesetzliche Sorgfaltspflicht verletzt und seien deshalb für den entstandenen Schaden haftbar.

Beim vorgenannten Entscheid handelt es sich um einen Präzedenzfall, welcher die bisherige Rechtsprechung in bezug auf die Unantastbarkeit des Streikrechts ändert.

III. Allgemeines Deliktsrecht und Spezialgesetzgebung

A Öffentliche Störung

Die israelische Haftpflichtverordnung definiert den Begriff der öffentlichen Störung als Handlung oder Unterlassung, welche das Leben, die Sicherheit, die Gesundheit oder das Eigentum in der Öffentlichkeit gefährdet. Unter diesen Tatbestand fällt jede Handlung, welche den Genuss der Öffentlichkeit an gewissen Rechten beeinträchtigt oder stört. Über die Jahre hinweg hat dieser Tatbestand allerdings an Bedeutung gewonnen, da die Leute sich mehr und mehr über ihre Lebensqualität und ihre Umwelt sorgen. Insbesondere gilt dies im Bereich des Umweltschutzes. Als Folge davon haben sich verschiedene öffentliche, uneigennützige und freiwillige Organisationen für eine Spezialgesetzgebung eingesetzt, die Störungen der öffentlichen Sicherheit und Ordnung verhindern soll und den Schutz der Umwelt bezweckt.

Auf diesem Gebiet gibt es zwei wichtige Gesetze zu beachten:

1. Das Gesetz zur Vermeidung von Immissionen von 1961 bezweckt den Schutz der Öffentlichkeit vor Immissionen wie Lärm, Abluft und Luftverschmutzung (siehe nachfolgend).

2. Das *Umweltschutzgesetz* von 1992 berechtigt jedermann, der durch Luft- oder Wasserverschmutzung, Abfallentsorgung, Verschmutzung infolge gefährlicher Substanzen oder radioaktivem Material geschädigt worden ist, Schadenersatz einzufordern, ohne dass er eine Sorgfaltspflichtverletzung des Schädigers nachzuweisen hätte. Der Geschädigte kann allerdings nur dann klagen, wenn er eine der im Gesetz explizit aufgezählten Schäden erlitten hat.

   Das Gericht kann auf Gesuch des Geschädigten eine einstweilige Verfügung erlassen, wonach der Schädiger verpflichtet wird, weiteren Umweltschaden zu vermeiden und den Zustand, wie er vor der Schädigung bestanden hat, so weit als möglich wiederherzustellen.

   Zusätzlich schreibt das Gesetz vor, dass jede Organisation, die den Schutz der Umwelt bezweckt, zur Klage aufgrund des Gesetzes legitimiert ist, auch wenn sie durch die gesetzwidrige Handlung oder Unterlassung nicht selbst geschädigt wurde. Ferner darf bei einer Vielzahl von Umweltgeschädigten ein Vertreter in deren Namen Klage erheben.

B Widerrechtliche Immissionen

Das Gesetz zur Vermeidung von Immissionen von 1961 wendet sich gegen jede Handlung oder Unterlassung, durch welche eine natürliche Person im Gebrauch oder in der gewöhnlichen Nutzung ihres Grundbesitzes beeinträchtigt wird. Auch hier hängt das Klagerecht vom Vermögensschaden ab.

Die auf diesem Gesetz basierenden Verordnungen nehmen insbesondere Bezug auf Lärm, Luftverschmutzung und Geruchsimmissionen und stellen in dieser Beziehung Regeln für Unternehmen und Fabriken auf.

Nach der Haftpflichtverordnung kann der Schädiger jedoch auch bei unrechtmässigen Immissionen einwenden, es handle sich dabei um eine zu seinen Gunsten vereinbarte Vertragsbedingung, mit welcher sich der Kläger einverstanden erklärt hatte. Nicht zulässig ist allerdings der Einwand, die Störung habe bereits bestanden, als der Geschädigte das betreffende Land erwarb.

Die Beeinträchtigung von Sonnenlicht gilt unter gewissen Umständen ebenfalls als unzulässige Immission. Wird einem Grundeigentümer beispielsweise durch den Bau eines Hauses auf dem Nachbargrundstück das Sonnenlicht entzogen, so hat er ein Klagerecht, sofern er sein Grundstück vor Baubeginn des Nachbarhauses erworben hat.

C Unrichtige Tatsachendarstellungen

Es gibt generell drei Tatbestände, welche unter diesen Begriff fallen:

1. Betrug und fahrlässige Falschbehauptung

Dieser Haftungstatbestand umfasst sämtliche Handlungen, bei welchen der Geschädigte aufgrund von bewusst falscher Tatsachendarstellung oder bewusstem Verschweigen von Tatsachen einen Schaden erleidet. Aufgrund des allgemeinen Haftungstatbestandes der Verschuldenshaftung, worunter auch die fahrlässige unrichtige Tatsachendarstellung fällt, hat dieses Delikt allerdings mit der Zeit an Bedeutung verloren. Nach dem Prinzip des Haftungstatbestandes der Verschuldenshaftung genügt es nämlich, dass bestimmte Personengruppen ein Produkt fahrlässig unrichtig präsentieren, um sie für haftbar zu erklären, ohne dass ihnen dabei Betrug nachgewiesen werden müsste.

Hauptsächlich im Hinblick auf fahrlässige Falschbehauptungen durch Sachverständige hat eine Weiterentwicklung stattgefunden. Die Gerichte haben festgestellt, dass ein Sachverständiger gegenüber seinen Auftraggebern eine generelle Sorgfaltspflicht einzuhalten hat. Aufgrund der Rechtsprechung wird ein Sachverständiger, der bezüglich seines Fachgebiets fahrlässig eine falsche Auskunft erteilt, haftpflichtig, falls der Auftraggeber aufgrund der falschen Empfehlung des Sachverständigen einen Schaden erleidet.

Parallel zur Entwicklung auf dem Gebiete der fahrlässigen falschen Tatsachendarstellung, hat sich eine spezielle Klage in bezug auf berufliche Falschauskünfte herausgebildet. Solche Klagen aufgrund von beruflicher Sorgfaltspflichtverletzung häufen sich zusehends. Dies gilt insbesondere in bezug auf ärztliche Sorgfaltspflichtverletzungen (Kunstfehler), betrifft jedoch nicht nur die medizinischen Berufe. Diese Art von Klage umfasst falsche Auskünfte von Berufsleuten, fahrlässig erteilten Rat sowie sämtliche Handlungen und Unterlassungen, welche den Kunden Schaden zufügen.

Die Haftung kann gegen Angehörige jeder Berufsgattung erhoben werden und. der Kläger hat dabei lediglich nachzuweisen, dass der Betreffende nicht die Sorgfalt angewendet hat, die man normalerweise von Angehörigen seiner Berufsgruppe erwarten kann.

2. *Ehrverletzung*

Dieser Haftungstatbestand bezieht sich auf jede absichtliche, mündlich oder auf andere Art erteilte, unrichtige Mitteilung, durch welche der Ruf, das Geschäft, der Beruf oder das Eigentum einer Person verletzt werden.

3. *Ursprungstäuschung*

Dieses Delikt umfasst die Nachahmung oder den Versuch zur Nachahmung eines Namens, einer Bezeichnung, eines Zeichens oder einer Marke eines Produkts eines anderen, wodurch der Konsument irregeführt wird und glaubt, es handle sich um das Produkt dieser anderen Person. Dieses Delikt schützt den Hersteller gegen Nachahmer seines Produktes für den Fall, dass sein Markenzeichen nicht registriert ist.

4. *Verstösse gegen das Konsumentenschutzgesetz*

Zusätzlich zu den haftungsrechtlichen Tatbeständen des Betrugs, der Ehrverletzung und der Ursprungstäuschung, wurde 1981 das *Konsumentenschutzgesetz* in Kraft gesetzt, welches dem Kläger im Falle einer unrichtigen Darstellung ein zusätzliches Mittel zur Verfügung stellt:

Gemäss dem *Konsumentenschutzgesetz* ist es insbesondere unzulässig, in bezug auf Qualität, Information, Gewicht oder Verkaufsdatum eines Produktes, über dessen Verwendung, die Identität des Herstellers, den Handelsnamen, den Produktionsort und das Produktionsdatum, den Umtauschort, den Preis, den Service, die Garantie etc. falsche Angaben zu machen.

Jeder Hersteller oder Verkäufer eines Produktes, welcher einem Konsumenten in bezug auf eine der vorstehenden Merkmale falsche Angaben macht, hat also für den daraus entstehenden Schaden zu haften. Das Gesetz verlangt vom Unternehmer oder Hersteller ferner vollständige Aufklärung in bezug auf mögliche Schäden, Fehler oder Nachteile, welche den Wert des zu verkaufenden Produktes herabsetzen könnten. Ebenso muss jede Materialangabe, welche den Konsumenten beim Kauf beeinflussen könnte, bekanntgegeben werden. Ferner gelten auch unrichtige Angaben in bezug auf Produktion oder Verpackung der Ware als Verstoss gegen das Gesetz.

D Verleiten zum Vertragsbruch

Gemäss der Haftpflichtverordnung ist jedermann, der absichtlich und ohne Rechtfertigungsgrund eine andere Person zum Vertragsbruch verleitet, gegenüber dem Erstvertragspartner, der zu Schaden kommt, haftbar.

Ein typisches Beispiel für diesen Haftungstatbestand ist beispielsweise der Fall, in dem ein Unternehmen einen Arbeitnehmer eines Konkurrenzunternehmens abwirbt. In einem solchen Fall kann das abwerbende Unternehmen wegen Verleitung zum Vertragsbruch haftbar gemacht werden. Ferner kommt es auch vor, dass Käufer und Verkäufer einen Vertrag unterzeichnen und ein Konkurrenzunternehmen den Käufer mit einem verlockenden Angebot dazu bringt, seinen Vertrag mit dem Verkäufer zu brechen. Auch in diesem Fall kann das Konkurrenzunternehmen haftbar gemacht werden.

Der Geschädigte hat allerdings seinen durch den Vertragsbuch verursachten Schaden genauso nachzuweisen wie den Kausalzusammenhang. Zudem verlangt die Haftpflichtverordnung, dass der Vertragsbruch absichtlich und ohne genügenden Rechtsgrund erfolgt ist. Dabei hat das Gericht einen grossen Ermessensspielraum, was die Tatbestandsmerkmale des Vorsatzes und der Rechtfertigungsgründe anbelangt.

E Produktehaftpflicht

Das *Produktehaftpflichtgesetz* stellt dem Konsumenten einen Rechtsbehelf zur Verfügung, falls das defekte Produkt eines Herstellers einen Personenschaden verursacht hat. Bisher musste der Kläger jeweils die Sorgfaltspflichtsverletzung des Herstellers nachweisen. Unter dem neuen Recht genügt nun der Nachweis oder auch lediglich die Glaubhaftmachung, dass das Produkt einen Mangel aufweist.

Der Begriff des Mangels wird extensiv ausgelegt. Ein Produkt gilt bereits dann als mangelhaft, wenn die Gebrauchsanweisung fehlt oder keine speziellen Warnhinweise auf der Verpackung angebracht sind. Zudem stipuliert das Gesetz eine Beweislastumkehr zugunsten des Geschädigten. Danach genügt es im allgemeinen, wenn ein Geschädigter nachzuweisen vermag, dass er aufgrund eines vom Hersteller gekauften Produktes geschädigt worden ist, währenddem der Hersteller nachzuweisen hat, dass sein Produkt mangelfrei war.

IV. Schadenersatz und Rechtsbehelfe

Die Haftpflichtverordnung und die herrschende Rechtsprechung stellen dem Geschädigten verschiedene Rechtsbehelfe zur Verfügung, so etwa gerichtliche Verbote, wie sie häufig in Fällen der Verleitung zum Vertragsbruch angeordnet werden, oder einstweilige Verfügungen. Allgemein ist jedoch die Zusprechung von Schadenersatz in der Praxis am häufigsten.Gemäss dem im Schadenersatzrechtes geltenden allgemeinen Prinzip ist der Geschädigte so zu entschädigen, dass er in die Position versetzt wird, in der er sich vor dem schädigenden Ereignis befunden hat. Dabei gilt es zwischen Sach- und Personenschaden zu unterscheiden.

A Sachschaden

Um die Höhe des Sachschadens festzustellen, verlassen sich die Gerichte meist auf die Schätzungen von Experten. Der Wert bestimmt sich dabei gewöhnlich nach dem Verkehrswert der beschädigten oder zerstörten Güter im Zeitpunkt der Urteilsfällung und nicht bei Rechtshängigkeit der Klage. Dadurch werden Wertschwankungen, welche aufgrund der hohen Inflationsrate in Israel entstehen können, vermieden.

Es gibt allerdings Produkte, wie beispielsweise Computer und andere elektronische Geräte, deren Wert ab dem Tage der Rechtshängigkeit der Klage abnimmt. Dies ist im allgemeinen auf die enorme Entwicklung und die technischen Fortschritte auf diesem Gebiet zurückzuführen. Deshalb ist ein Computer trotz Inflationsrate heute erheblich weniger wert als er es vor fünf Jahren noch war. Gleichwohl steigt der Wert der meisten Güter nach Einleitung der Klage, weshalb die Gerichte als Bewertungsstichtag meist den Tag der Urteilsfindung anwenden.

B Personenschaden

1. Allgemeiner Schaden (Schmerz, Leid, Verlust und finanzielle Not)

Die Gerichte beurteilen den Entschädigungsgrad aufgrund des Berufes, des Alters (je jünger der Geschädigte, desto höher ist der ihm zugesprochene Schadenersatz) und der erlittenen Unbill des Geschädigten.

Gerichte anerkennen auch psychischen Schaden einschliesslich des Schocks, welcher von einem Unfall herrührt. Allerdings werden für diese Art von Schäden keine grossen Schadenersatzsummen zugesprochen. Was vorsätzliche Delikte, wie beispielsweise die vorsätzliche Körperverletzung, anbetrifft, so tendieren die Gerichte dahin, den Geschädigten eine relativ hohe Summe zuzusprechen..

Der für Schmerz und erlittenes Leid zugesprochene Schadenersatz ist meist tief bemessen. Die in der Praxis zugesprochenen Schadenersatzsummen überschreiten meist die Grenze von mehreren 10'000 Shekel nicht.

2. Schadenersatz für Körperschäden bei Verkehrsunfällen

Für Personen, die bei einem Verkehrsunfall zu Schaden kommen, hat die Knesset das *Entschädigungsgesetz zum Schutze der Opfer von Motorfahrzeugunfällen* erlassen (vgl. hiervor).

3. Spezielle Schadensposten

Die speziellen Schadensposten beziehen sich auf Kosten, welche mit dem erlittenen Körperschaden in Zusammenhang stehen: Arzt- und Spitalkosten, Kosten für Physiotherapie, für Medikamente sowie der Einkommensverlust ab Rechtshängigkeit der Klage.

4. Künftige Einkommenseinbussen

Die zugesprochenen Schadenersatzsummen für allgemeine Schäden sind im allgemeinen hoch und übersteigen oft die Grenze von 100'000 Schekel. Die Gerichte bestimmen dabei meist die Höhe des Schadenersatzes aufgrund der zukünftigen Einkommenseinbusse des Geschädigten.

Beispielsweise würde das gegenwärtige Einkommen eines 20-jährigen Mannes, von dem erwartet wird, dass er noch rund 45 Jahre arbeitsfähig wäre, mit der Anzahl der ihm verbleibenden 45 Arbeitsjahre multipliziert, um die Höhe des Schadenersatzes zu bestimmen. Die zu erwartende Einkommenseinbusse berechnet sich dann aufgrund des gegenwärtigen monatlichen Einkommens des Geschädigten zuzüglich eines bestimmten, vom

Gericht festzusetzenden Betrages multipliziert mit der Anzahl verbleibender Arbeitsmonate (45 Jahre). Das Gericht wird dann aufgrund von speziellen Tafeln von dieser Summe einen gewissen Prozentsatz abziehen, da eine einmalige Kapitalabfindung im heutigen Zeitpunkt mehr wert ist, als wenn man dieses Kapital über die nächsten 45 Jahre verteilen würde.

5. Medizinische Versorgung und künftige Unterstützung

Diese Art von Schadenersatz wird dem Geschädigten für die ihm entstandenen medizinischen Kosten zugesprochen. Die Gerichte bestimmen dabei wiederum die Höhe der Kosten der benötigten medizinischen Behandlung anhand der hypothetischen Lebenserwartung der verletzten Person.

6. Versorgung durch Dritte

Der Verletzte, welcher von Drittpersonen unterstützt wird, kann für die von diesen erhaltene Hilfe Entschädigung verlangen, um sie an den versorgenden Dritten weiterzugeben. Das Gesetz schreibt weiter vor, dass unter gewissen Bedingungen die unterstützende Drittperson auch direkt vom Schädiger Schadenersatz verlangen kann. Dies geschieht beispielsweise dann, wenn eine Krankenschwester, das Spital oder auch ein Familienmitglied nicht direkt vom Geschädigten entschädigt werden.

10 Das Trustgesetz

Shlomo Kerem[1]

Beat Eberle[2]

I. Bedeutung und Anwendungsbereich

Das israelische Recht definiert einen Trust als die einer Partei auferlegte Pflicht, Vermögenswerte zugunsten einer bestimmten Person oder zu einem bestimmten Zweck aufzubewahren oder mit ihnen in einer vorgeschriebenen Weise zu verfahren.

Das *Trustgesetz* regelt eine Vielzahl von Trustformen nach dem angloamerikanischen Modell; sein Anwendungsbereich ist jedoch wesentlich weiter gefasst: Der Trust im Sinne des *Trustgesetzes* ist an keine Formvorschriften gebunden, und es ist auch kein bestimmtes Gründungsverfahren vorgeschrieben. Der Begriff „Trust" umfaßt somit jede Situation, in welcher eine Person die Verfügungsmacht über fremdes Vermögen besitzt, diese jedoch nicht in eigenem, sondern im Interesse eines Dritten oder zu einem bestimmten Zweck wahrnehmen muß.

Ob ein Rechtsverhältnis unter die Bedingungen des *Trustgesetzes* fällt oder nicht, ist also unabhängig vom Willen der Parteien und entscheidet sich allein anhand der vereinbarten Bedingungen. Die Anwendbarkeit des *Trustgesetzes* hat wiederum weitreichende Konsequenzen, wie insbesondere die strengen Bestimmungen gegen Interessenkonflikte (vgl. hiernach, Ziff. VIII). Insofern ist es unumgänglich, die Voraussetzungen eines israelischen Trust näher zu beleuchten. Ein Trust hat folgende Merkmale:

1. Der *Trustee* ist mit der Kontrolle über Vermögenswerte betraut. Das *Trustgesetz* enthält jedoch keine besonderen Vorschriften, welcher Art die Kontrolle des *Trustee* sein muß. Eine Möglichkeit besteht darin,

[1] Shlomo Kerem, M.jur. (Jerusalem) verfasste den englischen Originaltext. Er praktiziert als Anwalt insbesondere auf dem Gebiet des Gesellschafts- und Steuerrechts und ist Autor verschiedener Publikationen, insbesondere eines Standardwerkes zum Recht des Trust.

[2] Beat Eberle verfasste die deutsche Bearbeitung. Er ist selbständiger Rechtsanwalt in Flums, Schweiz.

dem *Trustee* die Berechtigung, z.B. das Eigentum, an den Vermögenswerten zu übertragen. Der *Trustee* kann seine Funktion aber auch auf andere Weise, z.B. als Stellvertreter oder Agent, ausüben. Das Vorliegen der rechtlich geforderten Kontrolle wird jedenfalls immer dann bejaht, wenn der *Trustee* die Rechtsmacht besitzt, Verfügungen über das Trustvermögen zu beeinflussen, so etwa deren Verteilung, Investition oder Austausch gegen andere Vermögenswerte.

2. Der *Trustee* ist verpflichtet, seine Kontrolle über die Vermögenswerte im Sinne des Trustzweckes auszuüben. Entsprechend ist ein Trust nur dann gültig, wenn ein Begünstigter bestimmt oder ein Trustzweck definiert wurde.

3. Jedes Rechtsverhältnis, welches dem Treuhänder die oben aufgeführten Pflichten auferlegt, kann die Grundlage für einen Trust bilden. So kann ein Trust beispielsweise aus einer vertraglichen Bindung heraus entstehen: Eine Vertragspartei kann als *Trustee* sowohl gegenüber der anderen Vertragspartei als auch gegenüber dem Begünstigten, welcher nicht Vertragspartei ist, bezeichnet sein.

4. *Trustee* kann jede handlungsfähige natürliche oder auch juristische Person sein.

Als *Settlor* wird der Begründer des Trustverhältnisses verstanden, also diejenige Person, welche in einem rechtsgeschäftlich errichteten Trust ihr Vermögen in der Verwaltung des *Trustee* überläßt und die Vollmachten des letzteren festlegt. Das israelische Trustkonzept umfaßt jedoch auch Beziehungen, in denen kein *Settlor* vorhanden ist: Unter die Trustdefinition fallen auch sämtliche gesetzlichen Treuhandverhältnisse, in welchen der Treuhänder in der Regel durch ein Gericht bezeichnet wird, um mit dem ihm anvertrauten Vermögen einen bestimmten Zweck zu verfolgen, wie z.B. der Vormund, der Willensvollstrecker, der Liquidator einer Gesellschaft etc. Diese gesetzlichen Treuhandverhältnisse erfahren eine eingehende Regelung in den entsprechenden Spezialgesetzen.

Wir werden uns nachfolgend auf den rechtsgeschäftlich, also durch den Willen des *Settlor* errichteten Trust konzentrieren. Der allgemeine Teil über die Pflichten des *Trustee* bezieht sich jedoch auf sämtliche, also auch auf die gesetzlichen Treuhandverhältnisse.

II. Typen des rechtsgeschäftlich errichteten Trust

Rechtsgeschäftlich errichtete Trusts können auf folgende Art und Weise begründet werden:

1. inter vivos, entweder durch Vertrag oder durch Errichtungsurkunde oder
2. mortis causa, durch Testament.

A Errichtung durch Vertrag

Verträge kommen in Israel nach den allgemein bekannten Grundsätzen des allgemeinen Vertragsrechts zustande[3]. Das *Trustgesetz* ist auf sämtliche Verträge anwendbar, welche die oben aufgezeigte Trustdefinition erfüllen (vgl. hiervor, Ziff. 1). Ein Trustvertrag ist also überall dort entstanden, wo eine Vertragspartei A der Vertragspartei B eine gewisse Kontrolle über bestimmte Aktiven aus ihrem Vermögen gewährt mit der Verpflichtung, diese für einen bestimmten Begünstigten oder einen bestimmten Zweck zu halten oder zu verwalten.

Wie frei die Interpretation eines Vertragsschlusses erfolgen kann, mag der kürzlich durch das Oberste Gericht entschiedene Fall demonstrieren, der hier in etwas vereinfachter Form geschildert wird:

X war einer von mehreren Erben eines Grundstückes. Die Erben übertrugen X die Verwaltung des Grundstückes und erteilten ihm eine entsprechende Vollmacht. Mit der Zeit wurde der Kreis der Grundeigentümer durch Erbfolge immer größer, was die Position von X massiv erschwerte, weil sein Handeln der Zustimmung eines immer größer werdenden Kreises von Erben bedurfte. Schließlich übertrug X seinen Eigentumsanteil samt Vertretungsvollmacht auf seine Tochter Y, welche die Eigentumsverwaltung auch nach X's Tod fortsetzte und jeweils die verschiedenen Eigentümer fortlaufend informierte. Schließlich beschloß Y, die Liegenschaft zu verkaufen. Z, einer der Eben, widersetzte sich diesem Verkauf, mit dem Argument, daß die Vollmacht von X mit dessen Tod erloschen sei und Y damit keinerlei Rechtsmacht habe, für die Erben zu handeln. Das Gericht wies dieses Argument mit der Begründung ab, daß Y als vertragliche *Trustee* der Liegenschaftseigentümer gehandelt hat: Die Grundeigentümer hätten durch ihr konkludentes Verhalten Y mit der Liegenschaftsverwaltung betraut und sie, angesichts der wachsenden Zahl der Eigentümer, mit den notwendigen Kompetenzen ausgestattet. Angesichts der Umstände beinhalteten diese Kompetenzen auch die Möglichkeit, im Interesse der Mehrheit gegen den

---

[3] Vgl. hierzu das Kapitel zum Allgemeinen Vertragsrecht.

Willen eines Miteigentümers zu handeln.

Über vertretungsrechtliche Fragen hinaus ist der Anwendungsbereich des vertraglichen Trust sehr vielfältig:

1. In Israel wird häufig Grundeigentum auf den Namen eines *Trustee* registriert, um dadurch verschiedene Transaktionen zwischen den Parteien zu vereinfachen. Bei der Übertragung des Grundeigentums vom *Trustee* an den wirtschaftlich Berechtigten entfällt zudem die Grundstückgewinnsteuer, sofern das Trustverhältnis der Steuerbehörde sauber dargetan wird.
2. Wo eine Bank für ihren Kunden ein Depositum hält, wird sie *Trustee*, denn sie ist verpflichtet, die Werte im Interesse ihres Kunden zu halten.
3. Hält ein Rechtsanwalt Vermögenswerte für seinen Klienten, wird er zu dessen *Trustee*.

Aus den vorangegangenen Beispielen ist ersichtlich, daß eine Vertragsbeziehung den Trust nicht als Hauptpunkt des Vertrages beinhalten muß, um als Trustverhältnis qualifiziert zu werden: Bei der Bank beinhaltet die vertragliche Abrede insbesondere verschiedene Absprachen über die Haltung der Konten, beim Rechtsanwalt ist das Rechtsverhältnis durch verschiedene Merkmale gekennzeichnet, wie beispielsweise die Schweigepflicht. Die Trustmerkmale können durchaus in einem Neben- oder Zusatzpunkt des Vertrages enthalten sein.

Ein Trustvertrag kann zwei oder mehrere Parteien haben: Der englischrechtliche „*escrow*" hat beispielsweise mindestens drei Parteien. Dabei handelt es sich um ein insbesondere bei Grundstücktransaktionen benutztes Treuhandverhältnis, wobei der *Trustee* den Kaufpreis für ein Grundstück mit der Verpflichtung hält, diesen an den Verkäufer auszubezahlen, sobald sämtliche Grundsteuern beglichen wurden. Ein Beauftragter, welcher z.B. den Angestellten einer Gesellschaft Aktien auszustellen hat, ist *Trustee* gegenüber vielen Parteien.

B Errichtung durch Deed of Settlement (Begründungsurkunde)

Die *Deed of Settlement* ist ein durch den *Settlor* ausgestelltes Schriftstück, in welchem dieser seine Absicht bekräftigt, einen Trust zu errichten und den Trustzweck, das Trustvermögen sowie die übrigen Trustbedingungen festlegt.

Soll ein Trust seine Wirkung zu Lebzeiten des *Settlor* entfalten, genügt die notariell beglaubigte Unterzeichnung der schriftlich niedergelegten *Deed of Settlement*. Danach bleibt nur noch, dem *Trustee* die Verfügungsmacht über das Trustvermögen zu übertragen.

Soll der Trust seine Wirksamkeit erst nach dem Tod des *Settlor* entfalten, muß die *Deed of Settlement* den Formerfordernissen eines Testaments entsprechen. In Israel sind, wie in den Ländern des deutschsprachigen Raumes, folgende Testamentsformen bekannt:

1. Das handschriftliche Testament muß die unmißverständliche Aussage des Erblassers enthalten, daß es sich beim Schriftstück um dessen letzten Willen handelt. Das Testament muß zudem handschriftlich niedergelegt und unterzeichnet sein. Eine Beglaubigung ist dann nicht notwendig.
2. Das Testament kann durch den Erblasser unterzeichnet werden, solange die Authentizität seiner Unterschrift von zwei Zeugen, einem Notar oder einem Gerichtsbeamten beglaubigt wird.

Wie jede testamentarische Verfügung kann auch die Errichtung eines Trusts vom Erblasser zu Lebzeiten jederzeit frei widerrufen oder geändert werden.

Selbstverständlich kann das Testament, welches die Errichtung des Trust regelt, auch andere letztwillige Verfügungen enthalten, welche mit dem Trust nicht in Zusammenhang stehen.

Wurde durch Testament ein Trust errichtet, sind die Behörden in der Regel eher bereit, gewisse Regelungen als gültig anzuerkennen, als dies bei den anderen testamentarischen Verfügungen der Fall ist. Dies gilt namentlich für das Bestimmtheitserfordernis: Auch in Israel müssen die Erben oder Begünstigten im Testament eindeutig bestimmt sein, andernfalls das Testament als ungültig betrachtet wird. Bei der testamentarischen Errichtung eines Trust ist es hingegen möglich, die Entscheidung über die Person der Begünstigten und das Ausmaß der Begünstigung einer Drittperson zu übertragen. So wird z.B. ein Testament gültig sein, welches für das Trustvermögen einen Verwalter bezeichnet und diesen verpflichtet, z.B. die Erträge an notleidende Studierende auszuschütten.

Das Testament kann den *Trustee* bezeichnen oder aber auch eine Drittperson oder eine Institution zur Bezeichnung ermächtigen. Sollte das Testament diesbezüglich keinerlei Regelung enthalten, hat das Gericht die Möglichkeit, einen *Trustee* zu bestellen.

C Wohltätiger Trust

Wohltätige Trusts waren durch das israelische Rechtssystem schon immer anerkannt, sei dies in Form des Waqf (dem islamisch-religiösen Trust) oder in der Form des weltlichen wohltätigen Trusts. Der wohltätige Trust unterscheidet sich grundsätzlich nicht von anderen Trusts. Der *Trustee* ist hingegen verpflichtet, den Trust beim Register für wohltätige Trusts anzumelden, damit diesem eine gewisse Publizität zuteil wird (Vermögenswerte, Adresse des *Trustees*, Berechtigte). Die meisten wohltätigen Trusts werden durch Urkunde errichtet.

D Unterschiede zwischen Trust aus Vertrag und Trust aus Deed of Settlement

Vertragliche Trusts unterscheiden sich von urkundlich errichteten in folgender Art und Weise:

1. Ein urkundlich errichteter Trust kann sowohl inter vivos als auch mortis causa errichtet werden, ist jedoch in jedem Fall formgebunden. Dagegen ist ein Trustvertrag formfrei, gilt jedoch grundsätzlich nur inter vivos.
2. Ein Trust, welcher vertraglich errichtet wurde, unterliegt den allgemeinen vertragsrechtlichen Grundsätzen. So können die Parteien den Vertrag auch jederzeit durch Willenseinigung ändern. Dagegen kann ein urkundlich errichteter Trust *inter vivos* nicht durch die alleinige Entscheidung des *Settlor* geändert werden, es sei denn, er hat sich das Änderungsrecht ausdrücklich in der *Deed of Settlement* vorbehalten. Ist dies nicht der Fall, können die Trustbedingungen nur geändert werden, wenn der *Settlor* und der Begünstigte damit einverstanden sind, oder wenn dies gerichtlich entschieden wird. Im zweiten Fall wird das Gericht den Zweck des Trusts durch Auslegung bestimmen und die Bedingungen dementsprechend anpassen. Ein urkundlich errichteter Trust mortis causa kann nach den allgemeinen Regeln über testamentarische Verfügungen durch den Erblasser jederzeit abgeändert werden.
3. Bei einem vertraglichen Trust ist die Rolle des Gerichts auf die Entscheidung von Rechtsstreitigkeiten bei Vertragsbruch beschränkt. Bei der urkundlichen Begründung eines Trust verfügt das Gericht über weitgehenden Handlungs- und Interventionsspielraum So kann das Gericht z.B. die Art und Weise, wie der Wunsch des *Settlor* ausgeführt werden muß, vorschreiben. Vage Instruktionen in der Begründungsurkunde können in klare Aufträge an den *Trustee* umgewandelt werden. Das Gericht kann selbst eine vom Trustzweck signifikant abweichende Vermögensverteilung beschließen, z.B. einem verarmten Begünstigten mehr zufließen lassen als ursprünglich vorgesehen oder gar seinen Anteil am Trustvermögen vergrößern. Das Gericht entscheidet in diesen Fällen jeweils aus der Perspektive des *Settlor* anhand der Trusturkunde. Sollten sich die Umstände so drastisch verändert haben, daß der ursprüngliche Trustzweck sinnlos geworden ist, kann das Gericht auch eine neue Zielvorgabe formulieren.

III. Schutz der Begünstigten

Das Trustvermögen wird als Sondervermögen vom Privatbesitz des *Trustee* getrennt. Somit fällt einerseits das Trustvermögen im Falle eines über den *Trustee* verhängten Konkurses nicht in die Konkursmasse. Andererseits können die Trustgläubiger grundsätzlich nicht auf das Privatvermögen des *Trustee* greifen.

Die Rechte der Begünstigten erschöpfen sich in der Anwartschaft auf die ihnen zustehende Begünstigung, verleihen also keinen Eigentumsanspruch am Trustvermögen. Mangels anderslautender Bestimmung in der *Deed of Settlement* ist das Recht der Begünstigten eines urkundlich errichteten Trust weder übertrag- noch verpfänd- oder verarrestierbar. Das Gericht kann jedoch zur Vollstreckung von Aliment- oder Steuerforderungen gegen den Begünstigten eine abweichende Anordnung treffen. Unter besonderen Umständen kann das Gericht die Übertragbarkeit der Begünstigung auch zur Befriedigung anderer Forderungen bewilligen. Es empfiehlt sich, die Übertragbarkeit in der Errichtungsurkunde insbesondere für den Fall vorzusehen, daß ein Begünstigter seine Handlungsfähigkeit einbüßt oder nicht mehr imstande ist, seine laufenden Geschäfte selbständig zu führen.

IV. Pflichten des Trustee

Das *Trustgesetz* verpflichtet den *Trustee*, das Trustvermögen zu erhalten, und zu verwalten und seine Vollmachten zur Verwirklichung des Trustzieles zu nutzen. Die Sorgfalts- und Treuepflicht des *Trustee* werden am Maßstab des „reasonable man“ gemessen, an den Vorkehrungen also, welche von einem gewissenhaften, vernünftigen Bürger in der Situation des *Trustee* erwartet werden können.

Der *Trustee* ist insbesondere verpflichtet, Interessenkonflikte zu vermeiden. Aus diesem Grunde ist es einem *Trustee* untersagt, Teile des Trustvermögens zu erwerben oder Aktiven an den Trust zu verkaufen. Dies gilt sogar dann, wenn das Geschäft eine Dienstleistung betrifft, welche im Rahmen der laufenden Geschäfte angeboten wird, wie etwa die Vermietung von Räumen. Dieses Verbot gilt ebenfalls für sämtliche Verwandten des *Trustee* sowie für Gesellschaften, deren Anteile zu mehr als 5% durch den *Trustee* gehalten werden.

Ein Rechtsgeschäft, welches den obigen Bestimmungen widerspricht, ist gegenüber dem Trust nichtig. Entsprechend wird der *Trustee* verpflichtet, das Erworbene in natura zurückzuerstatten oder, wenn eine Naturalrestitution unmöglich oder nicht sinnvoll ist, für den Wert der empfangenen Aktiven einzustehen. Gleichsam können auch die Verwandten des *Trustee* oder eine von ihm zu mehr als 5% beherrschte Gesellschaft nach den Grundsätzen der ungerechtfertigten Bereicherung belangt werden.

Handelt der *Trustee* jedoch für zwei Auftraggeber, deren Interessen sich im konkreten Rechtsgeschäft widersprechen, so wird vermutet, daß er zum Vorteil beider Auftraggeber handelt und aus der Bevorzugung des einen keinen persönlichen Vorteil zieht. Wird ihm jedoch ein Verstoß gegen seine Treuepflicht nachgewiesen, ist der *Trustee* selbstverständlich für den daraus resultierenden Schaden haftbar.

Waren am nichtigen Geschäft Drittparteien beteiligt, so sind diese von der Haftung befreit, sofern sie in gutem Glauben gehandelt und dem Trust (oder dem *Trustee*) den Marktwert der empfangenen Leistung vergütet hatten. Sind diese Voraussetzungen nicht erfüllt, können auch Dritte auf Rückerstattung der empfangenen Werte oder allenfalls auf Schadenersatz aus unerlaubter Handlung belangt werden.

Das *Trustgesetz* gibt jedem, der ein legitimes Interesse hat, die Möglichkeit, gerichtlich eine korrekte Trustverwaltung zu erwirken. So kann neben dem *Settlor* und den Begünstigten auch ein zweiter *Trustee* ans Gericht gelangen, der am Rechtsbruch nicht beteiligt ist. Dies gilt genauso für Dritte, welche ein Interesse am Trust haben, selbst dann, wenn sie nicht Begünstigte sind. So kann auch der Generalstaatsanwalt intervenieren, sofern daran ein öffentliches Interesse besteht.

Das Klagerecht ist somit nicht auf Parteien beschränkt, welche eine persönliche Entschädigung anstreben. Die diesbezügliche Klage kann sich sowohl gegen den *Trustee* persönlich als auch gegen den Trust richten. Es ist aber zu beachten, daß das angerufene Gericht sämtliche Maßnahmen ergreifen kann, welche die Umstände erfordern und entsprechend bei seiner Prüfung nicht an die Anträge der Parteien gebunden ist. Somit können in einem Verfahren Fragen aufgeworfen werden, die für den Kläger nicht voraussehbar waren.

11 AKKREDITIVE[1]

David M. Sassoon[2]

Das Akkreditiv ist ein Mittel der Zahlungsabwicklung, wobei eine Bank sich im Auftrag ihres Kunden verpflichtet, dem Begünstigten, in der Regel dem Geschäftspartner des Bankkunden, eine Leistung, in der Regel eine Geldzahlung, zu erbringen, sofern gewisse Bedingungen erfüllt sind, welche in den Akkreditivbestimmungen festgehalten wurden.

Das israelische Bankensystem hat die Einheitlichen Richtlinien und Gebräuche für Dokumentenakkreditive (ERA)(Uniform Customs and Practice for Documentary Credits, UCP) der Internationalen Handelskammer als Basis für die Tätigkeit in diesem Bereich übernommen. Es gibt keine spezifische Gesetzgebung betreffend Akkreditive oder Bankgarantien. Letztere unterstehen ebenfalls den Regeln über Akkreditive.

Dagegen haben sich Gerichtsentscheidungen mit verschiedenen Aspekten von Akkreditiven befasst: Die Judikatur anerkennt den Grundsatz der Unabhängigkeit bzw. Autonomie des Akkreditivs, das heisst der Auftraggeber kann der Bank nicht (gerichtlich) verbieten lassen, die Zahlung auszuführen, wenn die vom Begünstigten vorgelegten Dokumente den Akkreditivbestimmungen entsprechen. Mit anderen Worten, eine Verletzung der Bestimmungen des zugrundeliegenden (Kauf-)Vertrages kann nicht dazu verwendet werden, die Auszahlung des Akkreditivs zu verhindern. Ebenso werden die Gerichte dem Begünstigten nicht (mittels vorsorglicher Massnahme) verbieten, das Akkreditiv zu benützen oder dem Auftraggeber erlauben, den Erlös des Akkreditivs zu verarrestieren oder sonst mit Beschlag zu belegen. Dagegen erhielten Dritte, welche Forderungen gegenüber dem Begünstigten geltend machten, die Möglichkeit, unter bestimmten Umständen den Erlös eines Akkreditivs zu verarrestieren. In Betrugsfällen im Zusammenhang mit Akkreditiven hat das Oberste Gericht die Ausnahme bestätigt und auch die Verarrestierung durch den Auftraggeber zugelassen. Zur Definition des Begriffs "Betrug" wurden anglo-amerikanische Prinzipien herangezogen. Die Frage, ob eine Verarrestierung durch den Auftrag-

---

[1] Die Herausgeber danken der Kanzlei Froriep Renggli, Zürich, für die Übersetzung dieses Kapitels.

[2] David M. Sassoon, M.Jur. (Jerusalem.), D.Phil. (Oxon), verfasste den englischen Originaltext. Er ist Rechtsanwalt und Lehrbeauftragter für Aussenhandelsrecht an der betriebswissenschaftlichen Fakultät der Universität Tel Aviv.

geber auch in anderen Fällen unter gewissen, sehr einschränkenden Bedingungen möglich sei, ist gegenwärtig vor einem Gericht pendent.

Ebenso haben die Gerichte den Grundsatz der Dokumentenstrenge im Zusammenhang mit Akkreditiven bestätigt, wobei jedoch eine Entscheidung eines Bezirksgerichts (in Israel die zweite von drei Instanzen) die Frage aufgeworfen hat, ob Dokumentenstrenge sich auch auf rein formelle Diskrepanzen - im Gegensatz zu materiellen - beziehe.

Da, wie bereits ausgeführt, in Israel keine besondere auf Akkreditive anwendbare Gesetzgebung existiert, finden die Bestimmungen des allgemeinen Vertragsrechts Anwendung. So kann es zum Beispiel vorkommen, dass die ERA, welche, wie bereits erwähnt, allen Akkreditivtransaktionen israelischer Banken zugrunde liegen, dem *Gesetz über Allgemeine Vertragsbedingungen* unterstellt werden, was einem Gericht erlaubt, unausgewogene Bedingungen als nichtig zu betrachten, wie z.B. zu weit gehende Haftungsausschlussklauseln, welche in Standardverträgen enthalten sind. Bis heute haben die Gerichte allerdings das *Gesetz über Allgemeine Vertragsbedingungen* nicht dazu verwendet, Regeln der ERA für ungültig zu erklären. In einem neuen Entscheid hat das Oberste Gericht jedoch gegen eine israelische Bank entschieden, deren Akkreditiv von einer ausländischen Bank zugunsten eines ausländischen Exporteurs (also dem Kunden der ausländischen Bank) bestätigt worden war: Die israelische Bank sei nicht schon deshalb von ihrer Dokumentprüfungspflicht befreit, weil die ausländische Bank die Dokumente bereits geprüft und in Ordnung befunden habe. Konkret entschied das Gericht, dass die eröffnende israelische Bank ihre Sorgfaltspflicht verletzt hatte und deshalb keine Zahlung vom israelischen Importeur verlangen konnte. Das Gericht hielt auch fest, dass die Bank ihrem Kunden (dem israelischen Importeur) gegenüber einer Sorgfaltspflicht unterlag und verpflichtet war, ihn dahingehend zu beraten, ob er aus rechtlichen Gründen von seiner Zahlungspflicht unter dem Akkreditiv entbunden sei.

Schliesslich sei noch bemerkt, dass aufgrund allgemein anwendbarer zivilprozessualer Bestimmungen, israelische Gerichte auch in Akkreditivfällen zuständig sein können, die eine ausländische Partei oder eine ausländische Bank betreffen.

Zusammenfassend kann gesagt werden, dass die israelischen Gerichte in Akkreditivfällen sich eng an die anglo-amerikanische Gerichtspraxis anlehnen. Daher kann vor Gericht damit gerechnet werden, dass aufgrund allgemein anerkannter, internationaler Grundsätze entschieden wird.

12 Bankgeheimnis[1]

Nahum Bitterman[2]

I. Rechtsquellen des Bankgeheimnisses in Israel

A Englisches Common Law

Die Verpflichtung zur Wahrung des Bankgeheimnisses ist in Israel nicht in einem Spezialgesetz kodifiziert worden. Die Rechtsquellen stammen vielmehr aus dem englischen Bankrecht, das in Israel kraft Art. 46 des britischen *Order in Council* von 1922 Geltung erlangte: Mit dieser Bestimmung wurde englisches Common Law in sämtliche britischen Mandatskörperschaften als geltendes Recht implementiert

Die Verpflichtung der Bank zur Geheimniswahrung stellt unter Common Law eine aus dem Vertrag zwischen den Parteien fliessende Pflicht der Bank dar. Verletzt die Bank ihren Kunden gegenüber diese Pflicht, verfügen diese über einen entsprechenden Schadenersatzanspruch.

B Zusätzlicher Schutz durch israelisches Recht

Art. 1 des *Gesetzes über den Schutz der Privatsphäre* (Privacy Protection Law) von 1981 verbietet die Verletzung der Privatsphäre einer Person ohne deren Einwilligung. Art. 2 führt mögliche Verletzungen der Privatsphäre auf, wobei zwischen Persönlichkeitsrechtsverletzungen im Bereich von gesetzlich verankerten (Art. 2 (7)) und von vertraglich umschriebenen Geheimhaltungspflichten (Art. 2 (8)) unterschieden wird.

Durch den Erlass des *Gesetzes über den Schutz der Privatsphäre* erlangte die Verpflichtung zum Schutz des Bankgeheimnisses zusätzliches Gewicht. Das Gesetz nimmt keinen ausdrücklichen Bezug auf das Bankgeheimnis; es

---

[1] Die Herausgeber danken der Kanzlei Froriep Renggli, Zürich, für die Übersetzung dieses Kapitels.

[2] Nahum Bitterman, LL.B. (Jerusalem), verfasste den englischen Originaltext. Er ist Rechtsanwalt in Israel und Senior Vice President sowie hauptverantwortlicher Rechtsberater der Bank Leumi Le-Israel B.M.

haben sich deshalb bezüglich der Frage, ob das Bankgeheimnis als gesetzlich verankertes oder bloss vertraglich fixiertes Schutzrecht zu verstehen sei, Zweifel an der Gesetzesauslegung ergeben. Zumindest stellt Art. 2 (8) jedoch nunmehr klar, dass eine Verletzung des Bankgeheimnisses gleichzeitig auch eine Verletzung der Privatsphäre beinhaltet, was entsprechende Sanktionen nach sich ziehen kann. In diesem Zusammenhang muss allerdings darauf hingewiesen werden, dass das *Gesetz über den Schutz der Privatsphäre*, zwischen persönlichen und geschäftlichen Angelegenheiten klar unterscheidet und insbesondere den Schutz von *Gesellschaften* nicht erfasst (Art. 2 (8)). Verfügt beispielsweise eine Person über zwei Bankkonten und offenbart die Bank Informationen lediglich bezüglich des privaten Bankkontos, so stellt dies eine Gesetzesverletzung dar; die Weitergabe von Informationen betreffend das Geschäftskonto hingegen, stellt keine Verletzung des *Gesetzes über den Schutz der Privatsphäre* dar. Das Oberste Gericht hat diese Auslegung bestätigt.

Natürliche Personen geniessen also im Gegensatz zu Gesellschaften einen doppelten Geheimnisschutz: einerseits gestützt auf englisches Common Law, das in seiner Anwendung durch die israelischen Gerichte von einer - impliziten oder expliziten - vertraglichen Grundlage ausgeht, und andererseits gestützt auf das *Gesetz über den Schutz der Privatsphäre*. Was den Schutz des Bankgeheimnisses von Gesellschaften anbetrifft, besteht ein Anspruch ausschliesslich auf vertraglicher Grundlage.

C Gesetzlich garantierter Schutzbereich

Eine weitere Rechtsquelle für den Schutz des Bankgeheimnisses stellen die Grundrechte, genauer das Recht auf persönliche Integrität und Freiheit dar, das nach den Worten von Richter Mishael Cheshin vom Obersten Gericht das Recht auf Privatsphäre in den Rang eines Grundrechtes erhebt. Anders als beim *Gesetz über den Schutz der Privatsphäre* findet dieses Grundrecht auch auf Gesellschaften Anwendung. So hat das oberste Gericht entschieden, dass die Akkumulation der vertraglichen Geheimhaltungspflicht der Bank und der gesetzlichen Pflicht zur Geheimniswahrung gemäss Art. 2 (8) des *Gesetzes über den Schutz der Privatsphäre* dem Recht auf Privatsphäre den Rang eines Grundrechts einräumt und somit den Status eines *Privilege*" verdient. Dieser dem englischen Rechtsdenken entnommene Begriff bedeutet, dass dieses Recht nur unter gewissen Voraussetzungen, nach einer qualifizierten Interessenabwägung, beschränkt werden darf.. Ein „Privilege" unterscheidet sich durch seine Allgemeinverbindlichkeit von rein obligatorischen Bindungen, die ausschliesslich die Beziehungen zwischen den Vertragsparteien gestalten. Daraus folgt schliesslich, dass das Recht auf Schutz der Privatsphäre unter Umständen auch für Gesellschaften in den meisten, wenn auch nicht in allen Fällen Vorrang geniessen dürfte. Im Einzelfall haben die Gerichte eine Güterabwägung zwischen dem Recht einer Person auf Schutz ihrer Privatsphäre und dem Recht der Öffentlichkeit auf Auskunftserteilung vorzunehmen.

Israelische Gerichte haben entschieden, dass das öffentliche Interesse an einem fairen Prozess eine Partei zwingen kann, dem Prozessgegner Auskünfte betreffend Bankbeziehungen zu geben, sofern diese Partei zur Führung des Prozesses auf solche Informationen zwingend angewiesen ist. Die israelischen Gerichte unterscheiden allerdings scharf zwischen der Offenbarung von Bankgeheimnissen hinsichtlich der am Verfahren beteiligten und solchen von nicht am Verfahren beteiligten Personen. Gegenüber den am Verfahren nicht beteiligten Personen gilt der Geheimnisschutz uneingeschränkt, spezielle und seltene Fälle ausgenommen.

D Entwurf für ein neues Bankgesetz

1993 legte die israelische Nationalbank ein Memorandum zu einem neuen *Bankgesetz* vor. Art. 73 dieses Memorandums statuiert eine ausdrückliche Geheimhaltungspflicht für sämtliche Bank-Institutionen. Entsprechend wären sowohl die Banken selbst zur Geheimhaltung verpflichtet, als auch deren Verwaltungsräte, Angestellte und von Banken Mandatierte sowie Personen und Gesellschaften, die eine der obgenannten Stellungen in der Vergangenheit innehatten. Die Geheimhaltungspflicht bezieht sich nach diesem Memorandum auf sämtliche Informationen und Kenntnisse, die der betreffenden Person oder Gesellschaft ihrer Natur nach oder im Vertrauen überlassen wurden, dass sie dem Bankgeheimnis unterstehen.

Der Entwurf statuiert folgende Ausnahmen vom Bankgeheimnis:

1. falls eine Zustimmung des Bankkunden zur Preisgabe vorliegt,
2. wenn die Bank zur Offenbarung durch Gesetz oder gerichtliche Verfügung verpflichtet ist,
3. sofern die zu offenbarende Information zum Klagefundament in einem Prozess der Bank gegen ihren Kunden gehört,
4. die Weitergabe von Informationen innerhalb der Bank, falls hierzu ein dringender Bedarf im Interesse der Bank besteht und hierzu die Zustimmung der Rechnungsprüfungskommission des Verwaltungsrates vorliegt und
5. falls das Bankinspektorat aufgrund besonderer Umstände die Preisgabe der Information genehmigte.

II. UMFANG DER GEHEIMHALTUNGSPFLICHT

Die Verpflichtung zur Geheimhaltung beschränkt sich nicht auf die Existenz von Bankkonti; erfasst werden auch sämtliche Transaktionen, die über ein Konto abgewickelt werden sowie die im Zusammenhang mit dem Konto hingegebenen Sicherheiten. Die Verpflichtung zur Geheimhaltung reicht sodann zeitlich über die eigentliche Schliessung des Kontos hinaus. Das oberste Gericht Israels hat diesbezüglich entschieden, dass die Geheimhaltungspflicht den Tod des Bankkunden überdauert: Das Recht auf Schutz der Privatsphäre einer Person erlösche nicht mit dem Tod, sondern gehe über diesen hinaus. Dabei treten die Erben an die Stelle des Berechtigten.

III. GEHEIMNISBRUCH ALS STRAFBARE HANDLUNG

Es wird verschiedentlich die Auffassung vertreten, dass durch den Erlass des *Gesetzes über den Schutz der Privatsphäre* eine Geheimnisverletzung durch die Bank zugleich auch eine strafbare Handlung darstelle, jedenfalls dann, wenn eine natürliche Person von der Verletzung betroffen ist. So enthält das genannte Gesetz neben dem Schutz der Privatsphäre auch Bestimmungen zum Datenschutz: Art. 8 des Gesetzes untersagt das Führen oder Unterhalten von nicht registrierten Datenbanken und enthält das Verbot, Informationen einer Datenbank für andere Zwecke zu verwenden, als die bei Erstellung der Datenbank oder Sammlung der Informationen vorgegebenen.

Art. 16 untersagt dem Inhaber die Preisgabe von Informationen, zu denen er als Angestellter, Verwalter oder Inhaber von Datenbanken Zugang hat, es sei denn, die Preisgabe sei zur Durchführung des Gesetzes oder gestützt auf eine gerichtliche Verfügung erforderlich.

Art. 17 sanktioniert Verletzungen von Art. 8 und 16 des Gesetzes mit einem Jahr Gefängnis.

Unter den Begriff "Informationen" fallen laut Gesetz auch Personaldaten wie persönlicher Status, Güterstand, Gesundheit, finanzielle Situation, berufliche Ausbildung, persönliche Ansichten und religiöse Überzeugung.

Eine Verletzung von Art. 8 resp. 16 durch eine Bank, die Kundendaten in computergestützten Datenbanken führt, sollte daher auch strafrechtliche Sanktionen nach sich ziehen. Gerichtsentscheide liegen diesbezüglich allerdings noch keine vor. Das Gesetz selbst führt sodann verschiedene Abwehrmöglichkeiten auf, wonach unter Umständen eine Verletzung von Art. 8 und 16 weder als strafbare Handlung geahndet, noch als zivilrechtlicher Haftungstatbestand qualifiziert werden kann.

IV. AUSNAHMEN VOM BANKGEHEIMNIS

Die Verpflichtung zur Wahrung des Bankgeheimnisses gilt nicht absolut: Wichtige entgegenstehende Interessen können eine Preisgabe der Informationen unter besonderen Umständen rechtfertigen, insbesondere in vier Fällen:

1. falls eine gesetzliche Pflicht oder gerichtliche Verfügung die Bank zur Offenbarung zwingt,
2. wenn das öffentliche Interesse eine Offenbarung gebietet,
3. falls die Offenbarung dem Schutz der Interessen der Bank dient und
4. falls die Preisgabe gestützt auf eine ausdrückliche oder implizite Zustimmung des Klienten erfolgt.

A Gesetzliche Pflicht

Verschiedene Gesetze ermächtigen die Behörden, Auskünfte von Personen, einschliesslich Banken, zu verlangen, die für die Durchsetzung der gesetzgeberischen Anliegen notwendig sind. Die Banken sind analog der Verpflichtung, einer gerichtlichen Aufforderung zur Preisgabe von Informationen nachzukommen, rechtlich verpflichtet, Informationen an die Behörden weiterzugeben.

So ist beispielsweise die Bank nach dem *Gesetz über ungedeckte Checks*) von 1981 auf entsprechendes Begehren hin verpflichtet, die Identität des Ausstellers oder Kontoinhabers dem Begünstigten mitzuteilen, sollte ein Check aus irgendwelchen Gründen nicht honoriert werden.

B Öffentliches Interesse

Der genaue Anwendungsbereich dieser Ausnahme ist mangels einschlägiger Gerichtsentscheide noch nicht geklärt. Folgt man allerdings der namhaften Lehrmeinung von Sir John Paget, so trifft die Bank gestützt auf das öffentliche Interesse die Verpflichtung zur Offenbarung von Informationen, falls einer ihrer Kunden in strafbare Handlungen verwickelt ist.

C Schutz bankeigener Interessen

Will eine Bank gegen einen Kunden wegen Rückzahlung geschuldeter Beträge vorgehen, ist sie berechtigt, Informationen betreffend Schuldverhältnis und Konto ihrem Anwalt mitzuteilen, damit dieser den Prozess entsprechend vorbereiten kann.

D Einwilligung des Bankkunden

Es versteht sich von selbst, dass die explizite Zustimmung des Klienten zur Offenbarung die Bank vom Bankgeheimnis entbindet. Eine implizite Zustimmung ist gemäss der Lehrmeinung von John Paget vor allem hinsichtlich der weitverbreiteten Praxis der Banken anzunehmen, Bankauskünfte zu erteilen. Erfasst wird hiermit der Fall, da ein Bankkunde seine Bank ersucht, die Bank seines Vertragspartners um Auskünfte betreffend dessen Bonität anzugehen. Da es sich hierbei um eine weitverbreitete Praxis handelt und die in diesem Zusammenhang abgegebenen Auskünfte regelmässig allgemein gehalten sind, wird die implizite Zustimmung seitens des Bankkunden bereits mit der Kontoeröffnung angenommen. Die Bank weist regelmässig eine Verantwortung für die Richtigkeit der erteilten Auskünfte von sich.

Auch der Entwurf für ein neues *Bankgesetz* befasst sich unter anderem auch mit Bankauskünften: Gemäss Art. 74 ist es, entgegen dem Geheimhaltungsgrundsatz von Art. 73 und anderer Gesetze, Bankinstitutionen gestattet, schriftlich generelle Auskünfte betreffend das Geschäftsgebaren von Klienten oder deren finanzielle Situation an andere Banken, einschliesslich Auslandsbanken, weiterzugeben. Dies allerdings nur unter den folgenden Bedingungen, die kumulativ erfüllt sein müssen:

1. Diejenige Person, welche die Auskunft erteilt, ist hierzu durch den obersten Geschäftsführer oder den Verwaltungsrat der Bank ermächtigt und,
2. die Auskunftserteilung erfolgt ausschliesslich an die Adresse der Gesellschaft, die in ihrer Anfrage bestätigte, dass die Information für eine geschäftliche Transaktion mit dem betreffenden Bankkunden benötigt werde.

Die Auskunft erteilende Bank ist sodann verpflichtet, ihren Kunden über das Auskunftsbegehren vor der Auskunftserteilung oder notfalls unverzüglich danach zu informieren. Teilt der Bankkunde der Bank mit, dass er einer Auskunftserteilung nicht zustimmt, ist die Bank an diese Instruktion fortan gebunden und hat jegliche Auskunftserteilung zu unterlassen.

V. Zusammenfassung

Israelische Banken nehmen ihre Pflichten im Umgang mit Bankgeheimnissen ihrer Kunden mit grosser Sorgfalt und Vorsicht wahr. Dank ihrer ausgeprägten Treueverpflichtungen gegenüber ihren Kunden anerkennen die Banken, dass das Einverständnis des Kunden, sein Vermögen bei einer Bank zu deponieren, letztlich eben auf diesem Vertrauen beruht.

Andererseits wird eine Bank selbstverständlich einer gerichtlichen Aufforderung Folge leisten müssen, die sie zwingt, Informationen preiszugeben, selbst wenn dadurch die Privatsphäre des Kunden verletzt würde. Es kommt immer wieder vor, dass verschiedene Untersuchungsbehörden, wie die Steuerbehörden, die Banken auffordern, Kundeninformationen preiszugeben. In solchen Fällen, in denen die Bank hierzu nicht durch eine gerichtliche Verfügung aufgefordert wird, selbst wenn die Behörde sich auf eine entsprechende gesetzliche Ermächtigung berufen kann, hat die Bank stets eine zweifache Prüfung vorzunehmen: (a) ermächtigt das Gesetz den Antragsteller, die verlangte Information zu erhalten, und (b) deckt sich das Auskunftsbegehren mit der gesetzlichen Aufgabe der anfragenden Behörde?

Es ist sodann den Banken ein Anliegen, sogenannte fishing expeditions der Behörden zu unterbinden, sobald sie feststellen, dass deren Aktivitäten sich mit ihrer gesetzlichen Aufgabe nicht decken.

In Anbetracht der Wichtigkeit des Bankgeheimnisses und des möglichen Schadens, der durch Missachtung des Rechtes auf Geheimnisschutz dem Banksystem, der Wirtschaft und der Öffentlichkeit entstehen kann, sind die mit dem Vollzug der entsprechenden Gesetze bevollmächtigten Behörden aufgefordert, grösste Sorgfalt bei der Einholung von Informationen und der Verwertung derselben zu üben.

13 VOLLSTRECKUNG AUSLÄNDISCHER ENTSCHEIDUNGEN IN ISRAEL[1]

Louis Garb[1]

Ausländische Entscheidungen werden in Israel nach dem *Gesetz über die Vollstreckung ausländischer Entscheidungen* von 1958 vollstreckt. Dieses Gesetz sieht ein relativ einfaches Verfahren vor, und in der Praxis werden solche Vollstreckungsgesuche von den Gerichten grosszügig gehandhabt.

Das Gesetz verlangt, dass zwei Grundvoraussetzungen erfüllt sind:

1. Das ausländische Urteil muss endgültig sowie vollstreckbar sein, und
2. der Staat, in welchem das Urteil ergangen ist, muss seinerseits die Urteile israelischer Gerichte anerkennen oder vollstrecken. Von dieser letztgenannten Voraussetzung kann jedoch unter Umständen auf Antrag abgesehen werden.

Der Begriff "ausländische Entscheidung" ist definiert als Entscheidung, welche ein ausländisches Gericht in Zivilsachen erlassen hat, wobei darin auch Entscheidungen über Schadenersatzansprüche eingeschlossen sind, selbst wenn diese nicht im Rahmen eines zivilgerichtlichen Verfahrens, etwa durch den Strafrichter, gefällt wurden.

Die Voraussetzung der Vollstreckbarkeit weist darauf hin, dass es Entscheidungen gibt, die zwar endgültig, aber dennoch nicht vollstreckbar sind: So sind Urteile im Zusammenhang mit Testamenten nicht per se durchsetzbar; vielmehr bedarf es eines neuen Antrags zur Testamentseröffnung und Bestätigung des ausländischen Testaments in Israel. Die Rechtslage in bezug auf Entscheidungen im Zusammenhang mit Konkursen ist noch unklar, da diesbezüglich noch keine höchstgerichtliche Entscheidung

---

[1] Die Herausgeber danken der Kanzlei Froriep Renggli, Zürich, für die Übersetzung dieses Kapitels.

[2]Luis Garb, B.A., LL.B., (Witwatersrand), verfasste den englischen Originaltext. Er praktiziert in Jerusalem, ist aber auch in Südafrika und Botswana zugelassen und ist der Herausgeber von *Enforcement of Foreign Judgements*, Kluwer Law International: The Hague, 1995.

vorliegt. Hingegen können israelische Gerichte einem ausländischen Konkursverwalter Rechtshilfe gewähren.

Folgende Entscheidungen können in Israel vollstreckt werden:

1. Urteile auf Geldleistung,
2. Urteile auf Naturalleistungen,
3. vorsorgliche Massnahmen sofern sie die Form endgültiger Verfügungen haben; ein Arrestbefehl wäre hingegen nur im Rahmen einer Klage über die zugrundeliegende Schuld vollstreckbar;
4. Schiedsgerichtsurteile,
5. Entscheidungen betreffend Strafschadenersatz, der über den in Geld bemessenen wirklich erlittenen Schaden hinausgeht; Bussen fallen hingegen nicht darunter;
6. Entscheidungen, die selbst Anerkennungen eines früheren ausländischen Urteils sind, in denen also das israelische Gericht das dritte sich mit der Sache befassende Gericht ist; und
7. vorsorgliche Massnahmen bezüglich Unterhaltsleistungen.

Entsprechend den Prinzipien des englischen common law sind Entscheidungen strafrechtlicher oder steuerrechtlicher Natur nicht vollstreckbar.

Einem weltweit verbreiteten Prinzip folgend werden in Israel ausländische Entscheidungen nicht vollstreckt, wenn sie gegen den israelischen ordre public verstossen. Dies bedeutet jedoch nicht, dass israelische Gerichte eine Entscheidung nicht vollstrecken, die, wäre die Klage in Israel eingereicht worden, nicht so ergangen wäre. Beispielsweise hat das Provinzgericht von Tel Aviv[3] ein amerikanisches Urteil für vollstreckbar erklärt, obwohl es auf die Zahlung einer in einem Casino entstandenen Spielschuld lautete und Spielschulden in Israel infolge des Geldspielverbotes nicht eingeklagt werden können. Ähnlich hat das Provinzgericht von Jerusalem ein New Yorker Urteil, das Strafschadenersatz zusprach, vollstreckt, obwohl dieses Institut dem israelischen Recht fremd ist und der zugesprochene Betrag weit höher war, als ein israelisches Gericht unter denselben Umständen zugesprochen hätte.

Zur Erfüllung des Erfordernisses der Gegenseitigkeit ist es nicht notwendig, dass die Gerichte des Urteilsstaates israelische Entscheidungen gleicher Art vollstrecken, wie dasjenige, wofür Vollstreckung in Israel verlangt

---

[3] Das Provinzgericht ist im ordentlichen Instanzenzug die zweite von drei verfügbaren Instanzen: Die erste ist der Friedensrichter, der in Israel für die Entscheidung von Klagen mit niedrigeren Streitwerten zuständig ist, die zweite Instanz sind die Provinzgerichte und die dritte Instanz ist der Oberste Gerichtshof.

wird. Es muss lediglich nachgewiesen werden, dass das ausländische Gericht israelische Entscheidungen grundsätzlich vollstreckt. Die Frage der Gegenseitigkeit der Vollstreckung stellt sich jedoch insbesondere im Verkehr mit jenen Staaten nicht, mit denen Israel eine Staatsvertrag über die Vollstreckung ausländischer Entscheidungen abgeschlossen hat. Es sind dies:

Grossbritannien,

Hong Kong,

Channel Islands,

Deutschland,

Spanien und

Österreich.

Neben der Vollstreckung ausländischer Entscheidungen anerkennen israelische Gerichte auch Entscheidungen "en passant", das heisst. Entscheidungen, die im Rahmen eines anderen Verfahrens ergangen sind: Wenn beispielsweise ein ausländischer Vormund für sein Mündel einen in Israel entstandenen Anspruch einklagen muss, dann ist er nicht verpflichtet, zunächst die Vollstreckung jenes ausländischen Entscheides zu erwirken, gemäss welchem er zum Vormund ernannt wurde. Anders ist die Lage selbstverständlich, wenn die eigentliche Tatsache seiner Einsetzung als Vormund Streitgegenstand vor einem israelischen Gericht ist.

Die liberale Haltung israelischer Gerichte gegenüber ausländischen Entscheidungen äussert sich auch im Grundsatz, dass israelische Gerichte nicht befugt sind, eine Angelegenheit in der Sache zu überprüfen, sofern die geforderte Form gewahrt wurde und die Entscheidung den inländischen Voraussetzungen entspricht. Mit andern Worten: Die Sache kann materiell nicht neu entschieden werden, es sei denn, es würde das Vorliegen eines Betruges behauptet, der aus guten Gründen nicht zu einem früheren Zeitpunkt geltend gemacht wurde oder geltend gemacht werden konnte.

Die formellen Erfordernisse für den Antrag auf Vollstreckbarkeitserklärung sind relativ einfach und umfassen folgende Punkte:

1. eine unterzeichnete Vollmacht des Gesuchstellers zugunsten eines israelischen Anwalts;
2. einen kurzen Antrag mit eidesstattlicher Erklärung an das zuständige Provinzgericht; örtlich zuständig ist in der Regel das Gericht am Wohn- oder Geschäftssitz des Beklagten; hat der Beklagte weder Wohn- noch Geschäftssitz in Israel, so ist das Provinzgericht von Jerusalem zuständig; und
3. eine beglaubigte Kopie der ausländischen Entscheidung.

Bei der Zuständigkeit ist zu beachten, dass das Provinzgericht bereits die zweite von drei in Israel existierenden Instanzen ist. Entsprechend wird der provinzgerichtliche Exequaturentscheid im Rechtsmittelverfahren nur einmal, nämlich durch das Oberste Gericht überprüft.

Der Vollstreckungsantrag muss folgende Punkte enthalten:

1. die Erklärung, dass die Person, welche die eidesstattliche Erklärung abgibt, handlungsfähig ist;
2. Grundangaben zur zu vollstreckenden Entscheidung, wie den Betrag sowie die Bezeichnung zu wessen Gunsten und zu wessen Lasten die Entscheidung ergangen ist;
3. die Erklärung, dass die Entscheidung endgültig und letztinstanzlich ist oder dass eine Berufung abgewiesen wurde und eine weitere Berufung nicht möglich ist;
4. die Erklärung, dass das Gericht, vor welchem die zu vollstreckende Entscheidung ergangen ist, zuständig war;
5. die Angabe des Betrages, der eventuell schon getilgt ist;
6. die Erklärung, dass die Entscheidung im Urteilsstaat vollstreckbar ist;
7. die Erklärung, dass der Staat, indem die Entscheidung ergangen ist, israelische Entscheidungen vollstreckt und
8. die Erklärung, dass die Entscheidung in keiner Art und Weise gegen den israelischen ordre public oder die guten Sitten verstösst.

Eine eidesstattliche Erklärung muss von einer Person, die deren Inhalt bezeugen kann, unterzeichnet und dem Vollstreckungsgesuch beigelegt werden. Zur Darlegung der Gegenseitigkeit, also der Tatsache, dass die Gerichte des Urteilsstaates israelische Entscheidungen vollstrecken, bestehen zwei Möglichkeiten: Entweder gibt ein israelischer Anwalt, der mit dem Rechtssystem des betreffenden Landes vertraut ist, in eine diesbezügliche eidesstattlichen Erklärung ab oder die Person, welche die eidesstattliche Erklärung abgibt und nicht selber Anwalt ist, erklärt, dass sie von kompetenter Seite eine entsprechende Auskunft erhalten hat. Dies sollte anfänglich genügen; aber die Frage der Reziprozität könnte in einem späteren Verfahrensstadium zum Streitgegenstand werden. In diesem Fall müsste zur Frage, ob der Urteilsstaat israelische Entscheidungen anerkennt oder vollstreckt, ein Sachverständigengutachten hinzugezogen werden.

Die Kosten für ein Gesuch betragen:

1. Gerichtskosten (Stand 1996) etwa USD 160; und
2. Anwaltskosten entsprechend vorgängiger Übereinkunft, basierend auf Zeitaufwand, Komplexität und Streitwert. Es ist zu beachten, dass ein Anwalt, wenn er dies so wünscht, auch ein erfolgsabhängiges Honorar

vereinbaren kann. Ist das Gesuch erfolgreich, so kann mit einer Rückerstattung von ca. 50% bis 70% der Anwaltskosten gerechnet werden.

Der Gesuchsteller muss keine Sicherheit für die Kosten des Beklagten leisten.

Alle eingereichten Unterlagen müssen hebräisch oder englisch abgefasst sein. Für alle in einer anderen Sprache abgefassten Dokumente - mit der möglichen Ausnahme von Französisch - wird eine hebräische Übersetzung gefordert. Die Übersetzung muss von einem israelischen Konsularbeamten oder auf eine andere, vom Gericht als angemessen erachtete Art und Weise, bestätigt werden. Es ist jedoch nicht notwendig, Übersetzungen im voraus einzureichen, es sei denn, die Entscheidung sei in einer unüblichen Sprache ergangen.

Alle Unterlagen müssen vor Einreichung an das Gericht beglaubigt werden. Die Beglaubigung kann entweder mittels eines israelischen Konsularstempels im Urteilsstaat erfolgen oder mittels Apostille, sofern das betreffende Land Signatarstaat der Haager Konvention ist. Öffentliche Dokumente wie Gerichtsverfügungen oder Regierungserlasse können auch mittels offiziellen Siegels der zuständigen Staatsstelle (des Urteilsstaates) beglaubigt werden.

Dem Beklagten stehen grundsätzlich folgende Einreden zur Verfügung: Er kann behaupten, dass

1. eine der obgenannten Voraussetzungen nicht erfüllt ist,
2. seit Erlass der Entscheidung mehr als fünf Jahre vergangen sind und für die verspätete Gesuchseingabe keine genügenden Gründe vorliegen,
3. Betrug vorliegt,
4. das urteilende Gericht nicht zuständig war,
5. dem Beklagten vor Erlass der ausländischen Entscheidung das rechtliche Gehör nicht gewährt wurde oder
6. ein Verfahren über denselben Streitgegenstand zwischen denselben Parteien vor Einleitung des Verfahrens im Ausland in Israel anhängig gemacht wurde und immer noch hängig ist.

Um festzustellen, ob die (indirekte) Zuständigkeit des ausländischen Gerichts gegeben war, wendet Israel sein eigenes Internationales Privatrecht an, es folgt also dem teilweise auch in Deutschland bekannten Prinzip, wonach sich die direkte und die indirekte Zuständigkeit decken. Nicht vorausgesetzt ist, dass der Beklagte in die Zuständigkeit des ausländischen Gerichts einwilligte oder den Wohnsitz, respektive das Bürger- oder Niederlassungsrecht im betreffenden Staat hat. Fehlen jedoch zuständigkeitsbegründende Anknüpfungspunkte, so wird das blosse Erscheinen des Beklagten vor dem ausländischen Gericht nicht per se bereits als Einlassung auf die ausländische Zuständigkeit interpretiert, sofern das Erscheinen *unter anderem* zum Zwecke der Bestreitung der Zuständigkeit geschah.

Eine Entscheidung, die in Abwesenheit des Beklagten gefällt wurde, wird wie jede andere Entscheidung behandelt. Der Beklagte kann jedoch dagegen einwenden, dass ihm nicht genügend Gelegenheit geboten wurde, die Angelegenheit zu vertreten. Im Falle eines Abwesenheitsurteils ist es deshalb ratsam, dem Beklagten das Urteil persönlich zustellen zu lassen, bevor das Vollstreckungsverfahren eingeleitet wird. Andernfalls müssen Beweise vorgelegt werden, dass der Beklagte von der Verfahrenseinleitung im ausländischen Staat persönlich in Kenntnis gesetzt wurde.

Eine Vertragsklausel, welche die ausschliessliche Zuständigkeit eines ausländischen Gerichts begründet, ist kein Grund für die Verweigerung der Vollstreckung in Israel. Des weiteren wird ein vertraglicher Verzicht auf in Israel normalerweise verlangte verfahrens- oder beweisrechtliche Erfordernisse von israelischen Gerichten anerkannt, sofern ein solcher Verzicht nicht gegen den ordre public verstösst.

Die Dauer des Vollstreckungsverfahrens ist von Gericht zu Gericht verschieden, im allgemeinen aber vor den Gerichten in Tel Aviv am längsten. Die durchschnittliche Verfahrensdauer beträgt ca. zwei bis drei Monate vom Zeitpunkt der Einleitung an gerechnet, sofern gegen das Vollstreckungsgesuch keine Einwendungen erhoben werden. Werden hingegen Einwendungen erhoben, dauert das Vollstreckungsverfahren etwa ein Jahr, bei einer Berufung an das Oberste Gericht zusätzliche zwei Jahre.

Mit Eingabe des Vollstreckungsgesuchs können Provisorische Massnahmen beantragt und vom Vollstreckungsrichter angeordnet werden, wie beispielsweise die Verarrestierung von Vermögenswerten oder in bestimmten Fällen ein Ausreiseverbot für eine ausreisewillige Person mit Wohnsitz in Israel. Bei Anordnung provisorischer Massnahme, verlangen die Gerichte üblicherweise vom ausländischen Gesuchsteller die gleichen Sicherheitsleistungen, wie sie auch ein israelischer Gesuchsteller erbringen müsste. Ob und in welcher Höhe eine Sicherheitsleistung gefordert wird, hängt von den konkreten Umständen des Falles ab.

Neben der Möglichkeit der Vollstreckung einer ausländischen Entscheidung kann auch die Anerkennung einer Entscheidung beantragt werden, wenn:

1. ein entsprechendes Übereinkommen mit dem ausländischen Staat vorliegt (das Gericht kann jedoch aus Billigkeitserwägungen auf diese Voraussetzung verzichten),
2. Israel sich gemäss einem solchen Übereinkommen verpflichtet hat, ausländische Entscheidungen der vorliegenden Art anzuerkennen,

3. die im betreffenden Übereinkommen festgehaltenen Anerkennungsvoraussetzungen erfüllt sind und
4. die ausländische Entscheidung nach israelischem Recht vollstreckbar ist.

Das Gericht kann überdies eine ausländische Entscheidung vorfrageweise anerkennen (d.h. im Zusammenhang mit einem Verfahren, das nicht das ausländische Urteil per se betrifft), auch wenn nicht alle obgenannten Voraussetzungen erfüllt sind.

14 SCHIEDSGERICHTSBARKEIT

Gideon Koren (Kneller)[1]

Roland Kiran Staub[2]

I. EINFÜHRUNG

In Israel ist das Schiedswesen im *Gesetz über die Schiedsgerichtsbarkeit* von 1968[3] geregelt, welches das Verfahren festlegt und die üblichen Bestimmungen zur umfassenden Regelung der Schiedsgerichtsbarkeit enthält.

II. SCHIEDSABREDE

Die Anwendbarkeit des Gesetzes hängt vom Vorliegen einer gültigen Schiedsabrede ab, also einer schriftlichen Vereinbarung, welche eine bestehende oder mögliche künftige Rechtsstreitigkeit zwischen den Vertragsparteien einem Schiedsgericht unterstellt. Die Schiedsabrede bindet die Parteien unabhängig davon, ob darin ein Schiedsrichter bezeichnet wird oder nicht.

A Gültigkeitsvoraussetzungen

Damit eine Rechtsstreitigkeit von Gesetzes wegen einem Schiedsgericht zur Beurteilung übergeben wird, müssen vier Voraussetzungen erfüllt sein:

---

[1] Koren (Kneller), Gideon, LL.M. (Jerusalen), führt eine Anwaltskanzlei in Jerusalem und praktiziert auf dem Gebiete des Medien-, Vertrags- und Gesellschaftsrechts, welche er, zusammen mit Zivilprosessrecht als Dozent an der Rechts- und Sozialwissenschaftlichen Fakultät der Universität Jerusalem liest.

[2] Roland Kiran Staub hat die deutsche Version verfasst. Er ist praktizierender Rechtsanwalt in Zürich (Rinderknecht Glaus & Stadelhofer).

[3] Nachfolgend „Gesetz" genannt.

1. Die Parteien müssen eine Schiedsabrede getroffen haben

Ob eine Schiedsabrede besteht oder nicht, entscheidet sich nach dem Vertragsrecht. Ferner können sich Fragen des internationalen Privatrechts stellen.

In Fällen, in denen das israelische Vertragsrecht zur Anwendung kommt, ist die erste Voraussetzung ein Konsens der Parteien, sich rechtlich zu binden, wobei die üblichen Willensmängel einredeweise geltend gemacht werden können: Irrtum, Täuschung oder Zwang. In der Schiedsabrede muss weder ein Schiedsrichter bestimmt, noch das Schiedsverfahren festgelegt sein. Erforderlich ist lediglich der Wille der Parteien, allfällige Rechtsstreitigkeiten der Schiedsgerichtsbarkeit zu unterstellen.

2. Die Schiedsabrede bedarf der Schriftform

Das Gesetz verlangt nicht, dass die Schiedsabrede unterzeichnet ist, aber das Fehlen der Unterschrift gilt als Indiz, dass es zwischen den Parteien zu keiner Einigung bezüglich der Schiedsabrede gekommen ist. Bei der Definition der Schriftlichkeit ist es allerdings im Bereich des Vertragsrechts zu Lockerungen gekommen, die auch auf die Schiedsabrede Anwendung finden. Zum Beispiel muss es sich nicht immer um ein einziges vollständiges Dokument handeln; es ist somit möglich, dass die Offerte einschliesslich der Schiedsvereinbarung in einem Dokument und das Akzept in einem anderen enthalten ist. Das schriftliche Akzept einer mündlichen Offerte wurde ebenso als formgültig beurteilt, wie eine Einigung zwischen den Parteien zuhanden der Gerichtsakten, ungeachtet der Tatsache, dass sie nicht unterschrieben war. Selbst eine mündliche Vereinbarung ist ausreichend, wenn sich die Gegenpartei auf das Schiedsverfahren einlässt.

3. Die Streitparteien und die Parteien der Schiedsabrede sind identisch

Wer einer Schiedsabrede nicht zugestimmt hat, ist grundsätzlich nicht an sie gebunden. Von diesem Grundsatz anerkennt das israelische Recht einige Ausnahmen: Das Gesetz sieht vor, dass die Schiedsabrede auch Stellvertreter und Rechtsnachfolger der Parteien bindet. Ebenfalls an die Schiedsabrede gebunden sind Parteien kraft Gesetztes (zum Beispiel ein Angestellter aufgrund einer Kollektivvereinbarung, welche das Schiedsverfahren vorsieht), Nebenparteien, sofern sie von der Vereinbarung der Hauptparteien Kenntnis haben (zum Beispiel die Bürgen eines Vertrages, der eine Schiedsabrede enthält) sowie Dritte, die zur Durchsetzung eines Vertrages mit Schiedsabrede im eigenen Interesse ermächtigt sind (zum Beispiel beim Durchgriff auf einen Unterbeauftragten durch den Auftraggeber).

4. *Die aktuelle Streitigkeit fällt in den Anwendungsbereich der Schiedsabrede*

Wurde eine Schiedsabrede aufgrund einer bestehenden Streitigkeit vereinbart, ist die Absicht der Parteien normalerweise ziemlich klar, und zwar sowohl bezüglich des Streitgegenstandes wie auch bezüglich des Wunsches, diesen der Schiedsgerichtsbarkeit zu unterstellen. Schwierigkeiten entstehen zumeist dann, wenn die Schiedsabrede vor Entstehung der Streitigkeit getroffen wurde: Können Parteien sich nicht einigen, ob eine Rechtsstreitigkeit in den Anwendungsbereich der Schiedsabrede fällt, so haben die staatlichen Gerichte zu entscheiden.

Ergibt sich die Zuständigkeit des Schiedsgerichts aufgrund einer Schiedsabrede, und stellt sich das Auslegungsproblem der Schiedsabrede in einem bestimmten Abschnitt des Verfahrens erneut, etwa beim Entscheid einer Vorfrage, werden die Gerichte zu einer erweiterten Auslegung der Schiedsabrede neigen, damit die gesamte Streitigkeit durch ein einziges Gericht entschieden werden kann.

Nicht schiedsfähig sind gemäss Art. 3 des Gesetzes Rechte und Rechtsverhältnisse, die der Parteiautonomie der Parteien entzogen sind. Entsprechend können insbesondere folgende Sachverhalte der Schiedsgerichtsbarkeit nicht unterstellt werden: Strafrechtliche Fragen, Streitigkeiten in rem wie Fragen des sachenrechtlichen oder geistigen Eigentums, Sachverhalte im Zusammenhang mit Erbbescheinigungen oder Zwangsvollstreckungsverfügungen sowie bestimmte verfassungsrechtliche Fragen.

B Vereinbarungen der Schiedsabrede

Das israelische Recht anerkennt das Prinzip der Privatautonomie in allen Bereichen des Vertragsrechts, einschliesslich im Bereich der Schiedsgerichtbarkeit. Bei der Ausgestaltung der Schiedsabrede sind die Parteien daher grundsätzlich frei und das Gesetz schränkt ihre Freiheit nicht ein, die Schiedsabrede an Bedingungen zu knüpfen. Insbesondere die folgenden Punkte können von den Parteien geregelt werden:

1. Definition der Streitsache,
2. Bezeichnung des Schiedsgerichtes, Bezeichnung der Schiedsrichter, das Verfahren der Wahl bzw. Ernennung der Schiedsrichter, die Anzahl der Schiedsrichter sowie das erforderliche Quorum für Verhandlungen und Urteilsfällung,
3. die Frist innerhalb welcher Verhandlungen stattzufinden haben und die Frist innerhalb welcher der Richter einen Schiedsspruch zu fällen hat, sowie die Befugnis des Schiedsgerichts, diese Fristen zu erstrecken,

4. ob der Schiedsrichter an das materielle Recht gebunden ist, welches Recht zur Anwendung kommt, ob der Schiedsrichter an das Prozess- und Beweisrecht gebunden ist und
5. ob der Schiedsrichter verpflichtet sein soll, sein Urteil zu begründen.

Die Regelung dieser Punkte durch die Parteien stellt keine Voraussetzung für die Gültigkeit der Schiedsabrede dar. Ist über einen Punkt keine Abrede getroffen worden, sieht das Gesetz in Art. 2 dispositive Regeln vor, welche sowohl die Beziehungen zwischen den Parteien wie auch das Schiedsverfahren regeln und immer dann zur Anwendung kommen, wenn die Parteien zu einem bestimmten Punkt keine Abrede getroffen haben.

Die Schiedsabrede ist ein Vertrag des Prozessrechts. Folglich können die Parteien nach den Gesetzesbestimmungen über die Ungültigkeit von Verträgen selber bestimmen, welche Umstände zu ihrer teilweisen oder vollständigen Ungültigkeit führen sollen. Fernen kann die Schiedsabrede aus Gründen aufgehoben werden, die im Vertragsrecht als Ungültigkeitsgründe aufgeführt sind, wie etwa die Tatsache, dass beim Vertragsabschluss kein Konsens über die wesentlichen Punkte zustande gekommen ist. Das Vertragsrecht ermöglicht den Vertragsrücktritt, wenn eine Partei vertragsbrüchig wurde und den vertragsgemässen Zustand trotz Mahnung der Gegenpartei nicht wiederhergestellt hat. Nach dem Vorbild des englischen Rechts besteht die Rücktrittsmöglichkeit ohne vorhergehende Mahnung, wenn es sich um eine wesentliche Vertragsverletzung handelt. Eine von einer Partei begangene Vertragsverletzung ist wesentlich, wenn sie für die andere Partei solchen Nachteil zur Folge hat, dass ihr im Wesentlichen entgeht, was sie nach dem Vertrag hätte erwarten dürfen, es sei denn, dass die vertragsbrüchige Partei diese Folge nicht vorausgesehen hat und eine vernünftige Person in gleicher Stellung diese Folge unter den gleichen Umstände auch nicht vorausgesehen hätte. Die Lehre von der wesentlichen Vertragsverletzung ist in Kontinentaleuropa insbesondere durch ihre Aufnahme in das Übereinkommen der Vereinten Nationen über Verträge über den internationalen Warenkauf von 11.April 1980 bekannt geworden.

Umstände, welche ebenfalls zur Ungültigkeit einer Schiedsabrede führen, sind u.a. das Ausscheiden eines spezifisch bezeichneten Schiedsrichters, die Aufhebung des Schiedsspruches durch ein ordentliches Gericht oder wenn die Parteien de facto aus dem Schiedsverfahren aussteigen und ein ordentliches Gericht die Streitsache übernimmt.

III. Aussetzung des Zivilverfahrens

A Voraussetzungen

Ruft eine Partei ungeachtet einer Schiedsabrede ein staatliches Gericht an, setzt das angerufene Gericht das Verfahren unter bestimmten Voraussetzungen aus und verweist die Parteien auf das Schiedsverfahren. Grundsätzlich bewirkt die Verfahrensaussetzung die Aufhebung des Anspruchs auf Rechtsschutz vor den ordentlichen Gerichten.

Art. 5 sieht sieben Voraussetzungen vor, welche kumulativ erfüllt sein müssen, damit ein angerufenes israelisches Zivilgericht das Verfahren aufgrund einer Schiedsabrede aussetzt:

1. Gültige Schiedsabrede zwischen den Verfahrensparteien

Das Zivilgericht prüft einerseits, ob eine gültige Schiedsabrede existiert und andererseits, ob diese nicht an einem Ungültigkeits- oder Nichtigkeitsgrund leidet.

2. Vor einem Zivilgericht wurde eine Klage anhängig gemacht

Das Zivilgericht prüft die eigene Zuständigkeit nicht vor Klageanhebung. Entsprechend ist es nicht möglich, dem Gericht einzig die Frage zu unterbreiten, ob es im Klagefall seine Zuständigkeit bejahen oder die Parteien an das Schiedsgericht verweisen würde. Ein Feststellungsurteil, dass eine Partei sich zu Recht nicht der Schiedsgerichtsbarkeit unterstellt, existiert somit nicht.

3. Die Streitsache ist gemäss Schiedsabrede dem Schiedsverfahren unterstellt

Allein die Existenz der Schiedsabrede genügt nicht für die Aussetzung des Zivilverfahrens. Die Schiedsabrede muss vielmehr auch die Streitsache erfassen, welche der Klage zugrunde liegt. Da jede Streitsache in bezug auf die Anwendbarkeit der Schiedsabrede gesondert geprüft wird, können bei komplexen Rechtsbeziehungen und bei Schiedsabreden, die nur gewisse Rechtsstreitigkeiten dem Schiedsverfahren unterstellen, Schwierigkeiten auftreten.

4. Die Verfahrensaussetzung wurde von einer Partei der Schiedsabrede beantragt

Auch wenn sich das Gesetz nur auf die Parteien der Schiedsabrede bezieht, ist diese Bestimmung so ausgelegt worden, dass sie sich ebenfalls auf Stellvertreter und Rechtsnachfolger der Parteien bezieht.

5. Die antragstellende Partei ist bereit, ein Schiedsverfahren einzuleiten

Die Partei, welche den Aussetzungsantrag stellt, muss aufzeigen, dass sie bereit war und immer noch ist, das Schiedsverfahren einzuleiten und zu führen. Die Aussetzung des Zivilverfahrens darf nicht für verzögerungstaktische Manöver missbraucht werden. Dabei ist entscheidend, wie sich die Partei, welche die Verfahrensaussetzung verlangt, in der Vergangenheit verhalten hat. Ihre gegenwärtige Bereitschaft ist hingegen nicht ausschlaggebend. Selbstverständlich werden in diesem Zusammenhang sowohl die Handlungen (zum Beispiel die Anhängigmachung einer Klage vor Zivilgericht, obwohl der Streitgegenstand in die Zuständigkeit des Schiedsgerichts fallen würde) als auch die Unterlassungen (zum Beispiel das Nichtbefolgen der Aufforderung der Gegenpartei, einen Schiedsrichter zu bezeichnen) einer Partei berücksichtigt.

6. Der Antrag ist formgültig gestellt worden

Das Begehren um Verfahrensansetzung ist entweder mittels separatem Antrag unter Beilage einer eidesstattlichen Erklärung über die Erfüllung des Aussetzungsvoraussetzungen zu stellen, oder es muss in der Klageantwort vorgebracht werden.

7. Der Antrag ist fristgemäss erfolgt

Der Antrag muss so früh wie möglich und darf nicht später als an dem Tag erfolgen, an welchem der Antragsteller zum ersten Mal materiellrechtlich zur Klage Stellung nimmt.

B Internationale Vereinbarungen

Das Zivilgericht kann das Verfahren nicht nur in Anwendung von Art. 5 des Gesetzes aussetzen. Art. 6 enthält einen Vorbehalt zugunsten des internationalen Rechts: Danach kann das Zivilgericht ein hängiges Verfahren in einer Streitsache mit schiedsgerichtlicher Zuständigkeit im Sinne von Art. 5 aussetzen, wenn ein von Israel ratifiziertes internationales Abkommen auf die Schiedsvereinbarung Anwendung findet, und entsprechende Bestimmungen über die Verfahrensansetzung enthält.

Israel hat eine Vielzahl internationaler Vereinbarungen ratifiziert, von denen vorliegend nur die wichtigsten genannt werden:

1. Das Genfer Protokoll über die Schiedsklausel von 1923 wurde in Israel am 13. Januar 1952 in Kraft gesetzt,
2. das New Yorker Übereinkommen über die Anerkennung und Vollstreckung ausländischer Schiedssprüche von 1958 wurde in Israel am 17. Juni 1959 in Kraft gesetzt; hierzu hat der israelische Gesetzgeber mehrere Ausführungsbestimmungen erlassen,
3. das Übereinkommen zur Beilegung von Investitionsstreitigkeiten zwischen Staaten und Angehörigen anderer Staaten vom 18. März 1965, welches in Israel am 22. Juni 1983 in Kraft gesetzt worden ist.

Diese Konventionen modifizieren das innerstaatliche Recht in mancherlei Hinsicht, insbesondere aber auch in bezug auf die Verfahrenssistierung.

C Aussetzungsentscheid

Grundsätzlich fallen in Israel Entscheidungen im Zusammenhang mit der Schiedsgerichtsbarkeit in die Zuständigkeit der Provinzgerichte[4]. Der Entscheid über die Verfahrensaussetzung wird jedoch, in Abweichung von diesem Grundsatz, durch das Gericht gefällt, bei dem die Zivilklage anhängig gemacht worden ist.

Gemäss Art. 5 (c) des Gesetzes kann das Gericht die Verfahrensaussetzung ablehnen, wenn es einen besonderen Grund gibt, weshalb der Rechtsstreit durch ein staatliches Gericht entschieden werden sollte. Das angerufene Zivilgericht kann selbst dann von einer Verfahrensaussetzung absehen, wenn diese ordnungsgemäss beantragt worden ist und die entsprechenden Voraussetzungen erfüllt wurden. Eine Ausnahme von diesem Grundsatz bilden lediglich die seltenen Fälle, in denen die Zuständigkeit eines Schiedsgerichts von Gesetzes wegen vorgeschrieben wird und die anwendbaren Bestimmungen dem Gericht ausdrücklich die entsprechende Ermessensfreiheit absprechen.

In den meisten Fällen wird das Zivilgericht jedoch die Schiedsabrede berücksichtigen und das Verfahren aussetzten; das Gesetz bestimmt, dass eine

[4] Die Provinzgerichte sind im ordentlichen Instanzenzug die zweite von drei verfügbaren Instanzen: Die erste ist der Friedensrichter, der in Israel für die Entscheidung von Klagen mit niedrigeren Streitwerten zuständig ist, die zweite Instanz sind die Provinzgerichte und die dritte Instanz ist der Oberste Gerichtshof.

Rechtsstreitigkeit, welche gemäss Schiedsabrede der Schiedsgerichtsbarkeit unterstellt wurde, grundsätzlich durch ein Schiedsgericht zu beurteilen ist. Nur wenn das Gericht besondere Gründe anführt, weshalb die Rechtsstreitigkeit nicht durch das Schiedsgericht beurteilt werden soll, kann es von einer Verfahrensaussetzung absehen. Bei der Ermessensausübung orientieren sich die Gerichte in der Regel an verschiedenen Faktoren:

1. Eine Berücksichtigung der Schiedsabrede wäre widersinnig

Das Gericht kann berücksichtigen, dass Gründe vorliegen, welche nach Abschluss des Schiedsverfahrens zur Ungültigkeit des Schiedsurteils führen können. So wäre es z.B. abwegig, die Parteien an ein Schiedsgericht zu verweisen, wenn der Schiedsrichter, auf den sich die Parteien in der Schiedsvereinbarung geeinigt haben, in der Zwischenzeit gegenüber einer Verfahrenspartei befangen ist.

2. Die Schiedsabrede ist zweideutig

Das Gericht wird insbesondere dann von einer Verfahrensaussetzung absehen, wenn es der Meinung ist, dass eine Zweideutigkeit die Fortführung des Verfahrens erschweren oder gar unmöglich machen würde, beispielsweise wenn unklar ist, wie und von wem der Schiedsrichter bestellt werden soll.

3. Die Streitsache ist von öffentlicher Bedeutung

Das Schiedsverfahren bildet eine Ausnahme vom Grundsatz, dass die Verhandlungen öffentlich zu führen sind. Liegt die Streitsache nun aber im Interesse eines grösseren Publikums, kann das Gericht dies in Erwägung ziehen und von einer Verfahrensaussetzung absehen.

4. Verfahrensverschleppung

Das Schiedsverfahren soll im Gegensatz zu den zeitraubenden Verfahren vor staatlichen Gerichten eine schnelle, effiziente Entscheidung herbeiführen, Wenn sich das Schiedsverfahren über eine Streitsache in die Länge zieht, oder wenn das Schiedsverfahren nur langsam und schwerfällig vorangeht, kann das Gericht auf eine vor ihm erhobene Zivilklage eintreten und von einer Verweisung auf das (verschleppte) Schiedsverfahren absehen.

5. Unmöglichkeit eines bindenden Schiedsspruches

Erscheint es zweifelhaft, ob die Schiedsvereinbarung zur Anwendung kommt oder ist anzunehmen, dass ein Schiedsspruch keine bindende Wirkung entfalten wird (zum Beispiel wenn die Klage auf Liquidation eines Unternehmens geht oder wenn von jeder Partei ein Schiedsrichter zu bezeichnen ist und der Schiedsspruch einstimmig erfolgen muss), wird das Verfahren eingestellt.

6. *Verfahrensverzettelung*

Wie schon ausgeführt, kann sich die Schiedsabrede entweder nur auf einen Teil der Streitsache erstrecken oder nur zwischen bestimmten Streitparteien Anwendung finden. Gemäss dem israelischen Zivilprozessrecht haben die Gerichte in bezug auf Vereinigungen und Teilung von Prozessen sowie bei der Zuordnung der Parteirollen ein sehr weites Ermessen und können daher eine der Schiedsabrede unterstehende Streitsache mit einem Prozess vereinigen, welcher der Schiedsklausel nicht untersteht. Besteht die Gefahr der Verfahrensverzettelung, werden die zivilen Gerichte sich in den meisten Fällen wohl für zuständig erklären, um der Verfahrenseffizienz gegenüber einer Berücksichtigung der Schiedsabrede den Vorzug zu geben und damit von einer (teilweisen) Verfahrensaussetzung absehen.

D Rechtsvergleichende Bemerkungen

1. *Vollständiger Ausschluss des ordentlichen Rechtsweges*

Um die staatliche Gerichtsbarkeit vollends auszuschliessen, können die Parteien in der Schiedsabrede vereinbaren, dass der Kläger keinesfalls an ein staatliches Gericht gelangen kann, solange kein Schiedsspruch gefällt wurde. Rechtsdogmatisch führt dies dazu, dass der Schiedsspruch einen Bestandteil (eine Bedingung) des Rechtsanspruchs bildet. Diese Art der Abrede erhielt den Namen „Scott-versus-Avery-Klausel", nach dem ersten derartigen Fall, der durch ein englisches Gericht entschieden wurde. Ohne eine gesetzliche Sonderbestimmung würde eine derartige Vertragsklausel das angerufene Gericht zwingen, ohne Rücksicht auf die Konstellation des konkreten Falles, die Klage mangels klagbaren Rechtsanspruchs abzuweisen. Um dieses Problem zu beseitigen, hat die israelische Legislative in Art. 7 (b) des Gesetzes eine gesetzliche Sonderregelung getroffen: Entscheidet das Gericht aufgrund von Art. 5, Art. 6 oder Art. 12 (b) des Gesetzes, dass die Streitsache entgegen der Schiedsabrede nicht an das Schiedsgericht verwiesen werden soll, so werden sämtliche Vereinbarungen zwischen den Parteien ungültig, welche den Beginn oder die Beendigung eines Schiedsverfahrens als Vorbedingung zur Klagbarkeit des Rechtsanspruchs stipulieren. Auf diese Weise wird das richterliche Ermessen in Bezug auf die Verfahrensaussetzung gewahrt.

2. *Adjudikationsklausel*

Früher war die Vorgehensweise bei Adjudikationsklauseln dieselbe wie bei einer Schiedsabrede. Heute ist jedoch unbestritten, dass die Gesetzte über die Schiedsgerichtsbarkeit auf Adjudikationsklauseln keine Anwendung finden. Insbesondere bei Vereinbarungen, die eine ausschliessliche Zuständigkeit begründen, wird das Gericht die Parteien deshalb umgehend, ohne weitere Erwägungen, an das vereinbarte Forum weiterverweisen. Dies geschieht jedoch nicht aufgrund einer Schiedsvereinbarung, sondern wegen fehlender internationaler Zuständigkeit des angerufenen Gerichts.

Wie bereits ausgeführt, ist in der Praxis die Ermessensfreiheit in Bezug auf die Verfahrensaussetzung sehr weit gesteckt, und die Berufungsinstanz wird deshalb nur in den seltensten Fällen in das Ermessen der Vorinstanz eingreifen. Gemäss Art. 38 des Gesetzes ist im Bereich der Schiedsgerichtsbarkeit die Berufung zudem nur aufgrund eines besonderen Zulassungsentscheides durch die Berufungsinstanz (bei der Schiedsgerichtsbarkeit ist dies der Oberste Gerichtshof) zulässig. Es besteht also kein Anspruch auf ein Rechtsmittel.

IV. Schiedsrichter

A Schiedsverfahren

Die Freiheit der Parteien, einen Schiedsrichter zu wählen gilt als Teil der Vertragsfreiheit. Die Wahlmöglichkeit bringt allerdings eine ganze Reihe von Problemstellungen mit sich, die nachfolgend behandelt werden sollen:

- Üblicherweise wird ein Einzelschiedsrichter bestellt. Dies hat den Vorteil relativ niedriger Prozesskosten, eines raschen Verfahrens und der Sicherheit, dass der Schiedsspruch nicht aufgehoben wird. Der wesentliche Nachteil liegt in der Abhängigkeit von einer einzigen Person; die Gefahr unangebrachter Verfahrensleitung oder willkürlicher Entscheidungen ist bei dieser Art von Schiedsverfahren am grössten.
- Eine andere Form des Schiedsverfahrens ist die in Israel als „Zahbla-Verfahren“ (gemäss dem hebräischen Akronym) bekannte Methode, wonach jede Partei die gleiche Anzahl Schiedsrichter bezeichnet. In den meisten Fällen ernennt jede Partei einen Schiedsrichter. Solche Verfahren sind einerseits teuer und zeitraubend. Andererseits werden die Parteien hingegen mehr Vertrauen in das Schiedsgericht haben, und das Problem der Abhängigkeit wird etwas gemildert.

- Die dritte Schiedsverfahrensform kombiniert die Merkmale der zwei vorgenannten: Ein aus mehreren Richtern bestehendes Schiedsgericht wird durch die Streitparteien in gegenseitigem Einverständnis bezeichnet. Damit wird die Möglichkeit oder auch nur der Eindruck ausgeschlossen, dass ein Richter voreingenommen oder parteiisch ist.
- Es kann auch eine Institution oder eine juristische Person als Schiedsrichter bezeichnet werden. In diesem Fall erklären sich die Parteien einverstanden, dass sich das Schiedsgericht aus Mitgliedern der bezeichneten Institution zusammensetzt. Normalerweise liegen dann Anzahl und Identität der Schiedsrichter im Ermessen der bezeichneten Institution.

B Beschlussfassung bei Uneinigkeit der Schiedsrichter

Bei einer geraden Anzahl von Schiedsrichtern muss ein besonderer Mechanismus für den Fall vereinbart werden, dass sich Stimmengleichheit ergibt. Es bestehen zwei Lösungsmöglichkeiten:

1. Bestellung eines zusätzlichen Schiedsrichters

Die Parteien können in der Schiedsabrede die Bedingungen und Voraussetzungen zur Bezeichnung eines zusätzlichen Schiedsrichters regeln. Fehlt eine entsprechende Parteivereinbarung, stellt Art. 2 des Gesetzes dispositive Bestimmungen auf: Danach erfolgt die Bestellung eines zusätzlichen Schiedsrichters auf Antrag eines Schiedsrichters mit dem Einverständnis aller Schiedsrichter. Sollten die gewählten Schiedsrichter sich bezüglich der Person des zusätzlichen Schiedsrichters nicht einigen können, so wird dieser Schiedsrichter durch ein ordentliches Zivilgericht bestellt. Die Zustimmung der Parteien ist für die Bestellung eines zusätzlichen Schiedsrichters nicht nötig. Der zusätzlich bestellte Schiedsrichter führt den Vorsitz und hat bei Uneinigkeit den Stichentscheid. Dies ist insbesondere auch dann von Bedeutung, wenn seine Ansichten von der kollektiven Meinung der anderen abweichen.

2. Bestellung eines Obmannes

Der Obmann muss nach den Regeln über die Bestellung des Schiedsgerichts ernannt worden sein. Sollte die Schiedsvereinbarung keine entsprechende Regelung enthalten, kann kein Obmann bestellt werden.

Art. 2 des Gesetzes enthält die dispositive Bestimmung, dass der Obmann seine Funktionen erst wahrnehmen kann, nachdem zumindest ein Schiedsrichter dem Obmann und den Parteien schriftlich erklärt hat, dass für den Endentscheid keine Mehrheit zustande gekommen ist.

Die anderen Schiedsrichter werden entlassen, sobald der Obmann seine Funktion auszuüben beginnt. Da für den Obmann keine Pflicht besteht, bei den (vergangenen) Verhandlungen anwesend zu sein, kann er Zeugen erneut vorladen, ist nicht an die Meinungen der anderen Schiedsrichter gebunden und kann deren Entscheidungen frei überprüfen und gegebenenfalls widerrufen.

C Bestellung des Schiedsgerichts

Das Gesetz sieht in Art. 1 vor, dass die Bestellung des Schiedsgerichts „aufgrund oder gemäss" der Schiedsabrede zu erfolgen hat.

Die Bestellung des Schiedsgerichts „aufgrund" der Schiedsvereinbarung bezieht sich auf diejenigen Fälle, in welchen die Schiedsvereinbarung einen oder mehrere Schiedsrichter namentlich bezeichnet. Die Bezeichnung kann sowohl bei Abfassung der Schiedsklausel, als auch nach Entstehen einer konkreten Streitigkeit bei der Ausarbeitung der Schiedsvereinbarung erfolgen. Im zweiten Fall können die Parteien die Eignung der potentiellen Schiedsrichter weit besser beurteilen. Nachdem die Parteien den Schiedsrichter ausgesucht haben, sollten sie sich das Recht vorbehalten, noch weitere zu benennen, für den Fall, dass der bezeichnete Schiedsrichter seine Bestellung ablehnt oder ein Ausschlussgrund gegen ihn vorliegt. Kommt eine Partei der Aufforderung zur Bezeichnung eines Schiedsrichters nicht nach, wird dieser auf Antrag der Gegenpartei durch das ordentliche Gericht bestellt.

Die Ernennung des Schiedsrichters „gemäss" der Schiedsabrede erfasst diejenigen Fälle, in denen die Schiedsabrede den Schiedsrichter nicht namentlich bezeichnet, sondern nur das Verfahren der Bezeichnung festlegt.

Die Wahl kann auch durch Dritte erfolgen, die durch die Parteien der Schiedsabrede bezeichnet wurden. Das Recht des bezeichneten Dritten zur Schiedsrichterbestellung geht mit der Bestellung des Schiedsrichters nicht unter. War die Bestellung nicht erfolgreich, müssen die Parteien erneut an den in der Schiedsvereinbarung bezeichneten Dritten gelangen, um einen neuen Schiedsrichter bestellen zu lassen. Kommt der Dritte seinen Aufgaben nicht nach, müssen die Parteien den Schiedsrichter durch das zuständige Zivilgericht bestellen lassen.

Ist aus irgendeinem Grund kein Schiedsrichter bezeichnet worden, weder in der Schiedsabrede noch durch die Parteien nach Ausbruch der Rechtsstreitigkeit, noch durch Dritte, wird das Zivilgericht diese Aufgabe übernehmen. Die Zuständigkeit der staatlichen Gerichte zur Bestellung des Schiedsgerichtes ist gemäss Art. 8 (a) des Gesetztes sehr weit gefasst und deckt sämtliche Fälle ab, in denen ein fehlender Schiedsrichter nicht bezeichnet wurde, einschliesslich die Bestellung eines zusätzlichen Schiedsrichters oder eines Obmannes.

Art. 8 (b) des Gesetzes verlangt lediglich, dass der Antragsteller der Gegenpartei vorgängig eine schriftliche Aufforderung zur Bezeichnung des Schiedsgerichtes hat zukommen lassen, die unbeantwortet geblieben ist. Im Falle der Zahbla-Schiedsgerichtsbarkeit, wo jede Partei „ihren“ Schiedsrichter zu bezeichnen hat, kann das Gericht gemäss Art. 8 (c) des Gesetzes auf Antrag der Partei, welche die notwendigen Bestellungshandlungen bereits vorgenommen hat, einen durch diese Partei bezeichneten Schiedsrichter oder eine andere Person als eigenen Schiedsrichter bestellen.

Art. 12 (a) des Gesetzes sieht vor, dass die staatlichen Gerichte auch dann für die Bestellung des Schiedsgerichts zuständig sind, wenn ein Schiedsrichter aus dem Verfahren aussteigt. Es liegt im Ermessen des Gerichtes, einen Schiedsrichter zu bestellen auch wenn alle anderen Bedingungen erfüllt worden sind.

Aufgrund der Verpflichtung zur Verfahrensbeschleunigung liegt es ebenfalls im Ermessen des zuständigen Gerichtes, von der Bestellung eines Schiedsgerichtes abzusehen und die Parteien auf das Zivilverfahren zu verweisen. Dabei werden ähnliche Faktoren Berücksichtigung finden, wie sie bei der Verfahrensaussetzung behandelt wurden. Allerdings kann das Gericht die Bezeichnung eines Schiedsgerichtes auch dann ablehnen, wenn klar wird, dass die Parteien ausschliesslich einen bestimmten Schiedsrichter bezeichnen wollten, da dieser den Parteien oder dem zu entscheidenden Fall besonders nahe steht.

D Anforderungen an den Schiedsrichter

Das Gesetz stellt keinerlei besondere Anforderungen an die Person des Schiedsrichters. Die Parteien können in der Schiedsabrede Anforderungen an die Ausbildung stellen oder andere Voraussetzungen für die Bestellung des Schiedsrichters vorsehen. Solche Anforderungen müssen auch von Dritten oder vom Gericht bei der Bestellung des Schiedsrichters berücksichtigt werden.

1. Objektivität

Die wichtigste Eigenschaft, welche ein Schiedsrichter mitbringen muss, ist die Fähigkeit zur Objektivität. Wurde der Schiedsrichter durch die Parteien bestellt, kann angenommen werden, dass sie ihm und seiner Unvoreingenommenheit vertrauen. Geht dieses Vertrauen im Laufe des Verfahrens verloren, kann dies Gründe für einen Absetzungsantrag liefern. Die Vertrauenswürdigkeit eines Schiedsrichters wird objektiv, unter Rückgriff auf den normativen Begriff des „vernünftigen Durchschnittsbürgers“ geprüft:

Sind objektiv Verdachtsgründe gegeben, dass der Schiedsrichter befangen ist und die Verhandlungen nicht mit der erforderlichen Korrektheit durchführen wird? Bestehen Anhaltspunkte, dass der Schiedsspruch nicht unvoreingenommen zustande kommt? Der Verdacht fehlender Objektivität kann sich aus dem Zusammentreffen verschiedener Indizien ergeben:

a) Beziehungen zu einer Partei vor Verfahrensbeginn

Die Tatsache, dass der Schiedsrichter vor Beginn des Schiedsverfahrens Beziehungen zu einer Verfahrenspartei gepflegt hat, stellt keinen Mangel dar, wenn diese Beziehungen allen Parteien schon vor der Bestellung bekannt waren und dem Schiedsrichter keinerlei Anlass geben, die eine oder die andere Partei zu begünstigen. Wie bereits erwähnt, können die Parteien bewusst einen Schiedsrichter bestellen wollen, den sie bereits vor Verfahrensbeginn kannten. Ausschlaggebend ist jedoch, dass die Bestellung des Schiedsrichters in Kenntnis dieser Beziehungen vorgenommen wurde.

b) Beziehungen zu einer Partei nach Verfahrensbeginn

Der Schiedsrichter muss die Parteien über Beziehungen zu den Verfahrensparteien, die sich nach Verfahrensbeginn entwickeln, informieren: Ein (Interessen-) Konflikt kann einen entscheidenden Einfluss auf die Abberufung eines Schiedsrichters haben. Auch in diesen Fällen ist jedoch seitens der betroffenen Gegenpartei schnelles Handeln geboten; in der Regel wird eine Partei, die sich am Verfahren beteiligte, obwohl sie von der Beziehung eines Schiedsrichters zur Gegenpartei/Verfahrenspartei wusste, grosse Schwierigkeiten haben, diesen Schiedsrichter nachträglich abzuberufen.

c) Persönliches Interesse am Verfahrensergebnis

Eine Person mit eindeutigem Eigeninteresse am Verfahrensausgang ist als Schiedsrichter ungeeignet. Dieser Grundsatz gilt auch für das Zahbla-Verfahren, wo jede Partei einen oder mehrere Schiedsrichter bezeichnet. Unwichtige Beziehungen zur Streitsache können jedoch die Eignung des Schiedsrichters in der Regel nicht beeinträchtigen.

d) Mängel in der Verfahrensleitung

Ein Schiedsrichter, welcher bei der Verfahrensleitung eine Partei bevorzugt, setzt sich der Gefahr aus, wegen fehlender Objektivität abberufen zu werden. Die Anforderungen an die unparteiische Verfahrensleitung eines staatlichen Richters gelten in gleichem Umfang für Schiedsrichter. Allerdings werden die Anforderungen im Zahbla-Verfahren etwas grosszügiger gehandhabt.

2. *Treuepflicht*

Gemäss Art. 30 des Gesetzes hat sich der Schiedsrichter den Parteien gegenüber loyal zu verhalten. Die Besonderheit dieser Bestimmung liegt nicht in einer besonderen Treuepflicht des Schiedsrichters gegenüber den Parteien. Dass ein Schiedsrichter, der sich des Vertrauens der Parteien als unwürdig erweist, gerichtlich abgesetzt werden kann, wird bereits in Art. 11 festgehalten. Die Besonderheit von Art. 30 des Gesetzes liegt vielmehr darin, dass eine Partei Beschwerde gegen den Schiedsrichter erheben kann, wenn dieser das entgegengebrachte Vertrauen der beschwerdeführenden Partei missbraucht hat.

3. *Honorar*

Dem Schiedsrichter steht in Übereinstimmung mit der Schiedsvereinbarung für seine Dienstleistungen ein Honorar zu. Vorbehaltlich abweichender Vereinbarung tragen die Streitparteien die Kosten des Schiedsgericht zu gleichen Teilen. Ein Schiedsrichter kann anordnen, dass die eine Partei zugunsten der anderen die Kosten zu tragen hat, oder er kann sein Urteil bis zur Honorarzahlung zurückhalten. In einem solchen Fall kann es für eine Partei von Vorteil sein, auch die Kosten der Gegenpartei zu bezahlen und später auf sie Rückgriff zu nehmen.

Wurde das Honorar durch die Parteien nicht festgelegt, kann der Schiedsrichter grundsätzlich sein Honorar selbst festlegen. Erscheint der in Rechnung gestellte Betrag übertrieben, können sich die Parteien an das Provinzgericht wenden, um das Honorar des Schiedsrichters herabsetzen zu lassen. Gemäss Art. 32 des Gesetzes kann aber der Antrag auf Honorarherabsetzung erst nach Fällung des Schiedsspruches und nur innerhalb der entsprechenden Anfechtungsfrist gestellt werden (vgl. dazu hiernach, Ziff. VII.)

4. *Amtsdauer*

Das Amt der Schiedsrichter kann auf verschiedene Art und Weise beendet werden:

1. Mit Eintritt der Ungültigkeit oder mit Beendigung der Schiedsvereinbarung erlischt in jedem Fall auch das Amt der Schiedsrichter.
2. Die Streitsache ist vor ein staatliches Zivilgericht gebracht worden, welches die Parteien nicht auf die Schiedsgerichtsbarkeit verweist (entweder weil kein entsprechender Antrag gestellt oder weil dieser abgelehnt wurde).
3. Wo das Schiedsgericht gemäss Schiedsvereinbarung den Entscheid innert einer bestimmten Frist zu fällen hat, erlischt das Amt der Schieds-

richter mit dem Verstreichen dieser Frist, wenn diese nicht durch das staatliche oder das Schiedsgericht verlängert wird.

4. Die Zuständigkeit des Schiedsgerichts erlischt mit der Bekanntgabe des Schiedsurteils. Allerdings besteht die Möglichkeit, das bereits gefällte Schiedsurteil zu ergänzen. Selbstverständlich wird die Zuständigkeit des Schiedsgerichts für jeden einzelnen Streitgegenstand gesondert betrachtet; die Zuständigkeit eines Schiedsgremiums, das über verschiedene Streitgegenstände zu entscheiden hat, erlischt somit für jeden einzelnen Streitgegenstand mit dem diesbezüglichen Urteilsspruch.
5. Der Schiedsrichter kann zurücktreten. Die Amtsniederlegung kann bestimmte Auswirkungen auf die Beziehungen zwischen dem Schiedsrichter und den Parteien haben (insbesondere im Zusammenhang mit der vorgehend diskutierten Treuepflicht). Diese Auswirkungen sind zum grössten Teil von den Gründen abhängig, welche den Schiedsrichter zur Amtsniederlegung bewogen haben. In jedem Fall ist jedoch die Amtszeit eines Schiedsrichters mit der Niederlegung beendet.

5. *Abberufung des Schiedsrichters*

Die Abberufung eines Schiedsrichters kann jederzeit durch Übereinkunft der Schiedsparteien geschehen. Entsprechend kann auch die Streitpartei, welche den Schiedsrichter ernannt hat, diesen nicht ohne Einwilligung der Gegenpartei abberufen.

Gegen den Willen einer Streitpartei kann ein Schiedsrichter einzig durch das staatliche Gericht und nur unter bestimmten Bedingungen abgesetzt werden:

1. Der Schiedsrichter ist des Vertrauens der Parteien unwürdig. Das unfaire Verhalten des Schiedsrichters stellt jedoch nicht ohne weiteres auch einen Grund für die Aufhebung des von ihm gefällten Schiedsspruches dar. Stellt die benachteiligte Partei nicht umgehend den Absetzungsantrag, läuft sie Gefahr, gegen einen später gefällten, auf Parteilichkeit beruhenden Schiedsspruch keinen Anfechtungsgrund zu haben.
2. Aufgrund der bisherigen Judikatur ist es schwierig vorauszusehen, ob ein Schiedsrichter abberufen wird oder nicht. Einerseits kann davon ausgegangen werden, dass der Schiedsrichter nicht abberufen wird, wenn die Fakten, auf denen der Antrag beruht, dem Antragsteller schon vor Ernennung des Schiedsrichters bekannt waren. Andererseits wird das Gericht der Tatsache, dass der Schiedsrichter versucht hat, Fakten vor den Parteien zu verheimlichen, grosse Bedeutung beimessen und dies als Beweis seiner Parteilichkeit deuten.

3. Durch das Verhalten des Schiedsrichters wird das Verfahren unnötig in die Länge gezogen; ein wichtiges Ziel des Schiedsverfahrens ist ja die rechtzeitige Entscheidung der Streitigkeit.
4. Der Schiedsrichter ist unfähig, seine Pflichten zu erfüllen, zum Beispiel wegen einer langen Krankheit oder Landesabwesenheit. Dieser Abberufungsgrund kann ebenfalls Platz greifen, wenn nachträglich offenbar wird, dass dem Schiedsrichter die Fähigkeiten und/oder Kenntnisse zur Erfüllung seiner Aufgabe fehlen.

Die Abberufung des Schiedsrichters wird unter Vorbehalt anderweitiger Parteivereinbarung zur Bestellung eines Ersatzrichters führen. Das angerufene Gericht wird jedoch auf eine Ersatzbestellung verzichten und statt dessen einen staatlichen Gerichtsentscheid vorziehen, wenn dies dem Streitgegenstand besser entspricht oder die Verfahrensdauer abgekürzt werden kann. Der Übergang von der Schiedsgerichtsbarkeit auf den ordentlichen Zivilrechtsweg berührt die Gültigkeit der Zwischenentscheide des später abberufenen Schiedsgerichtes nicht, solange dieselben vom staatlichen Gericht genehmigt werden. Die Genehmigung hängt hauptsächlich von den Umständen ab, die zur Abberufung geführt haben. Die Abberufung kann ferner Auswirkungen auf das schiedsrichterliche Honorar haben.

V. SCHIEDSVERFAHREN

Unter Vorbehalt abweichender Parteivereinbarung fängt das Schiedsverfahren, ähnlich wie ein ordentliches Zivilverfahren, mit einer Vorverhandlung an. Das Schiedsgericht kann die Vorverhandlung für die Klärung seiner Zuständigkeit nutzen und, wenn es sich für unzuständig erklären sollte, das Verfahren an das zuständige Zivilgericht überweisen. Die Parteien haben ihrerseits in der Vorverhandlung die Möglichkeit, die Schiedsabrede zu erweitern oder einzuschränken. Das Schiedsgericht muss bei dieser Gelegenheit auch die Möglichkeit eines Schiedsvergleiches prüfen, der den Parteien die Fortsetzung des Schiedsverfahrens ersparen kann. Kommt der dispositive Teil des Gesetzes (Art. 2) zur Anwendung, kann das Schiedsgericht die Parteien befragen, sie zur Edition von Dokumenten anhalten und sämtliche Anordnungen treffen, zu welchen ein ordentlicher Zivilrichter nach Klagehängigkeit berechtigt ist. In gewissen Fällen kann das Schiedsgericht die Verhandlungen aussetzen und Sicherstellung der Verfahrenskosten durch die Parteien anordnen. Der Schiedsrichter kann in der Vorverhandlung Zeit, Ort und Art weiterer Verhandlungen bestimmen.

Unter Vorbehalt abweichender Parteivereinbarungen müssen alle Schiedsrichter an den Verhandlungen anwesend sein. Dagegen müssen die Parteien den Verhandlungen weder persönlich noch durch einen Vertreter beiwohnen. Die Parteien sind berechtigt, sich vertreten zu lassen, wenn dies nicht durch Vereinbarung ausgeschlossen wurde. Ist eine Partei an einer Verhandlung weder selbst anwesend noch vertreten, wird das Schiedsgericht es vorziehen, die Verhandlung nicht durchzuführen, da ansonsten der Verdacht unfairer Prozessführung aufkommen und damit ein Anfechtungsgrund gegeben sein kann. Eine Ausnahme bildet selbstverständlich der Fall, da die Parteien ausdrücklich ein abweichendes Vorgehen vereinbart haben.

In erster Linie wird das Schiedsverfahren durch die Schiedsabrede geregelt. Wo die Parteien keine Vereinbarung getroffen haben, kommen die dispositiven Bestimmungen des Gesetzes zur Anwendung (Art. 2): Das Verfahren wird durch das Schiedsgericht bestimmt, welches nicht an die Vorschriften des Zivilprozessrechts gebunden ist. So braucht das Schiedsgericht beispielsweise kein Verhandlungsprotokoll zu erstellen und kann sowohl Zeugen als auch Sachverständige in beliebiger Reihenfolge vorladen. Auch ist das Schiedsgericht nicht an das Öffentlichkeitsgebot gebunden und kann die Verhandlungen *in camera* abhalten. Insbesondere Richter und Parteien, welche über eine juristische Ausbildung verfügen, werden sich allerdings an den ihnen bekannten Zivilverfahrensregeln orientieren.

Unter Vorbehalt abweichender Parteivereinbarungen ist das Schiedsgericht auch nicht an die zivilprozessualen Beweisregeln gebunden[5]. Ein Schiedsrichter kann Beweise akzeptieren, welche vor Gericht nicht zugelassen wären, das Recht zum Kreuzverhör einschränken oder Kreuzverhöre auch ganz weglassen. Immerhin ist das Schiedsgericht an gewisse Bestimmungen des Beweisrechts gebunden, wie etwa an das Aussage- und Zeugnisverweigerungsrecht.

Das staatliche Zivilgericht kann die Durchführung des Schiedsverfahrens unterstützen, was nicht mit Einmischung verwechselt werden darf; so kann der Zivilrichter im Gegensatz zum Schiedsgericht Zeugen verbindlich vorladen, im Ausland (rechtshilfeweise) Beweise erheben lassen oder vorsorgliche Massnahmen mitsamt entsprechenden Anordnungen an die zuständige Vollstreckungsbehörde erlassen, um die Vollziehbarkeit eines späteren Schiedsspruches sicherzustellen.

Das Schiedsgericht kann dem zuständigen Gericht aber auch Rechtsfragen zur Entscheidung vorlegen, die sich während der Prozessdauer stellen. Bei Fragen, welche in die Zuständigkeit des Schiedsgerichts fallen, hat der staatliche Richter eine beratende Funktion. Andererseits kann dem Gericht auch eine besondere Rechtsstreitigkeit zur alleinigen Entscheidung vorge-

---

[5] In Israel ist das Zivilprozessrecht im allgemeinen und das Beweisrecht im besonderen weitgehend dem englischen Rechtssystem entnommen. Entsprechend sind Beweisregeln (insbesondere Beweisverbote) von grosser Bedeutung und Kreuzverhöre von Zeugen üblich.

legt werden. Die Überweisung ist im dispositiven Teil des Gesetzes (Art. 2) geregelt und beruht auf einem Ermessensentscheid des Schiedsgerichts; die Verfahrensparteien können jedoch die Überweisung ablehnen, wenn dies in der Schiedsvereinbarung vorgesehen ist.

Der dispositive Teil des Gesetzes (Art. 2) sieht vor, dass der Schiedsrichter mangels abweichender Parteivereinbarung oder Gesetzesbestimmung nicht an das materielle Recht gebunden ist. Deshalb ist es dem Schiedsrichter erlaubt, seine Entscheidung nach Billigkeitserwägungen zu fällen, welche von den im Gesetz verankerten Wertvorstellungen abweichen können.

VI. SCHIEDSSPRUCH

Der Schiedsspruch muss schriftlich festgehalten und von der Mehrheit der Schiedsrichter unterschrieben sein. Der Entscheid muss alle zwischen den Parteien strittigen Rechtsfragen regeln, welche nicht bereits in einem Zwischenentscheid beantwortet wurden. Im letzteren Fall besteht kein Bedürfnis, die Ergebnisse von Zwischenentscheiden im Endentscheid zu bestätigen.

Weder das Gesetz noch die Gerichtspraxis verpflichten das Schiedsgericht dazu, seinen Entscheid zu begründen. Dies hat den Grund, dass eine Urteilsbegründung erfahrungsgemäss die Parteien zu Widerspruch ermutigt, was dem Ziel der Schiedsgerichtsbarkeit, eine schnelle und unkomplizierte Entscheidung herbeizuführen, zuwiderläuft. Entsprechend müssen die Verfahrensparteien ihren Wunsch nach einer Urteilsbegründung ausdrücklich und übereinstimmend äussern. Allerdings wird der Schiedsspruch auch dann nicht aufgehoben, wenn die durch das Schiedsgericht angeführte Urteilsbegründung falsch ist. Die staatlichen Gerichte können jedoch ein säumiges Schiedsgericht zur Urteilsbegründung anhalten, falls die Parteien dies wünschen.

Der Schiedsspruch muss in der vereinbarten Frist gefällt werden. Ungeachtet der Bedeutung, welche das Gesetz einer schnellen Entscheidung beimisst, können die Parteien, das Schiedsgericht und der staatliche Richter eine Fristerstreckung beschliessen, um das Verfahren zu vervollständigen. Die Parteien können den diesbezüglichen Entscheid des Schiedsgerichts ablehnen, haben aber keine Möglichkeit, sich der Entscheidung eines staatlichen Richters zu widersetzen.

Der Schiedsspruch verpflichtet die Verfahrensparteien und normalerweise auch deren Unterbeauftragte, nicht aber Dritte.

Ist der Schiedsspruch gefällt worden, erlaubt das Gesetz dessen Berichtigung durch den Schiedsrichter oder das staatliche Gericht, wenn er einen Schreibfehler in einer Personen- oder Eigentumsbezeichnung, bezüglich eines Datums oder einer Nummer enthält sowie im Falle von Rechnungsirrtümern etc.; Berichtigungen können ferner durch das Schiedsgericht angebracht werden, wenn der Mangel des Schiedsspruchs einen Punkt betrifft, der nicht Gegenstand des Rechtsstreites war sowie wenn er keine Zins- oder Parteientschädigungsregelung enthält. Diese zweite Berichtigungsbefugnis kann nur durch das Schiedsgericht, nicht aber durch den staatlichen Richter wahrgenommen werden.

Der Schiedsspruch bindet die Parteien. Eine notwendige Durchsetzung durch die staatlichen Vollstreckungsbehörden, durch Schuldbetreibung, erfolgt allerdings nur, wenn der Schiedsspruch durch das Gericht bestätigt wurde. Will eine Partei die Bestätigung verhindern, muss sie im Bestätigungsverfahren einen entsprechenden Antrag stellen. Bei Fehlen eines Ablehnungsantrages wird das staatliche Gericht grundsätzlich den Schiedsspruch bestätigen, ohne die Parteien auch nur angehört zu haben. Das Gericht kann die Bestätigung des Schiedsspruches nur aus bestimmten Gründen ablehnen, zum Beispiel wenn der Schiedsspruch nicht durchsetzbar ist. Wurde lediglich eine Teilaufhebung des Schiedsspruches beantragt, muss das Gericht die Teile des Schiedsspruches bestätigen, die nicht vom Antrag erfasst werden, sofern dies sachlich und rechtlich überhaupt möglich ist. Allgemein werden die staatlichen Gerichte in Art. 26 (b) des Gesetzes angewiesen, auf die Aufhebung des gesamten Schiedsurteils zu verzichten, wenn es möglich ist, dasselbe zu berichtigen oder zu ergänzen. Entsprechend sind die Gerichte in ihrer Praxis mit Eingriffen in Schiedsurteile sehr zurückhaltend.

Unter gewissen Umständen, beispielsweise wenn zwischen den Parteien lediglich eine mündliche Schiedsvereinbarung existiert, muss der Begünstigte eines Schiedsspruches dessen Vollstreckbarkeit durch ordentliche Klage vor einem Zivilgericht erwirken. Klagegrund ist dann ein Vertragsbruch, nämlich die Verletzung der Schiedsvereinbarung.

VII. Aufhebung des Schiedsurteils

Gemäss Art. 24 des Gesetzes hat das staatliche Gericht die Befugnis, den Schiedsspruch aufzuheben. Diese Befugnis ist auf bestimmte, im Gesetz abschliessend aufgezählte Fälle beschränkt:

1. Die Schiedsvereinbarung war ungültig. Die Urteilsaufhebung basiert auf ähnlichen Voraussetzungen, wie sie in Bezug auf die Verfahrensaussetzung bereits diskutiert wurden. Ein wichtiges Zusatzindiz bildet aber auch das Verhalten der antragstellenden Partei während des Schiedsverfahrens.
2. Das Schiedsgericht wurde nicht ordnungsgemäss bestellt. Dies kann zutreffen, wenn der Schiedsrichter nicht die von den Parteien für nötig

empfundenen Qualitäten aufweist oder die Ernennung mangelhaft war und die Parteien vom angeführten Mangel erst nach dem Schiedsurteil Kenntnis erhielten. Das Gericht wird den Schiedsspruch aber nicht aufheben, wenn sich die Parteien durch ihr Verhalten im Schiedsverfahren mit der Person des Schiedsrichters einverstanden erklärt hatten.

3. Der Schiedsrichter hat ohne Befugnis gehandelt, oder er hat die ihm verliehene Befugnis überschritten. Diese gesetzliche Formulierung ist unklar. Es entspricht der herrschenden Meinung, dass dem Schiedsrichter die Befugnis zum vornherein fehlt, wenn er nie zum Handeln ermächtigt worden ist, also keine entsprechende Schiedsabrede vorliegt. Eine Zuständigkeitsüberschreitung umfasst dagegen diejenigen Fälle, die sich aus einer bestehenden Schiedsabrede ergeben. Die Formulierung des Gesetzgebers kann dagegen nicht dahin verstanden werden, dass ein Aufhebungsgrund gegeben ist, weil das Schiedsgericht gegen materielles Recht verstossen hat, ausser wenn die Parteien eine entsprechende Bindung vereinbart haben (vgl. hierzu oben, Ziff. V.).

4. Der einen Partei wurde keine Möglichkeit eingeräumt, ihre Stellungnahme zu bestimmten Behauptungen oder Feststellungen dem Schiedsgericht vorzulegen oder einen Beweis zu erbringen. War der Schiedsrichter an die Regeln des Zivilprozessrechts oder an die Beweisregeln gebunden, wird sein Verhalten aufgrund der entsprechenden Rechtsregeln überprüft. Auch wenn das Schiedsgericht an keinerlei Verfahrensvorschriften gebunden war, muss es sich an die Grundsätze eines fairen Verfahrens halten, welche insbesondere die Gewährung des rechtlichen Gehörs und die Unparteilichkeit erfordern.

5. Der Schiedsrichter hat eine Streitfrage, welche ihm zur Beurteilung unterbreitet wurde, nicht entschieden. Das Gesetz sieht vor, dass die Angelegenheit in solchen Fällen nach Möglichkeit an das Schiedsgericht zurückverwiesen wird. Diesbezüglich ist es wichtig, das Schiedsurteil in einen mangelhaften und einen durchsetzbaren Teil zerlegen zu können.

6. Das Schiedsgericht hat sein Urteil nicht begründet, obwohl es gemäss Schiedsabrede dazu verpflichtet war. Dieser Einspruch greift nicht nur dann, wenn die Schiedsabrede explizit eine Urteilsbegründung erfordert, sondern auch dann, wenn das Gericht an das materielle Recht gebunden war.

7. Das Schiedsgericht hat sein Urteil nicht in Übereinstimmung mit den Rechtsnormen gefällt, an die es gemäss Schiedsvereinbarung gebunden war. Dabei genügt es nicht, dass sich der Antragsteller auf ein Verhalten des Schiedsgerichts beruft, sondern er hat auch die Abweichung von den als verbindlich vereinbarten Rechtsnormen sowie deren

Auswirkungen auf das angefochtene Schiedsurteil aufzuzeigen. Diese Argumentation wird insbesondere dann schwierig zu führen sein, wenn das Schiedsgericht nicht zur Urteilsbegründung verpflichtet war. Es ist zu unterscheiden , ob das Schiedsgericht die vereinbarten Rechtsnormen überhaupt unbeachtet liess oder ob es diese Regeln lediglich falsch auslegte oder anwandte.

8. Der Schiedsspruch wurde nach Verstreichen der vereinbarten Schiedsfrist gefällt. Eine Partei, welche erst nach dem vereinbarten Zeitpunkt zu den Verhandlungen erschienen ist oder sich die Aufhebung des Schiedsspruches wegen Fristüberschreitung nicht vorbehalten hat, kann die Aufhebung nicht verlangen. Ferner kann die Frist aus bestimmten Gründen erstreckt werden.

9. Der Inhalt des Schiedsspruches verstösst gegen den *ordre public*. Diese Einsprache ist nur gegen den Teil eines Schiedsspruches möglich, der nicht in Geld bestehende Vollstreckungsansprüche begründet, kann also nicht gegen ein Schiedsurteil vorgebracht werden, das sich in einer Zahlungsanweisung erschöpft.

10. Das Gesetz statuiert die üblichen Revisionsgründe, die dem Gericht allgemein die Aufhebung an sich rechtskräftiger, nicht berufungsfähiger Urteile ermöglichen: Es handelt sich hierbei um Fehlurteile, die mit den grundlegendsten Prinzipien der Rechtsstaatlichkeit unvereinbar sind sowie um Fälle, wo sich der Schiedsrichter betrügerischen Verhaltens schuldig gemacht und dieses Verhalten den Entscheid beeinflusst hat.

Ein Aufhebungsantrag muss innert 45 Tagen nach Mitteilung des Schiedsurteils oder nach Kenntnisnahme des Revisionsgrundes beim zuständigen Gericht eingereicht werden. Diese Frist gilt allerdings nicht für den Fall des Fehlens einer rechtsgültigen Schiedsabrede: Gemäss Art. 27 (a) des Gesetzes ist es dem Gericht auch nach Fristablauf erlaubt, die Aufhebungsfrist zu erstrecken.

Gemäss Art. 26 Abs. 1 des Gesetzes kann das Gericht einen Aufhebungsantrag auch dann ablehnen, wenn einer der gesetzlich festgelegten Aufhebungsgründe gegeben ist, sofern es zur Ansicht gelangt, dass die Aufhebung einen Justizirrtum hervorrufen würde. Das Gericht wird für seinen Entscheid noch einmal das Verhalten der Verfahrensparteien, bespielsweise unter dem Blickwinkel der Schadensminderungspflicht, überprüfen. Insbesondere wird dem Aufhebungsantrag einer Partei, die auch nach Kenntnis des Aufhebungsgrundes vor dem Schiedsgericht auftrat und sich am Verfahren beteiligte, kein Erfolg beschieden sein. Diesbezüglich hat die Gerichtspraxis festgehalten, dass sich die Schadenminderungspflicht der Parteien ohne Unterschied auf sämtliche Aufhebungsgründe bezieht.

Wie bereits besprochen, stellt Art. 26 des Gesetzes dem staatlichen Gericht zwei Alternativen zur Aufhebung des Schiedsurteils zur Verfügung: Korrektur und die Ergänzung des Schiedsspruches einerseits und Rückweisung an das Schiedsgericht andererseits.

VIII. Fazit

Die Schiedsgerichtsbarkeit in Israel ist vom Grundsatz der Parteiautonomie beherrscht. Der Gesetzgeber beabsichtigt, die Parteien an ihre Schiedsvereinbarung zu binden und die Einmischung staatlicher Gerichtsbarkeit auf ein notwendiges Minimum zu beschränken. Einzig wenn die Parteien eine bestimmte Frage nicht geregelt haben und sich auch nachträglich nicht auf eine Lösung einigen können, sind sie an die dispositiven Bestimmungen des Gesetzes gebunden.

15 INSOLVENZRECHT

Moshe Keshet[1]

Emil Brodski[2]

I. EINLEITUNG

Das israelische Recht unterscheidet zwischen dem Privatkonkurs natürlicher Personen, Erbmassen und Personengesellschaften einerseits sowie der Liquidation von Kapitalgesellschaften andererseits. Der Begriff „Konkurs“ wird ausschließlich im Zusammenhang mit natürlichen Personen oder Personengesellschaften verwendet, der Begriff „Liquidation“ bezieht sich auf Kapitalgesellschaften oder Genossenschaften. Neben Konkurs und Liquidation steht ferner die Zwangsverwaltung einer Vermögensmasse zur Verfügung, die sowohl für natürliche Personen bzw. Personengesellschaften als auch Kapitalgesellschaften und Genossenschaften angeordnet werden kann. Diese Begrifflichkeit stammt überwiegend aus der britischen Mandatszeit, obwohl die anwendbaren Normen von der Knesset, dem israelischen Parlament, aktualisiert und ergänzt worden sind.

Hält der Gläubiger ein rechtskräftiges Gerichtsurteil in Händen, kann er in Israel auch das Verfahren der Urteilsvollstreckung einleiten und das Vermögen des Schuldners pfänden, beschlagnahmen oder verwerten lassen. Der Gläubiger hat diesfalls vor den Zwangsvollstreckungsorganen nachzuweisen, daß der Schuldner - obschon dazu in der Lage - sich weigert, die Forderung zu befriedigen. Dieses Verfahren ist ungefähr mit dem Schuldbetreibungsverfahren in Westeuropa vergleichbar. Selbstverständlich besteht als Alternative zu den Maßnahmen der Urteilsvollstreckung auch die Möglichkeit, einen Privatkonkurs oder, bei Kapitalgesellschaften, das Liquidationsverfahren einzuleiten, falls die entsprechenden Voraussetzungen

[1] Moshe Keshet, LL.B., M. Jur., verfaßte den englischen Originaltext. Er arbeitet als Rechtsanwalt und Notar, ist ein Mitglied des Lehrkörpers am „Institute for Continuing Legal Education“ in Jerusalem, Richter des Standesgerichts der Israelischen Anwaltskammer sowie Autor verschiedener Fachbücher zu wirtschaftsrechtlichen und zivilprozessualen Themen.

[2] Emil Brodski verfasste die deutsche Bearbeitung. Er ist Rechtsanwalt in München.

gegeben sind. In jedem Fall, unabhängig davon, welches Verfahren gewählt wurde, kann ein Zwangsverwalter ernannt werden kann.

II. Gesellschaftsliquidation

Eine Kapitalgesellschaft kann selbst dann liquidiert werden, wenn keine offenen Forderungen gegen sie bestehen: Die Auflösung der Gesellschaft ist auch dann gerechtfertigt, wenn ihr Betrieb blockiert ist. Eine derartige Situation liegt in der Regel dann vor, wenn die - uneinigen - Anteilseigner keine Mehrheitsbeschlüsse mehr fassen können. Auch können die Gesellschafter den Weg der freiwilligen, außergerichtlichen Liquidation wählen. Prozessual gesehen kann also eine in Israel registrierte Gesellschaft auf drei verschiedenen Wegen liquidiert werden:

a) Durch Gesellschaftsbeschluß, ohne Einschaltung der Gerichte,

b) in einem gerichtlich eingeleiteten und durchgeführten Liquidationsverfahren sowie

c) in einem eigenständigen Liquidationsverfahren, das lediglich der gerichtlichen Aufsicht untersteht.

A Außergerichtliche Liquidation durch Gesellschaftsbeschluß

Eine Kapitalgesellschaft kann liquidiert werden, wenn die Anteilsinhaber in einer außerordentlichen Versammlung (für die besondere Ladungserfordernisse zu beachten sind) die Auflösung beschließen. Dieser Beschluß bedarf der Zustimmung von drei Vierteln aller Anteilsinhaber und kann sowohl gerichtlich als auch außergerichtlich vollzogen werden. Wurde die gerichtliche Liquidation beschlossen, haben die Verwaltungsorgane einen entsprechenden Antrag beim zuständigen Gericht einzureichen.

B Gerichtliche Gesellschaftsliquidation

Das Gericht kann von Amtes wegen die Liquidation einer Gesellschaft anordnen,

1. wenn die Gesellschaft ein Jahr nach ihrer Eintragung im Handelsregister den Geschäftsbetrieb nicht aufgenommen oder den Geschäftsbetrieb seit einem Jahr eingestellt hat (diese Art der Auflösung ist allerdings selten),
2. wenn die Gesellschaft nicht die erforderliche Mindestanzahl Gesellschafter aufweist,

3. wenn das Gericht sich davon überzeugt hat, das eine Liquidation „equitable and just“, „recht und billig“ sei. Diese Generalklausel erlaubt ein Einschreiten insbesondere dann, wenn die Anteilsinhaber wegen Uneinigkeit nicht in der Lage sind, Mehrheitsbeschlüsse zu fassen oder wenn der Mehrheitsinhaber seine Position konsequent dazu ausnutzt, den oder die Minderheitsinhaber zu benachteiligen.
4. Unter bestimmten Umständen kann der Generalstaatsanwalt die Auflösung einer Gesellschaft beantragen, beispielsweise wenn ihre Aktivitäten illegal sind.

Zumeist jedoch wird bei Gericht eine Liquidation beantragt, wenn die Gesellschaft insolvent geworden ist. Eine Gesellschaft wird in folgenden Fällen als insolvent angesehen:

1. Ein Gläubiger macht eine unbestrittene Forderung gegenüber der Gesellschaft geltend und hat dieser eine Mahnung zustellen lassen. Hat die Gesellschaft nicht binnen 21 Tagen reagiert und die Schuld beglichen oder die Zahlung eingeleitet, kann bei Gericht die Gesellschaftsliquidation beantragt werden. Ein Titel ist nicht erforderlich; es genügt, daß die Forderung nicht ernsthaft bestritten wird.
2. Der Gläubiger hat ein Endurteil erwirkt und hält einen Vollstreckungstitel in Händen. Unter diesen Umständen ist keine Mahnung erforderlich, und der Gläubiger kann sofort die Liquidation der Gesellschaft beantragen.
3. Schließlich kann das Gericht die Liquidation einer Gesellschaft anordnen, wenn der Nachweis erbracht wird, daß die gegenwärtigen und künftigen Verbindlichkeiten der Gesellschaft ihr Vermögen übersteigen und die Gesellschaft nicht in der Lage sein wird, ihren Verpflichtungen nachzukommen. Antragsteller kann die Gesellschaft selbst sein, ein Gläubiger (selbst wenn seine Forderung noch nicht fällig ist) oder ein gegenwärtiger oder ehemaliger Anteilsinhaber, sowie eine Person, die behauptet, Anteilsinhaber zu sein.

Ohne weitere Beweisaufnahme wird das Gericht einen Liquidationsbeschluß fassen, wenn die Gesellschaft dies beantragt hat.

Ist einmal der Liquidationsantrag eingereicht, hat das Gericht weit gefaßte Befugnisse, in den Betrieb der Gesellschaft und deren Vermögensverwaltung einzugreifen sowie die Vermögensverwertung zu regeln. Das angerufene Gericht kann auch die Aussetzung laufender Verfahren anordnen, an denen die konkursite Gesellschaft beteiligt ist.

C Antragstellung

Das Datum der Antragstellung ist von großer Bedeutung, da es gegebenenfalls den Beginn der Liquidation markiert. Verfügungen über das Gesellschaftsvermögen, oder die Gesellschaftsanteile sowie jede Änderung im Status der Anteilsinhaber sind unwirksam, wenn sie nach Einreichung des Liquidationsantrags erfolgten. Das Gericht kann jedoch die Wirksamkeit derartiger Verfügungen anerkennen. Arrestbefehle, Forderungspfändungen und andere Sicherungs- und Vollstreckungsmaßnahmen sind ungültig, wenn sie nach Einreichung des Liquidationsantrages ausgesprochen wurden. Entsprechend ist die Kenntnis eventuell gegen einen Geschäftspartner eingeleiteter Liquidationsverfahren von vitaler Bedeutung: Gibt das Gericht dem Liquidationsantrag statt, sind unter Umständen die seit der Antragstellung getätigten Geschäfte ungültig.

III. Der Interimsliquidator

Mit oder kurz nach der Eingabe des Liquidationsantrags kann der Antragsteller oder ein interessierter Dritter das Gericht ersuchen, einen Interimsliquidator zu bestellen. Oftmals wird dieser nach Anordnung der Liquidation das Inventar und andere Aktiven vorab veräußern, so daß zum Zeitpunkt der eigentlichen Liquidation nur noch wenige Aktiven verbleiben. Andererseits kann er aber auch den Betrieb der zu liquidierenden Gesellschaft einstweilen fortsetzen, um den Wert der Aktiven zu erhöhen, oder zumindest weiteren Wertverlust zu verhindern.

Der Interimsliquidator versieht seine Pflichten in der Regel zwischen dem Ausspruch des Liquidationsdekrets durch das Gericht bis zur Bestellung eines Liquidationsverwalters durch die Gläubigerversammlung. Der Antrag auf Bestellung eines Interimsliquidators wird auch dann stattgegeben, wenn sämtliche Gesellschaftsaktiven durch Pfandrechte belastet sind oder die Gesellschaft in Anspruch nimmt, über keinerlei Aktiven zu verfügen.

IV. Die Liquidationsbehörde, Außerordentlicher Geschäftsführer

Die Liquidationsbehörde kann - ebenso wie Rechtsanwälte, Buchhalter oder, was selten vorkommt, eine beliebige Person - zum Interimsliquidator bestellt werden. Im Übrigen versieht sie hingegen ähnliche Funktionen wie die Konkursämter in westeuropäischen Ländern: Sie nimmt nach Ausspruch des Liquidationsdekretes das Inventar der konkursiten Gesellschaft entgegen und ist als Verwaltungsbehörde für verschiedene Aspekte der formellen Abwicklung des Liquidationsverfahrens zuständig. Wird durch die Gläubigerversammlung ein Liquidator oder durch das Gericht ein Interimsliquidator bestellt, so wird dieser einige der Aufgaben der Liquidationsbehörde übernehmen.

Gelangt die Liquidationsbehörde als Liquidator zur Auffassung, daß im Interesse des Geschäftsbetriebes oder der Gläubiger ein besonders qualifizierter, außerordentlicher Geschäftsführer ernannt werden muß, kann sie das Gericht um eine entsprechende Bestellung ersuchen. Das Gericht wird bei der Ernennung auch Aufgaben und Vollmachten des außerordentlichen Geschäftsführers festlegen. Neuerdings haben die Gerichte auch dann außerordentliche Geschäftsführer ernannt, wenn der Antrag von anderer Seite gestellt wurde. Das Gericht umgrenzt die Vollmachten des außerordentlichen Geschäftsführers.

V. Konkursvergleich und Nachlaßvertrag

Die Gesellschafter und die Gläubiger können sowohl vor als auch nach Einreichung des Konkursantrags eine Vereinbarung über die Reduktion der Verbindlichkeiten treffen, einen Tilgungsplan erstellen, Streitigkeiten zwischen den Gesellschaftern durch Vergleich beenden und damit die Liquidation der Gesellschaft abwenden.

Der Vergleich kann auch Verhältnisse zwischen den Anteilseignern oder bestimmte Ansprüche der Gläubiger regeln, die nicht streitbefangen sind. Auch kann im Rahmen des Vergleichs die Gesellschaft neu organisiert oder ein Unternehmenszusammenschluß beschlossen werden. Wenn Anteilsinhaber sich einer derartigen Vereinbarung widersetzen, kann das Gericht unter bestimmten Voraussetzungen die Mehrheit verpflichten, die Anteile der Minderheit auszulösen.

VI. Freiwillige, ausserordentliche Liquidation

Nur eine zahlungsfähige Gesellschaft kann den Weg der freiwilligen Liquidation ohne die Beteiligung des Gerichts beschreiten. Beispielsweise kann eine Gesellschaft in ihrer Satzung dies für den Eintritt eines bestimmten Ereignisses oder den Ablauf einer bestimmten Zeit vorsehen. Normalerweise beschreiten Gesellschaften diesen Weg, wenn sie einen entsprechenden Sonderbeschluß getroffen haben. Bevor dieser Beschluß vollzogen wird, muß eine Mehrheit der Geschäftsführer der Gesellschaft zu Händen des Handelsregisters die eidesstattliche Erklärung über die Zahlungsfähigkeit der Gesellschaft abgeben. Erst nach Eingabe dieser Erklärung beim Handelsregister kann unter besonderen Ladungsvorschriften die entsprechende Gesellschaftsversammlung anberaumt werden. Das notwendige Quorum ist bei drei Vierteln aller Anteilsinhaber sehr hoch angesetzt. Dieselbe Gesellschafterversammlung ums durch Mehrheitsbeschluß der Anteilsinhaber einen Liquidator bestellen und kann diesem einen Gläubigerausschuß mit Kontrollfunktionen zur Seite stellen.

VII. Belastungen

Nach israelischem Recht kann eine Gesellschaft ihre Aktiven und Rechte belasten. Dingliche Belastungen oder Forderungspfandrechte können einerseits fest mit dem Pfandobjekt verbunden sein, wie beispielsweise eine Hypothek. Nach dem Vorbild des britischen Rechts kennt Israel aber auch bewegliche Pfandrechte, sogenannte *floating charges*, die ein Sicherungsrecht an einem Teil oder am gesamten Gesellschaftsvermögen verbriefen. Der Bestand der mit der *floating charge* belasteten Gegenstände bleibt also nicht konstant, sondern verändert sich mit dem Bestand des Gesellschaftsvermögens.

VIII. Debentures

Floating charges können ihrer Natur nach nur durch Gesellschaften oder Genossenschaften ausgegeben werden und sind in einem Schuldbrief, dem britisch-rechtlichen *debenture*, festgehalten: Dabei handelt es sich um ein Papier, in welchem sich die Gesellschaft verpflichtet, eine bestimmte Schuld innert bestimmter Frist und/oder unter bestimmten Bedingungen zu begleichen, wobei die *floating charge* auf das ganze oder einen Teil des Gesellschaftsvermögens als Sicherheit dient. Die Sicherung durch eine *floating charge* ist jedoch nur eine von zahlreichen Verpfändungsmöglichkeiten: Ein *debenture* ist ganz allgemein eine verbriefte, pfandgesicherte Forderung, wobei sich die Pfandsicherheit auch auf feste Vermögensteile oder Gegenstände beziehen kann.

Zur Ausgabe von *debentures* ist jede Gesellschaft ermächtigt, vorausgesetzt, sie erhält die entsprechende Genehmigung des Finanzministeriums und die Ausgabe ist nicht durch Satzung oder Sonderbeschluß ausgeschlossen worden. Als Sicherheit kann alles dienen, was als Aktivum berechenbar ist, also selbst Goodwill und künftige Forderungen einschließlich des noch nicht eingezahlten Aktienkapitals. Ein *debenture* kann als Namens- oder Inhaberpapier begeben werden. In Israel ist jede Pfandbelastung einer Gesellschaft im Handelsregister einzutragen und wird somit öffentlich ersichtlich.

Um die im *debenture* verbriefte Forderung zu vollstrecken, bedarf es eines Gerichtsbeschlusses, selbst wenn dies auf dem Papier ausdrücklich ausgeschlossen wurde. Je nach Einschätzung wird das Gericht entweder die *debenture* vollstrecken oder einen Zwangsverwalter einsetzen, der die Interessen der Gläubigerschaft zu wahren hat. Im letzteren Fall wird das Gericht in der Regel auch die Vollmachten des Zwangsverwalters festlegen.

IX. Zwangsverwalter

Die Vollstreckung pfandgesicherter Forderungen ist zwar der gängigste, nicht aber der einzige Weg zur Einsetzung eines Zwangsverwalters: Zwangsverwaltung kann auch im Rahmen der Urteilsvollstreckung oder unter Anwendung gewisser zivilprozessualer Bestimmungen angeordnet werden. Ziel der Zwangsverwaltung ist gemeinhin die Bewahrung, Realisierung und Verwaltung von Vermögensaktiven.

In Israel werden Zwangsverwalter auch ernannt, um die Fertigstellung von Bauwerken zu betreiben, wenn der Bauunternehmer, eine beschränkt haftende Gesellschaft, zahlungsunfähig geworden ist. In solchen Fällen handelt der Zwangsverwalter aufgrund eines Gerichtsbeschlusses, und nicht weil dies in einer Schuldverschreibung vorgesehen ist.

X. Geschäftsführerhaftung

Die Geschäftsführer einer Gesellschaft können unter Umständen persönlich zur Haftung herangezogen werden. Stellt sich etwa heraus, daß die Gesellschaft ihre Gläubiger betrogen hat, dann kann jeder Geschäftsführer, der von dem Betrug wußte, persönlich zur Haftung herangezogen werden. In der Regel kann er auch unter strafrechtlichen Aspekten belangt werden. Zur Haftung herangezogen werden kann auch der Geschäftsführer oder der Zwangsverwalter, der in der Liquidationsphase Gesellschaftsvermögen in unbefugter Weise verwendet.

XI. Privatkonkurs

Wie bereits erwähnt, wird der Begriff „Konkurs“ im israelischen Recht lediglich für die Auspfändung natürlicher Personen, von Personengesellschaften (mit unbeschränkter oder beschränkter persönlicher Haftung der Gesellschafter) sowie zur Liquidation eines Nachlasses verwendet. Auch hier kann für das Konkursvermögen ein Zwangsverwalter bestellt werden.

Weil die vom Konkursverfahren betroffene Person in einen besonderen Status versetzt wird, darf der Konkurs nur ausgesprochen werden, wenn der Konkursit

1. in Israel lebt oder
2. in Israel ein Geschäft betreibt bzw. durch einen Stellvertreter betreiben läßt oder
3. Anteile an einer israelischen Gesellschaft hält oder
4. Partner einer israelischen Personengesellschaft ist.

Wie in Westeuropa muß zudem einer der üblichen Konkursgründe gegeben sein, das heißt, der Konkursit muß drei Monate vor Stellung des Konkursantrages eine Konkurshandlung begangen haben, wie Vermögenshinterziehung, Gläubigerbegünstigung, Flucht, oder, was den häufigsten Fall darstellt, Zahlungsverweigerung sieben Tage nach der entsprechenden Mahnung. In Israel finden also nicht notwendigerweise Teilpfändungen mit Pfändungsklassen statt: Zahlungsverweigerung trotz Forderungstitel und Mahnung kann vielmehr den Privatkonkurs auslösen. Eine Alternative zum Privatkonkurs bildet das Verfahren der Urteilsvollstreckung.

Die Konkurseröffnung setzt allerdings einen definitiven Forderungstitel in Form eines rechtskräftigen Gerichtsurteils voraus. Im Gegensatz dazu ist für den Liquidationsentscheid bei Gesellschaften lediglich eine unbestrittene Forderung notwendig. Im Gegensatz zum Betreibungsrecht beispielsweise der Schweiz, wird also der Gläubiger eines zahlungsunfähigen Privatschuldners in der Regel gezwungen sein, die Forderung zunächst einzuklagen, selbst wenn sie durch den Schuldner nicht bestritten wird. Einzige Ausnahme bildet der Fall, daß der Privatschuldner selbst den Konkurs beantragt:

Stellt der Schuldner selbst den Konkursantrag, halten sich die Gerichte in der Regel damit zurück, den Konkurs zu eröffnen. Neuere Entscheidungen des Obersten Gerichtshofes unterstreichen, daß die Konkurseröffnung vorrangig dem Interesse des Gläubiger dienen soll.

Kann der Gläubiger allerdings die Zahlungsverpflichtung, die auf eine der Höhe nach eindeutig festgelegte Summe lauten muß, schriftlich ausweisen, kommt er im entsprechenden Zivilprozeß in den Genuß eines abgekürzten Verfahrens, welches im eine unkompliziertere Urteilserwirkung und damit einen schnelleren Zugang zu den Zwangsvollstreckungsinstrumenten gewährt.

XII. Ernennung eines ausseramtlichen Konkursverwalters

Soll die Konkursbehörde oder der Interimsverwalter bei der Verwaltung des Konkursvermögens durch einen außeramtlichen Konkursverwalter abgelöst werden, muß letzterer durch eine Mehrheit der Gläubiger ernannt werden. Um eine Lossprechung vom Konkurs zu erwirken, muß der Schuldner einen bestimmten Teil der offenen Forderungen begleichen und verschiedene Auflagen erfüllen.

Der außeramtliche Konkursverwalter verwertet das Konkursvermögen, treibt Forderungen ein und verteilt das Konkursvermögen nach den Prioritätsgrundsätzen der Konkursordnung. Über einer Person kann mehr als einmal der Konkurs ausgesprochen werden.

16 DEUTSCH-ISRAELISCHES DOPPELBESTEUERUNGSABKOMMEN

Christian Looks / Daniela Rudolf[1]

I. EINLEITUNG

Aufgrund der sich verstärkenden Integration Israels in den europäischen Markt und, aus der Sicht europäischer Investoren, Israels wachsender Rolle als Brückenkopf zu den Märkten des Nahen Ostens werden die Besteuerung von Geschäften zwischen Mitgliedern der Europäischen Union und Israel sowie die damit zusammenhängenden Investitionen immer wichtiger. Im folgenden werden die steuerlichen Aspekte aufgezeigt, die für in Deutschland ansässige Unternehmen und private Investoren bei der Ausweitung ihres geschäftlichen Betätigungsfeldes nach Israel relevant sind. Ferner werden steuerliche Gesichtspunkte dargestellt, die bei einer Entscheidung über die rechtliche Struktur eines Vertriebs- oder Herstellungsbetriebes in Israel zu erwägen sind; diesbezüglich interessieren insbesondere die steuerlichen Konsequenzen einer Zweigniederlassung oder einer Tochtergesellschaft in Israel sowie die verschiedenen Möglichkeiten der Gewinnutzung. Angesprochen wird auch die Nutzung von Anfangsverlusten in Deutschland, die steuerliche Behandlung von geschäftsführendem Personal, welches für eine beschränkte Zeit in Israel tätig ist und steuerliche Aspekte in bezug auf private Investoren.

II. ALLGEMEINES ZUM DOPPELBESTEUERUNGSABKOMMEN

Ohne ein Doppelbesteuerungsabkommen (DBA) würden in Deutschland ansässige juristische oder natürliche Personen auf Basis ihres weltweiten Einkommens, einschließlich des Einkommens aus ausländischen Quellen, besteuert. Das deutsche Steuerrecht enthält für diese Fälle nur wenige Vorschriften, die eine doppelte Besteuerung verhindern oder reduzieren.

---

[1] Christian Looks ist Partner für internationale Steuerberatung bei KPMG Frankfurt. Daniela Rudolf ist als Rechtsanwältin in der Abteilung für internationale Steuerberatung der KPMG Frankfurt tätig.

Folgende Steuern sind vom DBA umfaßt:

1. Deutschland:
   a) Einkommens- und Körperschaftsteuern inklusive Zuschlagsteuer,
   b) Vermögensteuern und
   c) Gewerbesteuern.
2. Israel:
   a) Einkommensteuern einschließlich der Steuer vom Veräußerungsgewinn und der Gesellschaftsteuer,
   b) Sicherheitsabgaben,
   c) Bodengewinnsteuern und
   d) Vermögensteuern

Das DBA kann von natürlichen Personen und Gesellschaften, die entweder in Israel oder in Deutschland ansässig sind, in Anspruch genommen werden. Der Begriff „Gesellschaft" im Sinne des DBA umfaßt dabei juristische Personen oder andere Rechtsträger, die für steuerliche Zwecke als juristische Personen behandelt werden. Als in Deutschland ansässig gelten Personen, die der unbeschränkten deutschen Steuerpflicht unterliegen; unbeschränkt steuerpflichtig ist eine Person nach deutschem Recht aber nicht nur dann, wenn sie tatsächlich Steuern in Deutschland zahlt, sondern auch dann, wenn sie, wie zum Beispiel einige steuerbefreite Institutionen, ihren Satzungssitz oder ihre tatsächliche Geschäftsleitung in Deutschland hat und deswegen grundsätzlich Steuersubjekt ist. In Israel ansässig im Sinne des DBA sind hingegen sämtliche Personen, welche für die Zwecke der israelischen Einkommensteuer in Israel ansässig sind.

Bei der Zuweisung des Besteuerungsrechtes entweder an den Ansässigkeits- oder an den Quellenstaat unterscheidet das DBA grundsätzlich zwischen zwei verschiedenen Arten von Einkünften:

a) Einkünfte, die ausschließlich im Ansässigkeitsstaat besteuert werden dürfen, umfassen Einkommen aus Schiff- und Luftfahrt, Vermögensgewinne aus Verkauf, Übertragung oder Tausch von Vermögenswerten (mit Ausnahme von Grundbesitz), Renten und Ruhegehälter, Lizenzgebühren für die Benutzung von literarischen oder künstlerischen Werken sowie alle übrigen Einkünfte, die nicht ausdrücklich im DBA aufgeführt sind. Da in diesen Fällen der Quellenstaat von der Steuererhebung ausgeschlossen ist, kann keine doppelte Besteuerung erfolgen.
b) Unter bestimmten Voraussetzungen können im Quellenstaat besteuert werden: Einkünfte aus unbeweglichem Vermögen, Betriebstättengewinne, Einkünfte aus selbständiger und unselbständiger Arbeit, Gehälter aus öffentlichen Kassen, Dividenden, Zinsen oder gewerbliche Li-

zenzeinnahmen. Die in diesen Fällen zu erhebende *Abzugsteuer* wird entweder aufgrund des Bruttoeinkommens, wie zum Beispiel bei Dividenden oder Lizenzen, erhoben, oder aber auf der Basis des Nettoeinkommens, d.h. des Bruttoeinkommens abzüglich bestimmter Ausgaben errechnet, wie dies zum Beispiel bei Betriebstättengewinnen der Fall ist.

Im Rahmen der zweiten Kategorie ist der Ansässigkeitsstaat verpflichtet, eine doppelte Besteuerung zu verhindern. Soweit Deutschland der Ansässigkeitsstaat ist, sieht das DBA zwei verschiedene Methoden zur Verhinderung der Doppelbesteuerung vor: zum einen die *Steuerbefreiung* und zum anderen die *Steueranrechnung*. Die Entscheidung, welche dieser Methoden zur Anwendung kommt, hängt zum einen von der Art der Einkünfte und zum anderen davon ab, ob die Aktivitäten in Israel als aktiv oder passiv einzuordnen sind.

Steuerbefreiung bedeutet, daß das Einkommen aus der israelischen Quelle von der Steuerbemessungsgrundlage in Deutschland ausgenommen wird. Bei natürlichen Personen besteht jedoch ein Progressionsvorbehalt, das heißt das Einkommen wird bei der Festsetzung des Steuersatzes weiterhin berücksichtigt. Aufgrund der progressiv steigenden Einkommensteuer in Deutschland kann somit das steuerbefreite Einkommen aus israelischen Quellen den Steuersatz einerseits erhöhen, andererseits aber bei Verlusten auch bis auf null reduzieren. Für Körperschaften besteht eine entsprechende Regelung nicht, da diese einem festen Steuersatz unterliegen.

Die Steuerbefreiung erfolgt unabhängig davon, ob das Einkommen einer israelischen Steuer unterliegt. Es kommt lediglich darauf an, ob Israel das Recht zur Steuererhebung hat. Von der Steuerbefreiung umfaßt sind Gewinne aus einer Betriebstätte oder aus Grundbesitz sowie Dividenden einer israelischen Gesellschaft, soweit eine Mindestbeteiligung von 25% besteht. § 8b Abs. 5 *Körperschaftsteuergesetz* (KStG) reduziert die Mindestbeteiligung auf 10% für Kapitalgesellschaften in den Ländern, mit denen ein DBA besteht.

Die *Steueranrechnung*, bei welcher der ausländische Steuerbetrag auf die inländische Steuer angerechnet wird, findet überall dort Anwendung, wo die Voraussetzungen der Steuerbefreiung nicht erfüllt sind, also insbesondere bei Dividenden, bei denen die deutsche Gesellschaft nicht mehr als 10% des Stammkapitals der israelischen Gesellschaft hält sowie bei Zinsgewinnen oder gewerblichen Lizenzeinnahmen. Die Steueranrechnung ist begrenzt auf den Teil der deutschen Steuer, der auf die jeweiligen in Israel besteuerten Einkünfte entfällt. Dazu ein Beispiel: Zinseinkünfte aus israelischen Geldanlagen, die durch den deutschen Anleger refinanziert wurden, unterliegen gemäß Art. 13 DBA einer 15%-igen Abzugsteuer im Quellenstaat, die aufgrund des Bruttoeinkommens berechnet wird. In Deutschland hingegen wird die Steuer auf der Basis der Zinseinkünfte abzüglich der diesen zugeordneten Aufwendungen berechnet. Da die in Deutschland erhobene Steuer somit geringer als die israelische Abzugsteuer ist, kann dies zu einer Nichtausnutzung des ausländischen Steuerbetrags führen. Diese nicht ausgenutzten Steuerbeträge sind für den Anleger verloren und können auch nicht in späteren Jahren verrechnet werden.

In bezug auf die Steueranrechnung sieht das DBA eine Besonderheit vor, die zu einer Steuerersparnis führen kann: Entfällt die israelische Abzugsteuer bei Dividenden oder Zinseinkünften ganz oder teilweise als Folge von (israelischen) Wirtschaftsförderungsmaßnahmen, erfolgt die Steueranrechnung weiterhin in Höhe der im DBA vorgesehenen fiktiven Steuerhöhe. Die fiktive Anrechnung darf allerdings den Satz der ohne besondere Begünstigung geltenden Normalbesteuerung nicht übersteigen. Folge dieser Regelung ist eine teilweise Steuerbefreiung deutscher Anleger.

III. Besteuerung von Betriebstätten oder Tochterunternehmen

Bei der Entscheidung, ob eine Tätigkeit durch eine Betriebstätte oder eine in Israel registrierte Tochtergesellschaft ausgeübt werden sollte, sind die unterschiedlichen steuerlichen Auswirkungen zu beachten:

A Betriebstätte

Grundsätzlich gilt, daß Unternehmensgewinne einer in Deutschland ansässigen Person nur dann zur Besteuerung in Israel führen, wenn die gewerbliche Tätigkeit durch eine israelische Betriebstätte ausgeübt wird.

1. Definition

Der Ausdruck „Betriebstätte" im Sinne des DBA umfaßt jede feste Geschäftseinrichtung, in der die Tätigkeit des Unternehmens ganz oder teilweise ausgeübt wird. Als Betriebstätte gelten insbesondere der Ort der Geschäftsleitung, jede Zweigniederlassung oder Geschäftsstelle, Fabrikations- und Werkstätten, nicht jedoch Warenlager. Außerdem kann eine Betriebstätte auch durch einen abhängigen Vertreter begründet werden, soweit dieser die Vollmacht besitzt, im Namen des Unternehmens Verträge abzuschließen oder durch einen unabhängigen Vertreter, zum Beispiel einen Makler oder Kommissionär, sofern dieser außerhalb der normalen Geschäftstätigkeit handelt.

2. *Verhinderung einer doppelten Besteuerung*

Betriebstättengewinne können also in Israel besteuert werden und sind in Deutschland von der Einkommens- oder Körperschaftsteuer befreit, wenn die sogenannte *Aktivitätsklausel* erfüllt ist: Eine aktive Tätigkeit im Sinne des DBA liegt dann vor, wenn die Einkünfte der Betriebstätte fast ausschließlich (90%) aus der Gewinnung, Herstellung, Bearbeitung oder dem Verkauf von Gütern oder aus Bank- oder Versicherungsgeschäften stammen. Werden der (israelischen) Betriebstätte Dividendeneinkünfte aus Beteiligungen an einer israelischen Gesellschaft zugerechnet, sind diese von der deutschen Steuer befreit, wenn eine mindestens 50%-ige Beteiligung besteht und die israelische Gesellschaft ihre Einkünfte wiederum aus den oben aufgeführten aktiven Tätigkeiten bezieht. Soweit diese Voraussetzungen nicht erfüllt sind, erfolgt eine Steueranrechnung.

3. *Definition des steuerbaren Einkommens*

Grundsätzlich wird die Betriebstätte zur Bestimmung ihrer Gewinne wie eine unabhängige Gesellschaft behandelt. Dieses Prinzip findet jedoch nicht durchgängig Anwendung: Da die Betriebstätte ein Bestandteil der Gesellschaft in Deutschland ist, muß die Lieferung von Waren oder Dienstleistungen zwischen der Gesellschaft in Deutschland und der Betriebstätte auf *„arm's length"* Basis ausgeübt werden. Das heißt, Gewinne im Zusammenhang mit der Überlassung von Waren oder Dienstleistungen müssen so berechnet werden, als ob die zugrunde liegende Vereinbarung zwischen zwei unabhängigen Parteien geschlossen würden.

Davon zu unterscheiden ist die Behandlung fiktiver Zinsen für die Kapitalausstattung der Betriebstätte, Mietzahlungen oder Lizenzen, die in der Betriebstätte genutzt werden. Weder aus deutscher noch aus israelischer Sicht können solche Kosten die Einkünfte der Betriebstätte mindern. Gemäß Art. 4 Abs. 4 DBA können jedoch die für die Betriebstätte erbrachten Aufwendungen, einschließlich der Geschäftsführungs- und allgemeinen Verwaltungskosten, Zinszahlungen sowie Ausgaben in Verbindung mit Rechten, wie Lizenzen, abgezogen werden, und zwar unabhängig davon, ob sie in Deutschland oder in Israel entstanden sind. Da die Betriebstätteneinkünfte aber in Deutschland steuerbefreit sind, können diese Ausgaben nicht mehr von den in Deutschland erwirtschafteten Einkünften der Gesellschaft abgezogen werden.

4. *Anfangsverluste*

Ein weiterer wichtiger Aspekt geschäftlicher Tätigkeit in Israel ist die Nutzung von Anfangsverlusten. Zwar führt die Steuerbefreiung für Betriebstättengewinne grundsätzlich dazu, daß Verluste in Deutschland nicht abzugsfähig sind, jedoch sieht § 2a Abs. 3 KStG vor, daß die Verluste einer Betriebstätte im Rahmen der individuellen Einkommens- oder Körperschaftsteuer abgezogen werden können, soweit die Betriebstätte bestimmte Aktivitäten ausübt. Solche Aktivitäten sind zum Beispiel die Herstellung und der Verkauf von Waren, mit Ausnahme von Waffen, oder die Bereitstellung von gewerblichen Dienstleistungen, mit Ausnahme des Touristikbereichs. Darüber hinaus ist zu beachten, daß trotz der generellen Steuerbefreiung von Betriebstättengewinnen solche Gewinne in späteren Jahren bis zur Höhe der geltend gemachten Verluste dem in Deutschland steuerbaren Einkommen hinzuzurechnen sind. Sowohl die Verlustanerkennung als auch der spätere Ausgleich bemißt sich nach dem Gesamteinkommen aus dem jeweiligen Staat und nicht nach den einzelnen Investitionsmaßnahmen. Für die Gewerbesteuer existiert keine vergleichbare Regelung.

5. Verkauf einer Betriebstätte

Der Verkauf einer Betriebstätte im Rahmen der Beendigung des wirtschaftlichen Engagements bleibt in Deutschland steuerfrei und führt auch nicht zu einem Anwachsen des individuellen Einkommensteuersatzes bei natürlichen Personen, da ein solcher Gewinn als außerordentliches nicht steuerbares Einkommen gilt.

B Tochtergesellschaften

1. Vermeidung einer Doppelbesteuerung

Tochtergesellschaften deutscher Investoren sind eigenständige, in Israel ansässige juristische Personen, die Steuersubjekt des israelischen Körperschaftsteuerrechtes sind, wobei der Steuersatz einer solchen Tochtergesellschaft in der Regel reduziert ist. Die Gesellschafter unterliegen mit ihren Dividendeneinkünften in Israel der beschränkten Steuerpflicht: Die Steuer wird im Rahmen der Abzugsteuer einbehalten und kann gemäß Art. 12 Abs. 1 DBA bis zu einer Höhe von 25% der Bruttodividende erhoben werden.

In Deutschland hängt die steuerliche Behandlung der Dividenden von der Rechtsform der Anteilsinhaber und der Beteiligungshöhe ab: Handelt es sich beim Gesellschafter um eine Körperschaft, die mindestens 10% des Stammkapitals der israelischen Tochtergesellschaft hält, sind die Dividenden der letzteren grundsätzlich sowohl von der Körperschaftsteuer als auch von der Gewerbesteuer befreit (vgl. dazu auch oben, Ziff. II). Die Beteiligungen unterliegen auch nicht einer Kapitalsteuer, wie zum Beispiel der Gewerbekapital- oder der Vermögensteuer. Die deutschen Behörden billigen die Steuerbefreiung der Dividendeneinkommen jedoch nur dann, wenn die israelische Tochtergesellschaft ihre Einkünfte durch die Herstellung oder den Verkauf von Waren oder technische Dienstleistungen oder aus Bank- und Versicherungsgeschäften, also aus aktiven Tätigkeiten, gewinnt. Soweit die vorgenannten Voraussetzungen nicht erfüllt sind, ist demnach der Gesellschafter eine natürliche Person oder eine Personengesellschaft, beträgt seine Beteiligung weniger als 10% oder übt die Tochtergesellschaft keine aktive Tätigkeit aus, unterliegen die Dividendeneinkünfte der deutschen Einkommensteuer, wobei die israelische Abzugsteuer anzurechnen ist.

Hinsichtlich der Gewerbesteuer gelten für Personengesellschaften und für natürliche Personen, welche die Beteiligung in ihrem Betriebsvermögen halten, besondere Regelungen: Soweit der deutsche Gesellschafter mindestens 10% des Stammkapitals der Tochtergesellschaft hält, sind die Dividendeneinkünfte von der Gewerbesteuer befreit. Soweit Anteile im Privatvermögen gehalten werden und kein Zusammenhang mit geschäftlichen Tätigkeiten in Deutschland besteht, unterliegen sie von vornherein nicht der Gewerbesteuer.

2. *Verrechnungspreise*

Unter der Voraussetzung, daß der Preis und die Vertragsbedingungen für Tätigkeiten, wie die Überlassung von Waren oder Dienstleistungen oder Darlehen, dem *arm's length*-Prinzip entsprechen, akzeptiert das deutsche Finanzamt jede geschäftliche Transaktion einschließlich Vertragsabschlüssen zwischen dem deutschen Gesellschafter und der israelischen Tochtergesellschaft. Die Finanzbehörden haben detaillierte Regelungen aufgestellt, wie solche Preise zu bestimmen sind. Diese Regelungen sollen voraussichtlich 1998 im Hinblick auf die OECD-Verrechnungspreisrichtlinien überprüft werden. Die derzeitige Methode zur Bestimmung der Verrechnungspreise basiert ausschließlich auf den einzelnen Transaktionen. Die Verwaltungsanweisung sieht derzeit drei verschiedene Methoden vor: die *Preisvergleichsmethode*, die *Wiederverkaufspreismethode* und die *Kostenaufschlagsmethode*. Bei Warengeschäften mit Tochtergesellschaften wird am häufigsten die *Wiederverkaufspreismethode* angewendet, wenn der deutsche Gesellschafter Produkte an die israelische Vertriebsgesellschaft weitergibt. Die Angemessenheit des Preises wird dadurch bestimmt, daß der Wiederverkaufspreis um einen marktüblichen Abschlag berichtigt wird, welcher der Funktion und dem Risiko des Wiederverkäufers entspricht.

Die *Kostenaufschlagsmethode* wird in der Regel bei Dienstleistungen im Management- oder Verwaltungsbereich angewendet. Die Gewinnzuschläge liegen, abhängig von der Natur der Dienstleistung, in der Regel zwischen 5% und 15%. Als Grundregel gilt, daß Kosten für Managementdienstleistungen nur in der Höhe geltend gemacht werden können, in der die Tochtergesellschaft von diesen Dienstleistungen profitiert. Kontroll- und Verwaltungsleistungen, die hauptsächlich im Interesse der Muttergesellschaft sind, können jedoch nicht steuerwirksam weiterbelastet werden: Ein Abzug der letztgenannten Kosten wird durch die deutschen Finanzbehörden auch dann nicht anerkannt, wenn diese einer deutschen Tochtergesellschaft durch israelische Teilhaber angelastet werden. Entsprechend dem Grundsatz der Gegenseitigkeit können diese Ausgaben auch durch die deutsche Muttergesellschaft nicht der israelischen Tochter weiterbelastet werden. Sind Dividendeneinkünfte aus der israelischen Tochtergesellschaft von der deutschen Körperschaftsteuer befreit, lehnt die Finanzverwaltung den Abzug von Verwaltungskosten ab, da diese in direktem Bezug zur Beteiligungsaktivität stehen. Die Beteiligung an einer Tochtergesellschaft ist insoweit steuerlich weniger vorteilhaft als die Beteiligung an einer Betriebstätte: Im letzteren Fall können Verwaltungskosten der Betriebstätte zugerechnet werden und wirken so steuermindernd.

3. Finanzierung einer israelischen Tochtergesellschaft

Werden die Anteile der israelischen Tochtergesellschaft durch eine Körperschaft gehalten, ist ein Abzug von Zinsen aus der Finanzierung der Beteiligung grundsätzlich nicht möglich, soweit diese in direktem Bezug zu steuerfreien Einkünften stehen. Soweit demzufolge Dividenden an Gesellschafter ausgeschüttete werden, können beispielsweise Refinanzierungskosten bis zur Höhe dieser Dividendeneinnahmen nicht abgezogen werden. Werden hingegen keine Dividenden ausgeschüttet, bleiben diese Betriebsausgaben voll abziehbar. Übersteigen die Betriebsausgaben die Dividenden, so ist der Überhang abziehbar.

Ist der Gesellschafter der israelischen Tochtergesellschaft eine Personengesellschaft, besteht das Problem der Nichtabzugsfähigkeit von Kosten nicht, da in diesem Fall die *Steueranrechnung* Platz greift. Aber auch hier besteht ein Doppelbesteuerungsrisiko: Die Anrechnung der im Ausland berechneten Steuern ist durch die Höhe der in Deutschland geschuldeten Einkommensteuer beschränkt, wobei nur das Einkommen in Frage kommt, welches auf die ausländischen Einkünfte entfällt. Entsprechend kann so der Unterschied zwischen Bruttodividendeneinkommen und den Refinanzierungskosten egalisiert werden. Da die Abzugsteuer mit 25% relativ hoch ist, führt dies in praktisch allen Fällen, in denen die Refinanzierungskosten 50% des Dividendeneinkommens übersteigen, dazu, daß ein Teil des ausländischen Steuerbetrags nicht genutzt werden kann.

Als alternative Möglichkeit bietet sich an, die israelische Tochtergesellschaft zumindest teilweise durch Gesellschafterdarlehen zu finanzieren, welche gemäß Art. 13 DBA lediglich einer Abzugsteuer von 15% unterliegen. Aber auch dieses Vorgehen hat einen Nachteil, denn diesfalls unterliegen die Zinseinkünfte einerseits in voller Höhe der deutschen Gewerbesteuer und andererseits können einige Zinszahlungen durch die deutschen Gesellschafter nur zur Hälfte zu gewerbesteuerlichen Zwecken abgezogen werden.

Insgesamt ist es deshalb empfehlenswert, geschäftliche Tätigkeiten der Tochtergesellschaft vor Ort zu finanzieren, soweit Zinshöhe und ausländische Währung ein solches Vorgehen erlauben.

4. Einlagen in die Tochtergesellschaft

Soweit die deutschen Gesellschafter Sacheinlagen erbringen, also Vermögensgegenstände wie z.B. Maschinen und Ausrüstung in die israelische Tochtergesellschaft einbringen, entsteht ein Gewinn in Höhe der Differenz zwischen Verkehrs- und Buchwert. Dieser Gewinn unterliegt sowohl der Körperschafts- bzw. Einkommensteuer als auch der Gewerbesteuer.

5. Verlustnutzung

Anlaufverluste der israelischen Tochtergesellschaft führen nicht zu einer Steuerminderung beim Gesellschafter. Insoweit ist eine Beteiligung an einer Tochtergesellschaft ungünstiger gestellt als eine Beteiligung an einer Betriebstätte. Die deutschen Finanzbehörden erlauben eine steuermindernde Abschreibung der Beteiligung nur dann, wenn Verluste kontinuierlich, in der Regel in einer Fünfjahresperiode, entstehen und wenn es unwahrscheinlich ist, daß die Tochtergesellschaft in Zukunft Gewinne erwirtschaften wird. Diese steuermindernde Abschreibung ist nur dann möglich, wenn die Anteile an der Tochtergesellschaft im Betriebsvermögen gehalten werden. Verluste, die im Falle des Verkaufs der Tochtergesellschaft entstehen, sind hingegen sowohl für die Körperschafts- als auch für die Gewerbesteuer abzugsfähig.

6. Veräußerungsgewinn

Gewinne, die aus dem Verkauf der Beteiligung entstehen, sind dann steuerfrei, wenn der Anteilsinhaber zum einen eine Körperschaft ist und zum anderen mindestens 10% des Stammkapitals hält. In allen übrigen Fällen ist der Gewinn voll zu versteuern. Unter gewissen Umständen findet jedoch ein niedrigerer Steuersatz Anwendung. Dies ist z.B. beim Verkauf der gesamten Beteiligung der Fall, wenn diese entweder im Betriebsvermögen gehalten wird oder eine Beteiligung von mehr als 25% besteht. Soweit die Beteiligung eines privaten Gesellschafters unter 25% liegt, findet keine Besteuerung statt.

7. *Hinzurechnungsbesteuerung*

Auch wenn das israelische Steuerrecht, soweit die israelische Tochtergesellschaft eine aktive Tätigkeit ausübt, eine bevorzugte Behandlung von Unternehmensgewinnen ausländisch kontrollierter Gesellschaften vorsieht, hat dies keine Auswirkung auf die steuerliche Behandlung der Gesellschafter in Deutschland. Einkünfte aus passiver Tätigkeit, zum Beispiel aus Portfolio-Investments oder bei gewissen Lizenzeinkünften, können jedoch zu einer *Hinzurechnungsbesteuerung* der deutschen Gesellschafter führen, und zwar selbst dann, wenn die israelische Gesellschaft keine Dividenden ausschüttet.

IV. Steuerliche Aspekte bei Personaleinsatz in Israel

Investitionen in einem ausländischen Staat erfordern nicht nur eine steuerliche Planung hinsichtlich der Körperschafts- oder Einkommensteuerbelastung, sondern auch eine Minimierung bei der Versteuerung von Gehältern oder Sozialabgaben. Übt ein in Deutschland ansässiger Geschäftsführer einen Teil seiner Tätigkeit bei der israelischen Tochtergesellschaft oder Zweigniederlassung aus, kann es vorteilhaft sein, wenn die Gehaltszahlung zwischen der deutschen Muttergesellschaft und der israelischen Tochtergesellschaft aufgeteilt wird. In den meisten Fällen werden zwei Anstellungsverträge geschlossen. Dieses Vorgehen führt dazu, daß der durch die israelische Tochtergesellschaft getragene Gehaltsteil von der deutschen Einkommensteuer befreit ist und der israelischen Steuer unterliegt, welche in der Regel geringer ist. Trotz der Steuerbefreiung wird dieses Einkommen aber bei der Bestimmung des individuellen deutschen Steuersatzes miteinbezogen.

Zwischen Israel und Deutschland besteht darüber hinaus ein Sozialversicherungsabkommen, welches vorsieht, daß im Falle der Personalüberlassung die Möglichkeit der Befreiung von israelischen Sozialabgaben besteht, soweit die Tätigkeit in Israel nur für eine beschränkte Zeit ausgeübt wird und in Deutschland Sozialabgaben entrichtet werden.

V. Israelische Investitionen in deutschen Unternehmen

Soweit israelische Investoren in Deutschland einen Verkaufs- oder Produktionsbetrieb errichten, entstehen die gleichen Probleme und steuerlichen Gestaltungsalternativen wie im umgekehrten Fall. Im Gegensatz zu Deutschland sieht Israel jedoch eine Steuerbefreiung weder für Betriebstättengewinne noch für Dividendeneinkommen vor. Statt dessen gewährt Israel eine Steueranrechnung sowohl für die deutsche Abzugsteuer in Höhe von 25% als auch für die Körperschafts- und Gewerbesteuer der deutschen Tochtergesellschaft. Angerechnet wird auch jede einkommensbezogene Steuer, die durch eine deutsche Betriebstätte gezahlt wird. Aufgrund der relativ hohen Steuersätze in Deutschland führt dies dazu, daß ein Teil der Steuerbeträge aus deutschen Quellen auf die israelische Steuer nicht angerechnet werden kann (wenn der israelische Steuerbetrag niedriger ausfällt als die anzurechnenden deutschen Quellensteuern).

Die anwendbaren Steuersätze eines israelischen Investors hängen von der rechtlichen Form des Investment und vom Standort des Geschäftsbetriebs ab: Sowohl Betriebstätten als auch Tochtergesellschaften unterliegen der Gewerbesteuer, deren Steuersatz je nach Standort zwischen 12% und 20% beträgt und vom Einkommen in Abzug gebracht werden kann. Zweigniederlassungen unterliegen einem Körperschaftsteuersatz von 42%. Der Steuersatz bei deutschen Tochtergesellschaften beträgt 45%, im Falle einer Dividendenausschüttung reduziert er sich jedoch auf 30%. Derzeit werden 7,5% der Körperschaftsteuer einer Zweigniederlassung oder einer Tochtergesellschaft als Solidaritätszuschlag erhoben. Diese Steuersätze, einschließlich des Solidaritätszuschlages, sollen nach dem neuesten Referenzentwurf des Bundesministeriums für Finanzen ab 1998 in zwei Schritten gesenkt werden. Dies soll sowohl thesaurierte als auch ausgeschüttete Gewinne betreffen.

Die Ermittlung des zu versteuernden Einkommens erfolgt für beide Steuerarten aufgrund des Jahresüberschusses, wie er aus der Bilanz für das jeweilige Geschäftsjahr hervorgeht, wobei der Steuerbetrag durch nicht abzugsfähige Ausgaben, Erhöhungen oder Reduzierungen im Hinblick auf Verrechnungspreise sowie verdeckte Gewinnausschüttungen oder Dauerschulden (für Gewerbesteuer) angepaßt wird. Darüber hinaus fällt derzeit Gewerbekapitalsteuer in Höhe von 0,6% bis 1% an. Es ist jedoch geplant, diese Steuer ab dem 1. Januar 1998 abzuschaffen. Eine Vermögensteuer wird derzeit nicht erhoben.

Um die Abzugsteuern zu vermindern, sollte in Erwägung gezogen werden, ob die Beteiligungen an einer deutschen Tochtergesellschaft nicht indirekt durch eine in einem anderen EU-Staat (z.B. Niederlande) ansässige konzernzugehörige Gesellschaft gehalten werden sollten.

VI. Investitionen in israelisches Grundvermögen

Gemäß Art. 3, 17a und 18 Abs. 1a DBA sind Einkünfte, die eine in Deutschland ansässige Person aus Grundvermögen in Israel erwirtschaftet, sowohl von der Einkommensteuer als auch von Kapitalsteuern in Deutschland befreit. Davon umfaßt sind sowohl laufende Einkünfte als auch Veräußerungsgewinne. Das steuerbefreite Einkommen wird jedoch bei der Ermittlung des individuellen Einkommensteuersatzes mitberücksichtigt.

Folge dieser Steuerbefreiung ist, daß zum Beispiel Zinsaufwendungen, die im Zusammenhang mit Investitionen in Grundvermögen stehen, in Deutschland nicht abzugsfähig sind. Soweit die Investitionen in Grundvermögen dazu führen, daß die Zinsaufwendungen und Abschreibungen die Mieteinkünfte übersteigen, haben diese Verluste keinen steuerlichen Effekt in Deutschland, das heißt sie sind auch bei der Ermittlung des individuellen Steuersatzes nicht zu berücksichtigen, da diese passiven Investitionen von jedem Abzug in Deutschland ausgeschlossen sind. Das deutsche Recht erlaubt jedoch bei der Ermittlung des individuellen Steuersatzes einen siebenjährigen Verlustvortrag, der es erlaubt, Anfangsverluste von den Einkünften späterer Jahre abzuziehen, wobei beide im gleichen Staat anfallen müssen. Im Falle einer Erbschaft oder Schenkung des israelischen Grundvermögens fällt eine Erbschafts- oder Schenkungsteuer an, deren Höhe vom Verwandtschaftsgrad des Begünstigten und dem Wert des Vermögens abhängt. Der Steuersatz kann zwischen 7% und 50% für jede Schenkung liegen, maßgebend ist insoweit der Verkehrswert des Grundvermögens.

17 Besteuerung ausländischer Einwohner und Einwanderer

Georg A. Rosenberg [1]

Beat Eberle[2]

I. Einführung

Trotz seines berechtigten Rufes, ein Land mit hoher Besteuerung zu sein, gibt es in Israel verschiedene interessante Steuernischen und Offshore-Möglichkeiten, insbesondere für ausländische Anleger ohne Wohnsitz in Israel und für Neueinwanderer. Diese Möglichkeiten sollen dieses Kapitel beleuchten, wobei einerseits das israelische Steuersystem aufgezeigt werden soll, andererseits aber auch die Währungskontrolle Berücksichtigung finden muss, die in Israel noch immer Anwendung findet.

II. Zum israelischen Steuersystem im Allgemeinen

A Besteuerung von Einkommen und Kapitalgewinn

Nach den Steuersätzen des Jahres 1995 wurde das Einkommen von Privatpersonen mit 15 bis 50% besteuert. Gesellschaften mussten ihre Gewinne zu 37% (im Jahre 1996 36%) versteuern.

Dividenden, welche an private Aktionäre (unabhängig davon, ob sie Wohnsitz in Israel hatten oder nicht) und Gesellschaften mit Sitz im Ausland ausgeschüttet wurden, unterlagen ferner einer Verrechnungsteuer von 25%.

---

[1] Georg A. Rosenberg , B.C.L. (McGill), verfasste den englischen Originaltext. Er ist Partner der Anwaltskanzlei Rosenberg Levinson Yanay Kerenin in Haifa und Tel Aviv. Zusätzlich zum israelischen Anwaltsverband ist er zudem Mitglied des Anwaltsverbands von Quebec, Canada. Er ist praktiziert auf dem Gebiete des Wirtschaftsrechts, insbesondere aber im internationalen Steuerplanungs- und Gesellschaftsrecht.

[2] Beat Eberle verfasste die deutsche Bearbeitung. Er selbständiger Rechtsanwalt in Flums, Schweiz.

Diese wird nur dann nicht erhoben, wenn der Aktionär eine einheimische Gesellschaft ist. Wenn Doppelbesteuerungsabkommen zur Anwendung gelangen, verändert sich der Verrechnungsteuersatz für Gesellschaften mit Sitz im Ausland oder im Ausland residierende Privatpersonen[3]. Einwohner Israels, welche Dividenden von einer Gesellschaft mit Sitz im Ausland erhalten, unterliegen einem Steuersatz von 35%. Auch dieser kann jedoch durch ein anwendbares Doppelbesteuerungsabkommen herabgesetzt sein.

Echte Kapitalgewinne (im Unterschied zu inflationär erzielten Kapitalgewinnen, welche, sollten sie vor dem 31.12.1994 erzielt worden sein, pauschal mit 10% besteuert werden), werden ebenfalls mit den oben genannten Steuersätzen besteuert, sind jedoch Gegenstand einer Vielzahl von Ausnahmen.

Gewinnkosten sind nach den allgemein anerkannten buchhalterischen Prinzipien vom Geschäftseinkommen abziehbar. Abschreibungen können ebenfalls vom fixen Vermögen in Abzug gebracht werden.

B Erbschafts- und Schenkungsteuern

In Israel existiert weder eine Erbschafts- noch eine Schenkungsteuer.

C Weitere Steuern und Abgaben

Ferner werden folgende Abgaben erhoben:

1. In Israel wird generell auf alle Geschäfte eine *Mehrwertsteuer* zu einem Satz von 17% erhoben. Dies schliesst auch die Importe ein, wogegen Exporte gewöhnlich einer Nullrate unterliegen.
2. Zusätzlich werden auf Importen, gewöhnlich ad-valorem, *Zollabgaben* erhoben. Israelische Firmen, die geschäftliche Beziehungen mit den Vereinigten Staaten, der Europäischen Union und den Staaten der EFTA unterhalten, profitieren diesbezüglich von den Freihandelsabkommen, welche Israel mit allen drei Völkerrechtssubjekten abgeschlossen hat.
3. Ebenfalls existiert in Israel eine *Stempelsteuer* auf verschiedene Dokumente, eine *Grundsteuer* sowie einige Abgaben im Zusammenhang mit dem *Arbeitsrecht*.

---

[3] Siehe Kapitel Doppelbesteuerungsabkommen.

D Die Grundsätze der Einkommensteuer

Gemäss der *Einkommensteuerverordnung (Neue Version)* von 1961 ist jede natürliche und juristische Person in Israel Steuersubjekt, wenn sie Einkommen in Israel erzielte. Der persönliche Status, d.h. Staatsbürgerschaft oder Wohnsitz, spielt keine Rolle. Einkommen, das durch eine im Ausland lebende Person erzielt, aber in Israel verwaltet und kontrolliert wird, gilt als in Israel erzielt.

Kapitalgewinne in der Hand einer Person mit israelischem Wohnsitz oder Sitz sind ohne Rücksicht auf die geographische Quelle solcher Gewinne steuerbar. Entsprechend wird eine in Israel residierende Gesellschaft, zusätzlich zu ihrem in Israel erzielten Einkommen, auch auf Einkommen aus Geschäften besteuert, die im Ausland getätigt wurden, sofern diese Geschäfte durch die Gesellschaft organisiert und kontrolliert wurden. In diesem Fall werden auch sämtliche Kapitalgewinne ungeachtet der geographischen Herkunft besteuert.

Eine Gesellschaft hat ihren Sitz in Israel, wenn folgende Bedingungen erfüllt sind:

1. Sie ist in Israel gegründet oder registriert und ihre gesellschaftliche Hauptaktivität findet in Israel statt oder
2. unabhängig vom Gründungsort, wenn Verwaltung und Kontrolle ihrer Geschäftstätigkeit in Israel erfolgen (Ausnahme: Internationale Handelsgesellschaften unter dem *Gesetz zur Förderung von Kapitalinvestitionen*, vgl. nachfolgend, Ziff. IV.D.2.).

Entsprechend kann eine in Israel inkorporierte Gesellschaft durchaus als ausländische Gesellschaft besteuert werden, wenn ihre Hauptaktivitäten nicht in Israel stattfinden und auch nicht von Israel aus kontrolliert und verwaltet werden. In diesem Fall müssen die nicht in Israel erzielten Einkommen und Kapitalgewinne nicht in Israel versteuert werden.

E Praktische Konsequenzen aus den Steuergrundsätzen

Aus den oben dargestellten Steuerprinzipien ergeben sich wichtige praktische Konsequenzen:

a) Einerseits unterliegt eine Person mit israelischem Wohnsitz oder Sitz, die eine aktive Geschäftstätigkeit im Ausland kontrolliert und verwaltet, der israelischen Steuerpflicht selbst dann, wenn das Einkommen nicht nach Israel verbracht wird.

b) Andererseits unterliegt eine Person mit israelischem Wohnsitz oder Sitz, welche passives Einkommen ausserhalb Israels erzielt, d.h. sofern das Einkommen nicht auf eine in Israel situierte aktive Geschäftstätigkeit zurückzuführen ist, nicht der israelischen Steuerpflicht, solange diese Werte nicht nach Israel überwiesen werden.

c) Die Staatsbürgerschaft einer natürlichen Person spielt für die israelische Steuerpflicht keine Rolle (eine Ausnahme bildet das Einkommen, welches in den Autonomen Gebieten der palästinensischen Selbstverwaltung erzielt wurde). Über die Steuersubjektivität entscheidet ausschliesslich der zivilrechtliche Wohnsitz, der nicht notwendigerweise mit dem Aufenthaltsbewilligungsstatus übereinstimmen muss.

III. WÄHRUNGSKONTROLLE

Die relativ strengen Bestimmungen des *Währungskontrollgesetzes* von 1978 wurden durch die nachfolgend erlassene Verordnung, bekannt als "*General Permit*" von 1978, etwas gemildert (vgl. hiernach, Ziff. IV.B.3.). Nach dem *Währungskontrollgesetz* dürfen Personen mit israelischem Wohnsitz und israelische Gesellschaften ausländische Währungen weder in Israel noch anderswo besitzen oder mit ihnen Handel treiben. Fremdwährungen können jedoch beinahe frei erstanden werden, sofern dies bona fide für wirtschaftliche Zwecke geschieht, was auch Termingeschäfte und andere Vorbereitungshandlungen für künftige Zahlungen beinhaltet.

Personen mit israelischem Wohnsitz und israelische Gesellschaften dürfen, ausser sie seien Exporteure von Waren oder Dienstleistungen, ohne besondere Bewilligung keine Bankkonten ausserhalb Israels halten. Selbst Exporteure unterliegen gewissen Einschränkungen bezüglich der auf ausländischen Konten gehaltenen Guthaben.

Personen mit israelischem Wohnsitz und israelischen Gesellschaften ist es zudem nicht gestattet, Aktien ausländischer Gesellschaften zu kaufen, es sei denn, es handle sich um Papiere, welche an einer der gesetzlich besonders aufgeführten Börsen kottiert sind. Ebenfalls ist es untersagt, ohne entsprechende Bewilligung im Ausland eine Gesellschaft zu gründen.

Nach dem *Währungskontrollgesetz* gilt jede in Israel gegründete Gesellschaft als israelisch und fällt somit unter die aufgeführte Gesetzgebung. Dies ist selbst dann der Fall, wenn die Gesellschaft aus steuerlicher Sicht als nicht israelisch gilt (vgl. oben, Ziff. II.D.). Eine Ausnahme von den Bestimmungen des *Währungskontrollgesetzes* kann nur durch eine Sonderbewilligung der Währungskontrollstelle der israelischen Nationalbank erwirkt werden. Bisher war die Bewilligungspraxis in bezug auf Gesellschaften, welche nach dem Steuerrecht nicht als israelisch galten, relativ grosszügig.

IV. Leistungsfördernde Regelungen und Steuernischen

A Ausländer und Neueinwanderer

Ausländer (d.h. Personen ohne israelische Staatsbürgerschaft und ohne israelischen Wohnsitz) sind fast vollständig von den oben aufgeführten Einschränkungen des *Währungskontrollgesetzes* ausgenommen. Sie können z.B. ihre Fremdwährungsinvestitionen und die daraus resultierenden Profite vollständig repatriieren.

Ausländer, welche während ihres Aufenthaltes in Israel im Ausland Einkommen erzielen, profitieren von der gesetzlichen Steuerbefreiung in der *Einkommensteuerverordnung*: Solche Einkommen sind in Israel steuerfrei.

Ausländer und ausländische Gesellschaften (aber auch Einwohner Israels), welche an der Börse von Tel Aviv investieren, profitieren von einer Steuerbefreiung bezüglich der Kapitalgewinne aus den Verkäufen ihrer Aktien und Obligationen.

Neueinwanderer sind während der ersten 30 Jahre nach ihrer Einwanderung in Israel von der Währungskontrolle ausgenommen. Zusätzlich sind Neueinwanderer berechtigt, folgende Handlungen vorzunehmen:

1. Es ist ihnen erlaubt, Vermögenswerte ausserhalb Israels zu halten und entsprechende Transaktionen vorzunehmen; dies ermöglicht es einem Einwanderer, ausserhalb Israels Bankkonten zu halten und auf diese Weise steuerfreies Einkommen aus passiven Investitionen auf diesen Konten zu realisieren.
2. Neueinwanderer können jegliche Fremdwährungen, Sicherheiten sowie Gold nach Israel importieren, ins Ausland exportieren oder damit Transaktionen im Inland vornehmen; das Recht zum Export beinhaltet zudem die Früchte und den Erlös aus diesen Werten.
3. Sie sind berechtigt, israelische Währung in einem Masse in exportfähige Fremdwährung zu konvertieren, in dem sie vorher Fremdwährung in israelische Währung umgetauscht hatten; dieses Recht erlischt nach Ablauf der ersten 20 Jahre seit der Einwanderung.
4. Neueinwanderer sind berechtigt, den Erlös aus dem Verkauf in Israel belegener Immobilien in eine exportfähige Fremdwährung zu konvertieren, vorausgesetzt das Eigentum wurde mit Fremdwährung (oder mit israelischer Währung, welche aus Fremdwährung konvertiert worden war) zu einem Zeitpunkt erworben als der Erwerber noch kein Neueinwanderer sondern ein Ausländer war.

B Steuerbefreiung israelischer Gesellschaften ohne Sitz in Israel

1. Gesellschaftsrechtliche Aspekte

Das israelische Gesellschaftsrecht kennt keine besondere Gründung von *Offshore*-Gesellschaften mit besonderem Status, wie dies beim Institut der *International Business Companies* bekannter Steuerparadiese wie den British Virgin Islands, Liechtenstein, Gibraltar, Jersey, Zypern u.a. der Fall ist. Sämtliche in Israel gegründete Gesellschaften mit einer beschränkten Gesellschafterhaftung haben somit den Vorschriften der *Gesellschaftsverordnung (Neue Version)* von 1983 zu genügen. Das israelische Recht unterscheidet zwischen Privat- und Publikumsgesellschaften, wobei letztere öffentlich zur Zeichnung von Gesellschaftsanteilen aufrufen und deshalb verschärften Kontrollbestimmungen unterworfen sind.

Eine israelische Gesellschaft als „nicht einheimisch" zu bezeichnen, bezieht sich nachfolgend einzig und allein auf ihren Status in bezug auf die Währungskontroll- und Steueraspekte. In allen anderen Gebieten sind ausländisch dominierte, in Israel gegründete Gesellschaften einheimischen, für inländische Zwecke betriebenen juristischen Personen gleichgestellt. Die konsequente Durchsetzung dieses Grundsatzes gewährt Ausländern in bezug auf die Gründung und den Betrieb israelischer Gesellschaften Freiheiten, welche insbesondere für offshore-Zielsetzungen vorteilhaft sind:

a) Das israelische Recht kennt keine Einschränkungen bezüglich des Ausländeranteils im Aktionariat; es können also sämtliche Anteile einer israelischen Gesellschaft in ausländischer Hand sein.

b) Die gesamte Verwaltung einer Gesellschaft kann aus Personen mit Wohnsitz im Ausland bestehen. Eine Ausnahme bilden Publikumsgesellschaften.

c) Während das israelische Recht keine Inhaberaktien in Privatgesellschaften erlaubt, können Aktien auf den Namen eines Treuhänders lauten, der keinen israelischen Wohnsitz haben muss. Die Person des tatsächlich Berechtigten kann damit verdeckt werden.

d) Das israelische Recht kennt kein minimales Grundkapital.

e) Praktisch die einzige zwingende Bestimmung für Privatgesellschaften ist, dass die Gesellschaft eine Geschäftsadresse in Israel für förmliche Postzustellungen und andere Zwecke bekanntzugeben haben, dass sie eine minimale Jahresberichterstattung betreiben müssen und die jährliche Abgabe zu zahlen haben.

2. *Steueraspekte*

Unter gewissen Umständen und unter Berücksichtigung der Definition des Gesellschaftssitzes in der *Einkommensteuerverordnung* kann eine in Israel gegründete Gesellschaft für israelische Steuerzwecke als fremde Gesellschaft gelten und aus diesem Grund, wenn dazu noch die unten erwähnten Bedingungen erfüllt sind, in Israel vollkommen steuerbefreit sein. Ferner ist unter bestimmten Voraussetzungen, trotz Sitzes in Israel, eine teilweise Steuerbefreiung möglich.

Wurde eine Gesellschaft zwar in Israel gegründet, befindet sich ihre Hauptaktivität jedoch im Ausland und wird die Gesellschaft auch nicht in Israel kontrolliert und verwaltet, kann sie für Steuerzwecke wie eine Gesellschaft mit ausländischem Sitz behandelt werden, falls ein entsprechendes Gesuch um Steuerbefreiung sowie um Befreiung von den Auflagen der Währungskontrolle gutgeheissen wird. Die Steuerbehörde erteilt den Status einer ausländischen, steuerbefreiten Gesellschaft sowohl im Hinblick auf das Einkommen als auch bezüglich Kapitalgewinnen namentlich dann, wenn die Einkünfte im Ausland erzielt wurden und die nachfolgenden Voraussetzungen kumulativ erfüllt sind:

a) Alle Anteilsinhaber müssen ihren Wohnsitz ausserhalb Israels haben.

b) Alle Verwaltungsräte müssen ihren Wohnsitz ausserhalb Israels haben und es dürfen keine Verwaltungsratsitzungen in Israel stattfinden;

c) Die wichtigsten Geschäfte der Gesellschaft werden im Ausland getätigt und von Israel aus weder gesteuert noch kontrolliert.

d) Die Gesellschaft unterhält keine Geschäftsniederlassung in Israel.

Sind diese Voraussetzungen erfüllt, wird die Steuerbehörde die Gesellschaft von praktisch allen Auflagen der *Einkommensteuerverordnung* in bezug auf die Buchführung und die jährliche Steuererklärung, sofern die Gesellschaft jährlich nebst einer Kopie ihrer Rechnungsauszüge die Erklärung einreicht, dass die obengenannten Bedingungen unverändert erfüllt sind.

In diesem Zusammenhang muss allerdings darauf hingewiesen werden, dass die verantwortliche Steuerbehörde zunehmend auf die Missbrauchsgefahr sensibilisiert ist und in der Regel detaillierte Informationen über die (tatsächlichen) Anteilsinhaber verlangt. Insbesondere werden auch genaue Angaben über die Art der Gesellschaftsgeschäfte verlangt sowie über die Gründe, die zu einer Inkorporierung in Israel veranlassten. Immerhin haben die Informationsbedürfnisse der Steuerbehörde bisher das Mass des Vernünftigen nicht überschritten und, solange die Informationen keinerlei illegale oder betrügerische Machenschaften enthüllen, wird die entsprechende Bewilligung erteilt.

3. Aspekte der Währungskontrolle

Der Entscheid der Steuerbehörde bezieht sich lediglich auf die Auflagen der *Einkommensteuerverordnung*, insbesondere auf die steuerliche Verantwortlichkeit der Gesellschaft. Er hat jedoch keinerlei Auswirkungen auf den Status im Zusammenhang mit der Währungskontrolle. Somit kann also eine Gesellschaft der vollen Währungskontrolle unterstehen, obwohl sie für Steuerzwecke den Status einer ausländischen Gesellschaft hat. Tatsächlich erlauben es aber die Bestimmungen des *„General Permit"*, also der *Verordnung zum Gesetz über die Währungskontrolle* von 1978 (vgl. oben, Ziff. III.), solchen Gesellschaften, selbst ohne Sonderbewilligung ausserhalb Israels mit letztlich minimalen Restriktionen zu operieren.

Beispielsweise erlaubt der *„General Permit"* israelischen Exportgesellschaften, ohne Sonderbewilligung im Ausland Bankkonten zu eröffnen und zu betreiben. Als Exportgesellschaft gilt jede Gesellschaft, welche im Ausland Waren oder Dienstleistungen jeglicher Art für den ausländischen Gebrauch anbietet. Der Saldo, welcher auf diesen Konten zu einem bestimmten Zeitpunkt gehalten werden kann, ist zwar gesetzlich begrenzt, es ist jedoch erlaubt, die finanziellen Mittel dieser Konten unbeschränkt für Waren oder Dienstleistungen ausserhalb Israels zu verwenden. Entsprechend kann also durch eine durchdachte Finanzplanung und Investitionspolitik sowie den Einsatz einer ausländischen Zwischengesellschaft eine Akkumulation von Geldern auf den beschränkten Konten vermieden und somit die Restriktionen praktisch neutralisiert werden.

Die derzeitige Politik und Praxis der israelischen Nationalbank geht dahin, die Währungskontrolle insbesondere für die im Ausland geschäftlich tätigen israelischen Einwohner zu liberalisieren. Diese Liberalisierungsbestrebungen werden sich auch auf die im Ausland abgewickelten Operationen israelischer Gesellschaften auswirken.

C Steuerbefreiung für israelische Gesellschaften mit israelischem Sitz

Unter dem Aspekt der internationalen Steuerplanung kann es von Interesse sein, den Gebrauch einer israelischen Gesellschaft zu erwägen, welche unter gewissen Umständen trotz ihres Sitzes in Israel für bestimmte Einkommen (nicht aber für Kapitalgewinne) steuerbefreit sein kann. Anreiz für dieses Vorgehen kann die Tatsache sein, dass israelische Gesellschaften von den zahlreichen durch Israel ratifizierten Doppelbesteuerungsabkommen profitieren können (vgl. hiervor das Kapitel zum deutsch-israelischen Doppelbesteuerungsabkommen).

Gemäss der *Einkommensteuerverordnung* kann eine Gesellschaft, deren Geschäftstätigkeit und Verwaltung aus dem Ausland kontrolliert werden, beim Finanzministerium eine Steuerermässigung beantragen. Die Ermässigung senkt den Steuerfuss auf maximal 15% (in einigen Fällen kann der Steuerfuss sogar auf 0 reduziert sein) und bezieht sich auf Einkommen, welche im Ausland erzielt wurden und nun in die israelische Gesellschaft (also nach Israel) einfliessen. Diese Steuerermässigung kann sowohl für im Ausland domizilierte Gesellschaften als auch für Gesellschaften mit Sitz in Israel beantragt werden.

Eine Gesellschaft kann ferner - unabhängig von ihrem Sitz - auch dann steuerbegünstigt sein, wenn durch sie kein Einkommen nach Israel einfliesst: Wurde die Gesellschaft in Israel gegründet und sind ihre geschäftlichen Hauptaktivitäten in Israel situiert, können deren Einkünfte aus Geschäftstätigkeiten im Ausland steuerbefreit sein, sofern die betreffende ausländische Geschäftstätigkeit nicht von Israel aus gesteuert und kontrolliert wurde. Selbstverständlich hängt die Steuerbefreiung davon ab, ob die Gesellschaft diese begünstigten Einkünfte von ihrem in Israel erzielten Einkommen trennen kann.

Da zu den oben aufgeführten Steuerbegünstigungen noch keine Gerichtspraxis besteht, können die genannten Befreiungen lediglich als theoretische Möglichkeit in die internationale Steuerplanung einbezogen werden. Immerhin existiert jedoch eine erstinstanzliche Entscheidung, wonach selbst dann, wenn die Gesellschaft innerhalb Israels kontrolliert und verwaltet wird, ihre im Ausland erzielten Einkünfte nicht in Israel zu versteuern sind, wenn die effektive Geschäftstätigkeit ausserhalb Israels liegt, das tägliche Management dieser Geschäftstätigkeit ebenfalls im Ausland stattfindet und sämtliche Einkommen generierende Werte sich ebenfalls im Ausland befinden. Dies, obschon die Gesellschaft Sitz in Israel hat.

D Die wichtigsten Anreize für ausländische Investitionen

1. Gesetz zur Förderung von Kapitalinvestitionen von 1959 (GFK)

Dieses Gesetz bietet eine Vielzahl anspornender Möglichkeiten für ausländische Investitionen, wobei die Bereiche Industrie und Tourismus ganz besondere Beachtung finden.

Zur Ausführung der Bestimmungen des *GFK* wurde ein spezielles Investmentcenter gegründet, welches die Investitionsprojekte begutachtet, über den Status als „Förderungsunternehmen" (Aproved Enterprise Status) sowie die verschiedenen Gesuche entscheidet. Für den Status als „Förderungsunternehmen" kommt grundsätzlich nur eine beschränkte Anzahl von Gesellschaften in Frage, welche in Israel gegründet wurden.

2. *Internationale Handelsgesellschaften*

Internationale Handelsgesellschaften sind ausländische Gesellschaften (d.h. sie wurden im Ausland gegründet), welche zwar von Israel aus geführt und kontrolliert werden, aber lediglich Handel ausserhalb von Israel betreiben. Sofern eine Internationale Handelsgesellschaft einen Jahresumsatz von mindestens $ 100 Millionen aufweist, kann sie in den Genuss verschiedener zeitlich beschränkter Steuerbefreiungen kommen:

1. 10 Jahre Befreiung von der Einkommensteuer,
2. 20 Jahre Befreiung von der Verrechnungsteuer auf Dividenden, die an ausländische Anteilsinhaber ausgeschüttet werden und
3. Steuerbefreiung für Kapitalgewinne, die aus dem Anteilsverkauf resultieren.

E Weitere Steuervorteile

1. *Zeitlich beschränkte Steuervorteile bei unverteiltem Gewinn*

Diese Option ist als Alternative zu staatlichen Subventionen unter dem Begriff "Alternative System of Benefits" bekannt und gewährt Gesellschaften mit dem Status eines „Förderungsunternehmens" (vgl. oben, Ziff. IV.D.1.) eine zeitlich beschränkte Steuerbefreiung auf deren unverteilte Gewinne (vgl. auch hiernach, Ziff.. IV.E.3.).

Werden die Gewinne später als Dividenden ausgeschüttet, so fällt sowohl die Gesellschaftsteuer als auch die auf die Dividenden bezogene Verrechnungsteuer unter den begünstigten Bedingungen an, welche zum Zeitpunkt der Steuerbefreiungsperiode Anwendung fanden.

2. *Ausländisch gehaltene Gesellschaften*

Gesellschaften, deren Anteile nachgewiesenermassen zu mindesten 25% in ausländischem Besitz sind, kommen in den Genuss von reduzierten Gesellschaftsteuersätzen für einen Zeitraum von bis zu zehn Jahren:

Anteil Fremdbesitz:	Gesellschaftsteuersatz in %:
weniger als 49%	25%
49% bis 74%	20%
74% bis 90%	15%
90%	10%

Sämtliche Dividenden, welche nachgewiesenermassen aus der Rendite der Gesellschaft ausgeschüttet werden, unterliegen einer Verrechnungsteuer von 15%.

3. Nicht ausländisch beherrschte Gesellschaften

Gesellschaften, welche nicht im oben aufgeführten Sinne ausländisch dominiert sind, unterliegen generell einer Gesellschaftsteuer von 25% für eine Geschäftsperiode von bis zu sieben Jahren. Dividenden, welche aus deren Gewinn ausgeschüttet werden, unterliegen ebenfalls einer Verrechnungsteuer von 15%. Wenn solche Gesellschaften für eine Steuerreduktion in Frage kommen, wird diese, je nach geographischem Standort des Unternehmens in Israel, für folgende Zeiträume gewährt (vgl. dazu auch Ziff. IV.E.1.):

	Prioritätszone A	**Prioritätszone B**	**Übriges Gebiet**
Steuervorteile	10	6	2
Verbleibende Zeit für Steuervorteile	0	1	5
Total (Jahre)	10	7	7

Die Steuerreduktionen wurden allerdings anlässlich der jüngsten Kürzungen im Staatsbudget merklich herabgesetzt.

F Freihandelshäfen und -zonen

1. Steuerbefreiung in Freihandelshäfen und -zonen

Für berechtigte, exportorientierte Unternehmen innerhalb der Freihandelshäfen von Haifa, Ashdod und Eilat gewährt dieses Gesetz ebenfalls eine Anzahl direkter und indirekter Steuervergünstigungen.

2. "Israel Free Export Processing Zone"

Aufgrund der Initiative einiger amerikanischer Investoren wurde im Jahre 1984 das Gesetz über die "*Free Processing Zone*" verabschiedet, welches die Errichtung von extraterritorialen, exportorientierten Industrieparks ermöglicht, wo Steuern, Währungskontrolle und Arbeitsgesetze keine direkte Anwendung erfahren. Die Parks müssen allerdings von privaten Entwicklern resp. Konzessionären aufgebaut werden. Das Konzept entspricht in etwa den in Irland existierenden Freihandelszonen, mit der Ausnahme, dass in Israel Finanzdienstleistungen aus dem Gesetz ausgenommen wurden. Eine erste Freihandelszone ist im Süden des Landes, in der Nähe von Beersheba geplant.

G Staatlich garantierte Darlehen

Als Sicherheit für Darlehen, welche von israelischen Kommerzbanken zur Finanzierung bestimmter Projekte gewährt werden, hatte früher der Staat unter gewissen Umständen die Deckung übernehmen. Dies wurde allerdings in einer neuesten Revision zugunsten der Kürzungen im Staatsbudget abgeschafft.

V. ANHANG: INSTRUMENTE ZUR VERMEIDUNG DER DOPPELBESTEUERUNG

Heute (Stand Juni 1997) hat Israel mit den folgenden Staaten ein Doppelbesteuerungsabkommen geschlossen:

Argentinien
Belgien
China
Dänemark
Deutschland (siehe Kapitel 16)
Finnland
Frankreich
Grossbritannien
Irland
Italien
Jamaika
Japan
Kanada
Niederlande
Norwegen
Österreich
Polen
Schweden
Singapur
Südafrika
Thailand
Tschechien
Ungarn
USA

Verrechnungsteuersätze gemäss den Doppelbesteuerungsabkommen:

Land	Ins Ausland gehende Dividenden in %	Vom Ausland nach Israel gelangende Dividenden in %	Zinsen (In- und Ausland) in %	Royalties (In- und Ausland) in %
Österreich	25	25	15	10
Belgien	15	15	15	10
Kanada	15	15	15	15
China	10	10	10	10
Tschechien	5 od. 15	5 od. 15**	10	5
Dänemark	25	5 od. 15	25	10
Finnland	25	5 od. 15	25	10
Frankreich	25	10 od. 15	15	10
Deutschland	25	25	15	5
Ungarn	5 oder 15	5 od. 15	0	0

Irland	10	10**	10	10
Italien	25	25	15	0
Jamaika	15 od. 22,5	15 od. 22,5	15	10
Japan	5 od. 15	5 oder 15	10	10
Niederlande	5/10/15	5 oder 15	15	5
Norwegen	25	5 oder 15	25	10
Polen	5 oder 10	5 oder 10	5	5 oder 10
Singapur	0	0	15	0
Südafrika	25	25	25	0
Schweden	0	5 oder 15	25	0
GB	15	15	15	0
USA	12.5/15/25	12,5/15/25	10 oder 17,5	10 od. 15

** Unter Vorbehalt der Endbestätigung

Bei den Zahlen handelt es sich um die üblichen Ansätze. Ein Abkommen kann jedoch besondere Tarife für bestimmte Gebiete vorsehen. Bezüglich der beiden neuesten Doppelbesteuerungsabkommen mit Argentinien und Thailand waren den Herausgebern noch keine Zahlen zugänglich.

18 UMWELTRECHT

Alon Tal[1]

Christoph Schalast[2]

I. EINFÜHRUNG

Israel ist ein kleines Land mit beschränkten Ressourcen, weshalb Umweltproblemen heute immer größere Aufmerksamkeit gewidmet wird.

Die israelische Umweltgesetzgebung hat später eingesetzt als etwa in Europa und den Vereinigten Staaten. Doch angesichts der aktuellen Umweltprobleme des Landes, wurden in letzter Zeit zahlreiche moderne Umweltschutzvorschriften geschaffen. Heute hat das Niveau des Umweltbewußtseins in Israel den Stand der westlichen Staaten nahezu erreicht; die geltenden und zu erwartenden Umweltbestimmungen sind ein wichtiger Standort- und Kostenfaktor für jegliche Geschäftstätigkeit in Israel.

Das israelische Umweltrecht kann in zwei Kategorien eingeteilt werden:

- die allgemeinen Gesetze mit Umweltbezug und
- die medienspezifische Umweltgesetzgebung.

Die erste Gruppe von Gesetzen ist Ausdruck eines modernen Umweltrechts, dessen Zielsetzung in der Förderung von Umweltschutz und Umweltplanung im Sinne des Vorsorgeprinzips besteht.

Die zweite Gruppe von Gesetzen ist dagegen - wie wohl überall in der Welt - charakterisiert durch großen Detailreichtum, was nicht zuletzt seine Ursa-

---

[1] Dr. Alon Tal ist Autor des englischen Originaltexts. Er ist der Präsident der Israelischen Vereinigung für Umweltschutz und Professor für Umweltrecht an den Universitäten von Tel Aviv und Beersheba sowie Adjunct lecturer an der Harvard University School of Public Health.

[2] Christoph Schalast erstellte die deutsche Bearbeitung. Er ist Rechtsanwalt in Frankfurt a.M., Professor für Wirtschaftsrecht und Wirtschaftsverwaltungsrecht an der Fachhochschule Wismar und Autor zahlreicher Arbeiten und Beiträge u.a. zum deutschen und europäischen Umweltrecht.

che darin hat, daß sie von Expertenkomissionen entworfen wurden und vor allem quantitative technologische Spezifikationen enthalten[3].

II. Allgemeine Gesetze mit Umweltbezug

A Das Bau- und Planungsgesetz

Umweltschutz sollte so früh wie möglich in den Planungsprozeß integriert werden, um mögliche Umweltgefahren frühzeitig zu verhindern oder aber gering zu halten. Im Bereich des Baurechts ist dabei das *Planungs- und Baugesetz* von 1965 über die Errichtung von Gebäuden und die Nutzung von Grund und Boden von zentraler Bedeutung. Nach diesem gerade erst novellierten Gesetz wird der Planungsprozeß in drei Ebenen unterteilt:

- die nationale Planung,
- die regionale Planung und
- die kommunale/lokale Planung.

Federführende Planungsbehörde ist das Israelische Innenministerium. Auf regionaler und lokaler Ebene wurden Planungsbehörden (Komitees) gebildet mit der Aufgabe, vorbereitende Flächennutzungspläne bzw. auch Bebauungspläne zu erarbeiten. Die lokalen Behörden sind dann für die Vergabe von Baugenehmigungen im Rahmen der Flächennutzungs- und Bebauungspläne zuständig.

Auf der staatlichen Ebene ist nach dem Gesetz die Erarbeitung von nationalen Rahmenprogrammen vorgesehen. Diese Programme, die von der nationalen Planungsbehörde genehmigt werden, haben zum Ziel, die überregionale strategische Nutzung von Grund und Boden für Straßenbau, Tourismus etc. vorzubereiten. Nach ihrer Genehmigung auf Regierungsebene haben die nationalen Pläne auch Verordnungscharakter. Einige der nationalen Pläne haben dabei einen starken Umweltbezug, wie zum Beispiel der Küstenschutzplan, der Nationalparkplan oder die Konzeption der nationalen Mülldeponien.

Die Bestimmungen sehen dabei eine starke Einbeziehung der Öffentlichkeit in den Planungsprozeß vor: Gemäß § 100 des *Bau- und Planungsgesetzes* sind zum Beispiel Privatpersonen befugt, Widerspruch gegen regionale und kommunale Pläne einzulegen, die sie in ihren Rechten verletzen könnten.

---

[3] Vergleichbar ist insoweit zum Beispiel die deutsche Immissionsschutzgesetzgebung und die übrige medienspezifische Gesetzgebung.

Darüber hinaus ist eine ausgewählte Gruppe von anerkannten Umweltschutzorganisationen im öffentlichen Interesse widerspruchsberechtigt. Die zuständige Planungsbehörde muß über den Widerspruch entscheiden, und im Falle einer negativen Entscheidung besteht die Weiterzugsmöglichkeit an die übergeordnete Behörde. Letztinstanzliche Entscheidungen der Planungsbehörde unterliegen der Beschwerde an den Obersten Gerichtshof.

Grundsätzlich darf in Israel kein Bauvorhaben ohne Baugenehmigung aufgrund eines kommunalen/lokalen Bebauungsplanes erfolgen. Die Durchführung eines Bauvorhabens ohne entsprechende Genehmigung bzw. im Widerspruch zu einem Bebauungsplan stellt eine Straftat dar. Solche illegalen Gebäude können nach entsprechender Gerichtsentscheidung wieder abgerissen werden.

Seit den 70er Jahren haben die Planungsbehörden Umweltverträglichkeitsprüfungen angestellt, um die Umweltauswirkungen eines neuen Projektes zu überprüfen. 1982 wurden vom Innenministerium gesetzliche Bestimmungen für die Durchführung dieser Umweltverträglichkeitsprüfung erlassen. Dabei weicht die Umweltverträglichkeitsprüfung in Israel von den Regelungen in den Vereinigten Staaten und Europa ab: Nach den derzeitigen Bestimmungen sind Umweltverträglichkeitsprüfungen nur vorgeschrieben für bestimmte Projekte, wie zum Beispiel Kraftwerke, Flughäfen, Deponien für giftige Abfälle etc. Darüber hinaus besteht die Möglichkeit, bei einem Bauvorhaben, bei dem eine signifikante Umweltbeeinflussung zu befürchten ist, durch Anordnung des Ministeriums eine Umweltverträglichkeitsprüfung zu verlangen.

Nach den gesetzlichen Bestimmungen muß die Umweltverträglichkeit folgende Ausführungen enthalten:

- eine Darstellung der Umweltsituation vor Verwirklichung eines Vorhabens,
- Begründung der konkreten Ausgestaltung des Vorhabens im Vergleich zu Alternativen,
- Darstellung der konkreten Auswirkungen einer Verwirklichung eines Projektes,
- Umweltauswirkungen des Vorhabens und Möglichkeit der Verhinderung negativer Auswirkungen,
- Ergebnisse und Vorschläge für die umweltgerechte Ausgestaltung des Vorhabens.

Wichtig ist, daß die Umweltverträglichkeitsprüfung nach den Vorgaben des zuständigen Ministeriums, in der Regel des Umweltministeriums, zu erfolgen hat. Wenn die Darstellungen nicht den Vorgaben des Ministeriums entsprechen und die entsprechenden Fragen beantworten, ist der Bebauungsplan bzw. die Bauanfrage nichtig. So stellte sich zum Beispiel die Sachlage beim *Voice of America*-Fall dar, einem in Israel wichtigen Präzedenzfall, der 1991 entschieden wurde[4]. Das Oberste Gericht erklärte in diesem Zusammenhang die vorgelegte Umweltverträglichkeitsprüfung für nichtig mit dem Hauptargument, daß die Auswirkungen des Projektes auf die Vogelwelt nicht qualifiziert genug geprüft wurden. Im Ergebnis führte diese Verzögerung bei der Errichtung des Radiosenders dazu, daß das Projekt endgültig aufgegeben wurde.

B Gewerbe- und Wirtschaftszulassungsgesetz

Das *Gewerbe- und Wirtschaftszulassungsgesetz* von 1968 beruht auf einer Verordnung aus der Mandatszeit vor der israelischen Staatsgründung. Durch das Gesetz wird der Verwaltungsrahmen für die Zulassung fast aller Wirtschaftsbereiche geregelt. Im einzelnen ist in diesem Gesetz ausgeführt, welche Gewerbe- und Wirtschaftszweige einer Zulassung bedürfen. Das Umweltministerium und kommunale Behörden sind dabei befugt, umweltschutzbezogene Bedingungen für die Lizenzvergabe zu formulieren.

Das Gesetz war in Israel die erste Kodifikation, die das Konzept des Umweltschutzgedankens als den wichtigsten Faktor in einem Zulassungsprozess einführte. Danach wird als Ziel des Zulassungsprozesses die Gewährleistung einer angemessenen Umweltqualität genannt, was auch geeignete sanitärer Bedingungen, die Verhinderung von Gefahren und Immissionen sowie die Übereinstimmung mit den Plan- und Baugesetzen sowie Feuerschutzbestimmungen einschließt. Die Zuständigkeit für die Lizenzvergabe liegt bei den Gemeinden in Zusammenarbeit mit dem Umweltministerium sowie in bestimmten Industriebereichen (Kosmetik-, Lebensmittel- und Pharmaindustrie) beim Gesundheitsministerium.

Das Umweltministerium ist befugt, in den Prozeß der Lizenzerteilung einzugreifen und bestimmte Standards im Bereich der Luftverschmutzung, der Wasserqualität etc. durchzusetzen. Auch in diesem Bereich des Verwaltungshandelns können sich Gesuchsteller mittels Beschwerde an den Obersten Gerichtshof gegen die Vorgaben des Ministeriums zur Wehr setzen.

Durch das *Gewerbe- und Wirtschaftszulassungsgesetz* kann das Umweltministerium auf fast alle Bereiche des wirtschaftlichen Lebens Einfluß ausüben. Aus diesem Grunde hat sich das Ministerium in der Praxis vor allem im Bereich der Emissionsverhinderung immer wieder auf allgemeine Wirtschaftslizenzen zurückgegriffen und entsprechend darauf verzichtet, Verbote gemäß den anwendbaren medienspezifischen Gesetzen auszusprechen.

---

[4] Society for the Protection of Nature in Israel / National Planning and Building Board, Bagatz 3476/90

Dies hat für Investoren den Vorteil, das die anwendbaren Standards verhandelbar sind.

Zur Durchsetzung der vorgenannten Grundsätze enthält das Gesetz auch Strafbestimmungen für Personen, die ohne oder unter Verletzung einer Zulassung tätig werden. Neben der Aussprache von Gefängnisstrafen haben die Kommunalverwaltungen und Gerichte die Möglichkeit, solche Betriebe zu schließen.

C Die Verordnung zum Schutz der öffentlichen Gesundheit

Die *Verordnung zum Schutz der öffentlichen Gesundheit* geht auf ein britisches Gesetz zurück. Der Regelungsumfang ging dabei von der Todesursachenfeststellung über die Registrierung bestimmter Krankheiten bis zu umweltschutzrelevanten Bereichen, wie zum Beispiel der Wasserqualität. Das Gesetz enthält heute einen eigenen Abschnitt über Umweltgefahren, in dem mögliche Störungen in Fallgruppen unterteilt sind. Wenn die Gesundheitsbehörden eine solche Störung festgestellt haben, muß diese sofort beseitigt werden. Falls das betroffene Unternehmen bzw. die betroffene Person der entsprechenden behördlichen Anordnung nicht Folge leistet, ist der regionale Sanitätsbeamte befugt, die Störung im Wege der Ersatzvornahme zu beenden und die Kosten dem Störer aufzuerlegen. Gemäß Art. 5 der Verordnung ist das Gesundheitsministerium befugt, die Trinkwasserqualität und die Abwasserentsorgung zu regeln.

D Unerlaubte Handlungen und Strafbestimmungen

Umweltschutz wurde in Israel vor der modernen medienspezifischen Gesetzgebung vor allem durch das *Strafgesetzbuch*, das *Nebenstrafrecht* sowie die *Verordnung über die unerlaubter Handlungen* verwirklicht. Beide Bestimmungen gehen auf die Mandatszeit zurück. Das Strafgesetzbuch von 1977 ist die novellierte (britische) Strafverordnung von 1936 und enthält einen besonderen Abschnitt zum Umweltstrafrecht, der mit entsprechenden Regelungen wie etwa in Deutschland vergleichbar ist. Im Mittelpunkt stehen dabei Lärmbeeinträchtigungen, Störungen der öffentlichen Sicherheit sowie die Luft- und die Wasserverschmutzung. Allerdings haben diese Strafbestimmungen, wie auch in anderen Staaten, mehr symbolischen Charakter. In einschlägigen Urteilen wurden bisher kaum Gefängnisstrafen ausgesprochen. Die Bedeutung des Umweltstrafrechts auch durch den Umstand herabgesetzt, daß zahlreiche medienspezifische Gesetze eigene Strafbestimmungen enthalten. Trotzdem kann die Stigmatisierung durch eine Straftat unter generalpräventiven Gesichtspunkten den Umweltschutz fördern.

Das israelische Deliktsrecht beruht ebenfalls auf einer Bestimmung aus den Mandatstagen. Im Bereich des Umweltschutzes standen einst die Art. 44 und 42 über den privatrechtlichen Immissionsschutz im Vordergrund. In neuester Zeit hat das Umweltministerium angekündigt, daß es in Zukunft verstärkt auch aufgrund des privatrechtlichen Immissionsschutzrechts vorgehen will.

In der Regel betreffen die Rechtsstreitigkeiten aufgrund der Art. 44 und 42 der *Haftpflichtverordnung* aber nur relativ unwichtige Nachbarstreitigkeiten. Immerhin hat der Oberste Gerichtshof in einem leading case[5] entschieden, daß die Größe und der entsprechende gesellschaftliche Nutzen des größten israelischen Texilherstellers für sich allein nicht genügen, um übermäßige Umweltimmissionen zu rechtfertigen. Nach diesem Präzedenzentscheid wird das Vorliegen umweltverschmutzender Handlungen vermutet, wenn eine Störung nachgewiesen wurde. Dem Störer ist dann der Entlastungsbeweis überlassen.

III. MEDIENSPEZIEFISCHE GESETZGEBUNG

A Luftverschmutzung

Die wichtigste israelische Immissionsschutzregelung ist das *Immissionsverhinderungsgesetz* von 1961, welches den gesetzlichen Rahmen für die Erhaltung der Luftqualität bildet. Im Zentrum des Gesetzes (Art. 2-4) steht ein generelles Verbot starker und unverhältnismäßiger Lärm-, Geruchs- und Luftqualitätsbeeinträchtigungen. Das Gesetz ist im Kern ein Strafgesetz, räumt den Beeinträchtigten aber auch private zivil- oder strafrechtliche Klagen gegen die Verursacher ein.

In Anlehnung an eine Entscheidung des Obersten Gerichtshofs[6] wurden gesetzliche Bestimmungen für die Grenzwerte erarbeitet. Hervorzuheben sind die Luftqualitätsstandards, die zunächst 1971 in Kraft getreten und später immer wieder novelliert wurden. Die Grenzwerte werden dabei entsprechend den Vorschlägen der Weltgesundheitsorganisation festgelegt. Neben bekannten Stoffen wie CO_2, SO_2, Ozon etc. werden auch für andere Stoffe Grenzwerte festgesetzt, die üblicherweise nicht gesetzlich geregelt sind (z.B. Kadmium, Vanadium, Sulfate etc.).

---

[5] Ata v. Schwartz, Civil appeal 44/76, PADI 30/3/786

[6] Oppenheimer v. Ministers of Interior and Health, PADI 20 (1) 309, 1966

Trotzdem kann man davon ausgehen, daß die entsprechenden Standards bezüglich der Luftverschmutzung in Israel weniger hoch sind als in vergleichbaren Industrieländern. Da nach dem Gesetz das Umweltministerium befugt ist, Standards festzuschreiben, wurden die nationalen Immissionsschutzverordnungen bisher nicht streng genug umgesetzt. Darüber hinaus sieht das Gesetz einen unternehmensspezifischen Ansatz vor: Nach Art. 8 des Gesetzes ist das Umweltministerium zwar befugt, unternehmensspezifische Regelungen zu erlassen, hat aber von dieser Befugnis bisher nur wenig Gebrauch gemacht. Immerhin halten sich die wohl bedeutendsten Emittenten, wie Stromerzeuger (in Israel wird Strom teilweise noch durch Treibstoffbetriebene Kraftwerke produziert), Ölraffinerien und Heizwerke an die Vorgaben des Umweltministeriums, nachdem sie wiederholt ins Kreuzfeuer der öffentlichen Meinung geraten waren.

In der Vergangenheit hat das Umweltministerium auf Umweltimmissionen bevorzugt im Rahmen des *Gewerbe- und Wirtschaftszulassungsgesetzes* reagiert. Heute werden in Baugenehmigungen für Kraftwerke etc., aber auch bei Gewerbe- und Industriezulassungen die deutschen Standards berücksichtigt.

Bewegliche Quellen der Umweltverschmutzung, die nicht dem Zulassungsgesetz unterliegen, werden von *Verordnung zum Schutz der öffentlichen Gesundheit* sowie der *Immissionsschutzgesetz* erfaßt. Die derzeit noch vorhandene Uneinheitlichkeit in bezug auf die entsprechenden bei den Emissionstests soll in absehbarer Zeit vereinheitlicht werden.

Daneben ist das Transportministerium für Autoabgase sowie andere CO_2-Emissionen zuständig. Auch hier ist die Gesetzgebung weitgehend mit dem europäischen und dem amerikanischen Standard vergleichbar. Dies bedeutet, daß entsprechende Grenzwerte vorgeschrieben werden, Katalysatoren obligatorisch sind und bleifreies Benzin bevorzugt behandelt wird.

B Wasserrecht

Das Umweltministerium hat es bisher nicht geschafft, die Zuständigkeiten für die Wasserqualität in einer Hand zu konzentrieren. Derzeit agieren eine Vielzahl zuständiger Behörden nebeneinander: Ministerien, Kommunalbehörden und unabhängige Agenturen. Diese Situation führt zu Verunsicherung in den betroffenen Industriezweigen sowie in der Öffentlichkeit.

Der grundlegende Erlaß für die Wasserqualität ist das *Wassergesetz* von 1959. Das umfangreiche Gesetz geht dabei von den folgenden Prinzipien aus:

- Alle Wasserquellen sind öffentliches Eigentum;
- Privateigentum an Grund und Boden führt nicht zu Eigentum an Wasserquellen;
- es besteht ein allgemeines Recht auf Wassergebrauch, solange die Wasserqualität nicht beeinträchtigt wird.

Zentrale Verwaltungsbehörde ist der Wasserkommissar. Neben seinen Befugnissen im Bereich der Preisgestaltung ist er auch zuständig für die Umwelt und die Wasserqualität. Er hat das Recht, Wasserverunreinigungen abzumahnen und bei unterlassener Abhilfe auf dem Wege der Ersatzvornahme gegen den Verschmutzer vorzugehen. Daneben kann der Kommissar Abfallentsorgungspläne ablehnen und sonstige Maßnahmen (z.B. bei chemischer und biologischer Verunreinigung) zum Schutz des Wassers treffen. Gegenüber uneinsichtigen Verursachern von Wasserverunreinigungen kann er selbst die Einstellung der Versorgung anordnen.

Aufgrund einer Kabinettsentscheidung wurden innerhalb des Wasserrechts wichtige Befugnisse, wie die Ermächtigung zur Festsetzung von Standards und zur Verordnungsgesetzgebung, vom Agrarministerium auf das Umweltministerium übertragen. Das Umweltministerium machte von diesen vorher unbenutzten Kompetenzen regen Gebrauch und erließ verschiedene wichtige Verordnungen, die sich insbesondere mit der Einschränkung von Pestiziden etc. befassen.

Dagegen werden die Trinkwasserstandards sowie die Standards für Abwasser und dessen Wiedergebrauch in der Landwirtschaft weiterhin vom Gesundheitsministerium festgesetzt. Für das Trinkwasser wird zwischen einem empfohlenen Höchststandard und einem verbindlichen Mindeststandard unterschieden. Für die kommunalen Kläranlagen ist hingegen das Innenministerium zuständig.

Da derzeit noch keine nationalen Standards für Industrieabfälle bestehen, wird diese Problematik von den Kommunalbehörden geregelt. Bis heute haben vierzig Gemeinden ein Modellgesetz verabschiedet, das Grenzwerte für bestimmte Stoffe festsetzt. Gegenwärtig wird beabsichtigt, neue aktuelle Standards festzusetzen und diese in das Wassergesetz einzubeziehen.

Schließlich existieren Sonderbestimmungen für offene Gewässer wie den See Genezareth, und es wurden Sonderbehörden für bestimmte Flüsse wie den Yarkon und den Kishon geschaffen.

C Lärmbelästigung

Da die Bevölkerungsmehrheit in konzentrierten städtischen Regionen und angesichts der klimatischen Bedingungen die in der Regel mit offenen Fenstern lebt, ist Lärmbelästigung ein in der israelischen Öffentlichkeit lebhaft diskutiertes Thema. Aus diesem Grund stand die Lärmbelästigung bei der Anwendung des *Immissionsschutzgesetzes* von 1961 bisher im Vordergrund. Seit 1990 existieren vergleichsweise strenge Grenzwerte, wobei zwischen unterschiedlichen Wohn- und Industriezonen unterschieden wird. Die Grenzwerte ändern sich mit der Sensibilität der jeweils betroffenen Zonen (Wohn- und Industriezonen) und sind abhängig von der Tageszeit. Obwohl die anwendbaren Bestimmungen genaue Anweisungen zu den ausschlaggebenden Meßtechniken enthalten, hat die Gerichtspraxis wiederholt festgehalten, das die Regelung nicht dazu dient, den allgemeinen Lärmschutz einzuschränken. Entsprechend bleibt der Bürgen bei seiner Beschwerde wegen unverhältnismäßiger Lärmbelästigung nicht allein auf wissenschaftliche Messungen verwiesen, sondern kann den Immissionsgrad auch durch einfache Zeugenaussagen glaubhaft machen.

D Abfallrecht

Das israelische Abfallrecht ist bis heute sowohl bezüglich des Regulierungsrahmens wie auch der einzelnen Standards nicht mit den Bestimmungen in den entwickelten Ländern zu vergleichen. Die Gesetzgebung hat erst Anfang der 90er Jahre eingesetzt, und es fehlen entsprechende Erfahrungen. Es ist davon auszugehen, daß das Umweltministerium bemüht sein wird, in diesem Bereich stärker aktiv zu werden. Aus diesem Grund ist der nachfolgende Bericht auf eine kurze Beschreibung der aktuellen Situation dieses sehr dynamischen Rechtsgebiets beschränkt.

1993 wurde vom israelischen Parlament, der Knesset, ein *Gefahrenstoffgesetz* verabschiedet. Oberste ausführende Behörde ist das Umweltministerium. Im Mittelpunkt steht das Lagern und der Transport gefährlicher Materialien, die im einzelnen gesetzlich aufgezählt sind. Jedes Unternehmen, das sich in diesem Bereich engagiert, ist verpflichtet, eine besondere Gefahrstoffbewilligung zu erwerben. Ansonsten besteht die Möglichkeit, die Geschäftstätigkeit zu untersagen.

Die Gefahrstoffbewilligung steht im Zusammenhang mit weiteren Verwaltungsbestimmungen: Der Bewilligungsempfänger hat die vertriebenen bzw. genutzten giftigen Stoffe sowie deren Kauf und Verkauf zu registrieren, wobei das Umweltministerium diesbezüglich über erhebliche Untersuchungsbefugnisse verfügt. Gesetzesverstöße werden - wie im israelischen Umweltrecht üblich - als Straftaten geahndet. Daneben besteht die Möglichkeit, Chemikalien zu konfiszieren und Erlaubnisse zu entziehen.

Schließlich wird dem Umweltministerium das Recht zugestanden, seine Untersuchungsbefugnisse durch entsprechende Verordnungen zu konkretisieren.[6]

Der Transport von Gefahrstoffen wird durch das Verkehrsrecht geregelt. Hier ist mit weiterer Gesetzgebung nach der Ratifizierung der Konvention von Basel durch Israel zu rechnen.

Auch das sonstige Abfallrecht ist in Israel nicht besonders entwickelt. Nach der Kommunalfassung sind die Gemeinden für die Abfallsammlung und -beseitigung zuständig. Es existiert zwar ein nationaler Abfallbeseitigungsplan, dieser wurde aber bisher nicht in die Realität umgesetzt. Dies bedeutet, daß die dort ausgewiesenen Deponien noch nicht durchgängig bestehen, während zahlreiche nicht ausgewiesene Deponien weiter genutzt werden. Das Umweltministerium versucht, pragmatisch mit der Situation umzugehen und ist bemüht, bestehende ausgewiesene Deponien auszuweiten und die nicht ausgewiesenen allmählich zu schließen.

Daneben findet im Abfallbereich das *Immissionsverhinderungsgesetz* Anwendung und regelt Rechtsfragen wie die illegale Müllverbrennung und die Kontrolle nicht genehmigter Mülldeponien.

Heute wird in Israel nur ca. 3 % des anfallenden Abfalls wiederverwendet. Dies bedeutet einen riesigen Rückstand gegenüber weltweit führenden Staaten, die mittlerweile bei einer Wiederverwertungsrate von 40% angelangt sind. Es ist zu hoffen, daß das neue *Recycling-Gesetz* von 1993 die unbefriedigende Situation langsam verbessern wird. Im Mittelpunkt stehen dabei wiederum die Gemeinden, welche verschiedene Befugnisse erhalten, wie etwa diejenige, Abfalltrennung anzuordnen. Die entsprechenden Aufsichtsfunktionen obliegen dem Umweltministerium.

E Meeresverschmutzung

Im israelischen Umweltrecht war der Meeres- und Küstenschutz bisher wohl das erfolgreichste Wirkungsfeld. Israel hat alle Protokolle der *Konvention von Barcelona zum Schutz des Mittelmeeres* unterzeichnet. Die Umsetzung der Konvention wird teilweise durch einen unabhängigen *Meeresüberwachungsfonds* finanziert und quantitative Erfolge sind heute eindeutig feststellbar. Die erreichten Fortschritte sind weitgehend einer konsequenten Durchsetzung der *Verordnung zum Schutz des Meerwassers vor Verschmutzung durch Öl (Neue Version)* von 1980 zu verdanken. So sind Schiffe, die in israelisches Hoheitsgebiet einlaufen, verpflichtet, Ölberichtsbücher zu führen, die u.a. über das Ballastwasser sowie das Bilgenöl

[6] Spezielle Bestimmungen bestehen für Israels Giftmülldeponie Ramat Hovav.

Auskunft geben. Das Umweltministerium hat das Recht, Stichproben zu erheben. Ergänzend wird eine Abgabe an den *Meeresüberwachungsfonds* erhoben.

Mit dem *Gesetz zur Vermeidung der Meeresverschmutzung (Abfall)* von 1993 sollen Meerwasserverschmutzungen durch Schiffe und Flugzeuge gemäß dem Ersten Protokoll von Barcelona bekämpft werden. Das Gesetz enthält eine schwarze Liste gefährlicher Abfälle wie zum Beispiel Pestizide, die überhaupt nicht verkappt werden dürfen. Für Stoffe auf der sogenannten grauen Liste (wie z.B. Zink) ist eine Bewilligung notwendig, die jedoch in der Praxis selten begehrt und erteilt wird.

Die Meeresverschmutzung durch Verursacher auf dem Festland wird ebenfalls durch ein spezielles Gesetz geregelt. Damit soll die Praxis der „Abfallentsorgung" in das Meer unterbunden werden. Entsprechende Entsorgungsbewilligungen werden nur unter sehr engen Voraussetzungen gewährt.. Der Antragsteller hat nachzuweisen, das keine Möglichkeit der ökologisch sinnvollen Entsorgung an Land besteht und das die ökologischen Auswirkungen einer Entsorgung ins Meer nicht allzu tiefgreifend sind. Der Ausguß bestimmter Substanzen sind überhaupt nicht zulässig

IV. ZUSAMMENFASSUNG

Einerseits hat Israel heute ein umfassendes mit anderen europäischen Staaten oder den Vereinigten Staaten vergleichbares Umweltrecht geschaffen. Die zentralen Umweltbestimmungen sind dabei strafrechtlich ausgestaltet. Andererseits ist aber ein großes Vollzugsdefizit feststellbar, wobei die Hauptursachen in mangelndem Umweltbewußtsein und fehlender Kontrolldichte liegen dürften. Auch diese Situation ist mit zahlreichen europäischen Ländern vergleichbar. Doch zeigen die Erfolge im Bereich des Meeres- und Küstenschutzes, daß eine Implementierung der Umweltschutzbestimmungen bei entsprechender Anstrengung der Behörden und Unternehmen sehr wohl möglich ist. Bei geplanten Geschäftsaktivitäten in Israel sollten die Umweltbestimmungen in die Planung frühzeitig miteinbezogen werden, da gerade im Baugenehmigungsrecht Umweltschutzgesichtspunkte eine wichtige Rolle spielen. Auch eine Zulassung für den Geschäftsbetrieb in Israel ist ohne Beachtung der einschlägigen Umweltstandards nicht möglich.

19 Gesetze im Bereiche des Tourismus

Jose Fosman[1]

Eric Teitler[2]

I. Einführung

Die Zahl der Israel-Besucher wächst ständig. In den letzten Jahren trafen jährlich rund zwei Millionen Reisende in Israel ein. 1995 wurde ein Rekord mit rund 2,2 Millionen einreisender Menschen erreicht. Jeder Besucher bewirkte einen Umsatz von rund 1'250 US-Dollar. Die Gesamteinkünfte aus dem Tourismus einschliesslich der Einnahmen aus dem Luft- und Seereisegeschäft liegen in der Grössenordnung von 2,7 Billionen US-Dollar.

II. Reiseunternehmen: Reisebüros und Reiseveranstalter

Reisebüros und Reiseveranstalter spielen im Tourismus eine wichtige Rolle; sie gelten als Reiseunternehmen und ihre Aktivitäten werden durch das *Gesetz über die touristischen Dienstleistungen* von 1976 und die *Verordnung über die Überwachung von Gütern und Dienstleistungen* von 1967 geregelt. Der Betrieb dieser Unternehmen erfordert eine Lizenz, deren Erteilung von verschiedenen Erfordernissen abhängt, insbesondere:

1. die Einreichung eines Gesuches beim Tourismusministerium;
2. der Gesuchsteller muss ein vom Tourismusministerium zugelassener Reisefachmann sein oder einen zugelassenen Reisefachmann beschäfti-

---

[1] Dr. Jose Fosman verfasste den englischen Originaltext. Er ist Rechtsanwalt mit Zulassungen der Anwaltskammern von Israel, Uruguay und Spanien und I.F.T.T.A. (Internationales Forum der Reise- und Tourismus-Anwälte), ständiges Mitglied des Ibero-amerikanischen Institutes für Luftrecht sowie Mitglied des Ausschusses für Reiserecht der israelischen Anwaltskammer. Er praktiziert in Tel Aviv.

[2] Dr. Eric Teitler verfasste die deutsche Bearbeitung. Er ist Rechtsanwalt und praktiziert in Zürich.

gen; im letzteren Falle ist dem Gesuch der entsprechende Anstellungsvertrag beizulegen, der zumindest für ein Jahr abgeschlossen sein muss;

3. der Gesuchsteller hat einen Finanznachweis für den Geschäftsbetrieb beizubringen;
4. innerhalb von sechs Wochen nach Gutheissung des Gesuches durch das Ministerium oder innerhalb von sechs Wochen im Falle des Eigentümerwechsels ist beim Ministerium eine Bankgarantie über USD 180'000 zu hinterlegen; diese Garantie wird vom Ministerium während dreier Jahre einbehalten;
5. eröffnet ein Reisebüro eine Filiale, so ist eine weitere Bankgarantie von USD 90'000 zu hinterlegen.

Aufgrund von Art. 32 der Verordnung sind Luft- und Seereisebüros, die unter ausschliesslicher Verantwortung der Muttergesellschaften arbeiten, von den obgenannten Bedingungen ausgenommen; dies gilt indessen dann wiederum nicht, wenn diese Büros weitere Dienstleistungen anbieten, wie z.B. Landausflüge. Art. 23(4)(a) der Verordnung untersagt, berufliche Kundenkontakte Sachbearbeitern anzuvertrauen, die kein Zulassungsdiplom besitzen. Dieselben Zulassungsbedingungen, wie sie für Reisebüros und Reiseveranstalter stipuliert sind, gelten auch für reine Wiederverkäufer von Reisedienstleistungen.

III. Reisefachleute und Zugelassene Facharbeiter

Um ein Diplom als Reisefachkraft zu erlangen, muss die gesuchstellende Person insbesondere im Besitz des Zulassungsdiploms für Reisesachbearbeiter sein, drei Jahre Berufserfahrung aufweisen und schliesslich die Prüfung zur Reisefachkraft bestehen.

Das Zulassungsdiplom zum Reisesachbearbeiter setzt alternativ die Erfüllung einer der folgenden zwei Bedingungen voraus:

1. Abschlusszeugnis einer anerkannten Touristik-Fachschule, welche auf die Reisefach-Ausbildung spezialisiert ist,
2. für Neueinwanderer: Besitz eines ausländischen und vom israelischen Touristikministerium anerkannten Fachdiploms sowie mindestens drei Jahre Berufserfahrung im Ausland auf den Gebieten Tourismus, Reisegeschäft oder Flug-Dienstleistungen, wobei diese Tätigkeiten vom Touristikministerium anzuerkennen sind; zusätzlich ist ein Jahr Berufserfahrung in einem Reisebüro in Israel erforderlich.

IV. Verantwortlichkeit des Reiseunternehmens

Mehrere europäische Staaten haben über die Verantwortlichkeit von Reiseunternehmen legiferiert; in der Regel wird diesen die uneingeschränkte Haftung für Schäden auferlegt, die der Reisende im Kontakt mit ihnen erleidet, ungeachtet der Ursache, des Ortes oder der technischen Gegebenheiten solcher Ereignisse. In Israel besteht (noch) keine entsprechende Sondergesetzgebung; die israelischen Gerichte stellen deshalb auf vertragliche und/oder ausservertragliche Haftungsgründe ab und wenden für Ereignisse im Flugbetrieb strikte die Bestimmungen des *Warschauer Abkommen zur Vereinheitlichung von Regeln über die Beförderung im internationalen Luftverkehr* von 1929 und des *Haager Protokolls zur Vereinheitlichung von Regeln über die Beförderung im internationalen Luftverkehr* von 1955 an.

Sofern keine Sonderbestimmungen anwendbar sind, wird die Verantwortlichkeit nach den allgemeinen Haftungsregeln ermittelt: Die Gerichte haben zu entscheiden, ob das verkaufende Reisebüro oder der Reiseveranstalter oder alle beide solidarisch haften. Dabei wird der Einzelfall analysiert und versucht, diejenige Partei haften zu lassen, die das Ereignis zu vertreten hat. Dieser Nachweis kann sich in der Praxis als schwierig, teilweise sogar als rechtshindernd erweisen.

Die Haftung von Reiseunternehmen beruht derzeit auf den folgenden Rechtsgrundlagen:

1. Das *Vertragsgesetz (Rechtsbehelfe bei Vertragsverletzung)* von 1970: Verletzungen ausdrücklicher, stillschweigender oder implizierter Vertragsbedingungen können den Kunden entweder zur Vertragsdurchsetzung oder zum Vertragsrücktritt berechtigen, wobei beide Varianten einen Schadenersatzanspruch einräumen.
2. Art. 35 der *Verordnung über zivilrechtliche unerlaubte Handlungen (neue Fassung)*: Sofern das Reiseunternehmen seine Verpflichtungen gegenüber dem Kunden auch nur fahrlässig verletzt, kann es zur Leistung von Schadenersatz verpflichtet werden.
3. Art. 63 der *Verordnung über zivilrechtliche unerlaubte Handlungen (neue Fassung)*: Verletzt das Reiseunternehmen durch Handlung oder durch Unterlassung zwingende gesetzliche Pflichten, wie sie zum Beispiel im *Gesetz über die touristischen Dienstleistungen* von 1976 festgehalten sind, wurde die verletzte Bestimmung zum Schutze der Kunden erlassen und wurde sie in einer Art und Weise verletzt, die gerade durch das Gesetz verhindert werden sollte, so haftet das Reiseunternehmen dem Kunden für den daraus entstandenen Schaden.

In der Regel werden Klagen sowohl gegen das Reisebüro als auch gegen den Reiseveranstalter erhoben. Kann das Reisebüro jedoch nachweisen, dass es gegenüber dem Kunden als blosser Agent oder Weiterverkäufer aufgetreten ist und die Veranstalterfunktion des Reiseveranstalters offengelegt hat, so entfällt seine Haftung im Sinne des *Vertragsgesetzes*. Handelte das Reisebüro professionell und kann ihm auch im Rahmen der Buchung beim Reiseveranstalter keine Fahrlässigkeit nachgewiesen werden, so entfällt auch dessen Haftung nach der *Verordnung über die zivilrechtlichen unerlaubten Handlungen.*

Klauseln betreffend Haftungsbefreiungen in Reiseprospekten werden als unzulässige Allgemeine Geschäftsbedingungen von den israelischen Gerichten als ungültig betrachtet und haben keine bindende Wirkung.

Die israelischen Gerichte beklagen eine Schwemme von Haftungsfällen im Tourismus-Bereich. Die neuen *Konsumentenschutzbestimmungen* von 1995 werden voraussichtlich die Justizbeanspruchung insbesondere im Bereich organisierter Gruppenreisen noch beträchtlich erhöhen.

V. Reiseführer und Gruppenbegleiter

A Reiseführer

Gemäss der *Reglementierung im Bereich touristischer Dienstleistungen (Reiseführer)* von 1967 hat die gesuchstellende Person vor Ausstellung einer Lizenz als Reiseführer eine Prüfung abzulegen. Ohne Lizenz ist die Berufsausübung verboten. Auch dürfen Reisebüros nur Personen als Reiseführer einsetzen, die im Besitze der betreffenden Lizenz sind. Die Lizenz ist jeweils bis Ende Dezember des folgenden Jahres gültig. Die Erneuerung setzt den nachweislichen Besuch von Fortbildungskursen voraus, die das Touristikministerium zu veranstalten pflegt.

Das Tourismusministerium ist berechtigt, die Lizenz als Reiseführer zu entziehen, sofern Handlungen oder Unterlassungen nachgewiesen sind, welche die Eignung zur Berufsausübung als Reiseführer in Frage stellen.

Nicht-jüdische Pilger aus dem Ausland pflegen eigene Reiseführer ins Land zu bringen.

B Gruppenbegleiter

Ein Gruppenbegleiter ist eine Person, die eine von einem Reiseveranstalter durchgeführte Gruppenreise begleitet und namentlich während der Reise die organisatorischen Fragen bearbeitet. Die gesetzlichen Bestimmungen über Gruppenbegleiter finden sich ebenfalls in der *Reglementierung der touristischen Dienstleistungen (Gruppenleiter bei Überseereisen)* von 1990. Einem Reiseveranstalter ist es nicht gestattet, unlizenzierte Gruppenbegleiter zu beschäftigen und auch nicht, eine Gruppenreise zu propagieren oder einen Prospekt herauszugeben, ohne darauf hinzuweisen, dass ein Gruppenbegleiter zugegen sein wird. Selbst Werbung in Übersee muss diesen Hinweis enthalten. Der Reiseveranstalter ist dafür verantwortlich, dass während der gesamten Dauer einer Gruppenreise ein Gruppenbegleiter anwesend ist.

Der Erwerb der Lizenz als Gruppenbegleiter setzt voraus, dass eine Touristikfachschule besucht und das Schlussexamen erfolgreich abgelegt wurden. Anschliessend folgt ein Praktikum bei einem diplomierten Gruppenbegleiter. Bei der Lizenzerteilung kann das Touristikministerium entsprechend den Sprachkenntnissen des Bewerbers die Berufsausübung auf Reisegruppen aus bestimmten Ländern beschränken. Die periodische Lizenzerneuerung kann an die Voraussetzung besuchter Fortbildungskurse gebunden werden. Das Touristikministerium ist auch berechtigt, die Lizenz zu widerrufen, wenn der Reisebegleiter in einer Weise straffällig oder sonst tätig wurde, die ihn für die Berufsausübung ungeeignet erscheinen lässt.

C Verantwortlichkeit und Haftung der Reiseführer und Gruppenbegleiter

Die Haftung der Reiseführer und Gruppenbegleiter wird nach den gängigen Bestimmungen des *Vertrags- und Haftpflichtrechts* begründet.

Reiseführer und Gruppenbegleiter können Angestellte eines Reiseveranstalters sein oder auf eigene Rechnung arbeiten.

Im ersteren Fall ist darauf hinzuweisen, dass ein Kollektivabkommen zwischen den israelischen Reiseunternehmern einerseits und der Vereinigung der Reiseführer und Gruppenbegleiter anderseits besteht, welches das arbeitsrechtliche Verhältnis regelt. Wird ein Reiseunternehmen für Handlungen oder Unterlassungen eines angestellten Reiseführers oder Gruppenbegleiters eingeklagt, so kann es dem betreffenden Angestellten den Streit verkünden. Ist dies nicht geschehen, kann das behaftete Reiseunternehmen den verantwortlichen Reiseführer oder Gruppenbegleiter wegen Verletzung des Arbeitsvertrages einklagen.

Selbstverständlich ist der Reiseführer und der Gruppenbegleiter dem einzelnen Reiseteilnehmer auch persönlich aus unerlaubter Handlung haftbar, falls er seine Tätigkeit nicht mit der üblicherweise erwarteten Sorgfalt ausgeübt hatte. Eine Vertragshaftung greift hingegen nur, wenn der Reiseführer oder Gruppenbegleiter auf eigene Rechnung arbeitete. Keinesfalls sind aber Reiseführer und Gruppenbegleiter generell für den Erfolg einer Reise verantwortlich.

VI. Hotels

A Allgemeines

Die das *Gesetz über die touristischen Dienstleistungen* von 1976 *ergänzende Reglementierung über Dienstleistungen im Touristikbereich* von 1992 stipuliert eine Lizenzierungspflicht für Hotelbetriebe. Voraussetzungen für die Lizenzerteilung sind:

1. gültige Geschäftslizenz,
2. Hotels mit über 50 Zimmern benötigen einen lizenzierten Hotelmanager,
3. das Hotel hat sich an die Reglementierungen des Touristikministeriums für Hotelbetriebe zu halten und
4. das Hotel muss alle gesetzlichen Bestimmungen einhalten, die sich auf Dienstleistungen und Betriebsführung für Hotels beziehen.

Ein registriertes Hotel hat dem Touristikministerium jährlich seine Preise anzuzeigen, und es muss diese auch tatsächlich einhalten. In jedem Zimmer sind die Preise gut sichtbar anzuschlagen und müssen die Befreiungen von der Mehrwertsteuerpflicht sowie Reduktionen enthalten. Sterne und ähnliche Qualifikationszeichen dürfen nicht in einer das Publikum irreführenden Art und Weise verwendet werden.

Das Touristikministerium ist berechtigt, erteilte Lizenzen zu entziehen, besondere Auflagen zu verfügen oder Verwarnungen auszusprechen, falls die Betriebsführung eines Hotels zu Beanstandungen Anlass gab; Beispiele für beanstandetes Verhalten sind die Erteilung unzutreffender Auskünfte an das Ministerium, die Verwendung höherer Preisansätze als der dem Ministerium vorgelegten oder die Einziehung von Gebühren, welche die in den Gästezimmern angeschlagene Bekanntmachung übersteigen. Sanktionen erfolgen auch dann, wenn die Dienstleistungen eines Hotels nicht dem genehmigten Standard entsprechen sowie wenn Gesundheit, Sicherheit oder Wohlbefinden der Gäste beeinträchtigt werden. Die Sanktionen des Touristikministeriums unterliegen dem Rekurs an den Touristikminister.

B Hotelfachleute

Die *Verordnung betreffend Überwachung von Gütern und Dienstleistungen* von 1965 schreibt vor, dass Hotelfachleute einer Anerkennung durch das Touristikministerium oder durch Personen bedürfen, die vom Touristikministerium zur Vergabe von Anerkennungen ermächtigt wurden.

Zur Anerkennung muss der Bewerber insbesondere eine vom Touristikministerium anerkannten Hotelfachschule erfolgreich abgeschlossen haben und dreijährige Berufserfahrung in einem Hotel von mindestens dreissig Gästezimmern nachweisen.

Zur Führung eines Hotels kann das Touristikministerium die entsprechende Lizenz erteilen, wenn der Bewerber entweder (a) sechs Jahre Erfahrung als Hotelmanager in einem Hotel mit mindestens dreissig Gästezimmern nachweist oder (b) zum Zeitpunkt der Gesuchstellung eine Position als Hotelmanager mit erfolgter Zulassung zur Fachprüfung an einer anerkannten Hotelfachschule bekleidet.

C Das Hotel als Verwahrer von Sachen der Gäste

Art. 12 des Verwahrungs- und Hinterlegungsgesetzes von 1967 ist eine der wenigen gesetzlichen Bestimmungen, die direkt auf die besondere Rechtsbeziehung zwischen Hotel und Gast Bezug nimmt. Nach dieser Bestimmung ist Art. 2(b) des Gesetzes betreffend die entgeltliche Verwahrung auch auf auf Hotels anwendbar. Entsprechend ist das Hotel verschuldensunabhängig für den Verlust oder die Beschädigung des in seiner Verwahrung befindlichen Eigentums der Gäste haftbar, es sei denn, unvorhersehbare und unabwendbare Umstände hätten den Schaden bewirkt (bei der unentgeltlichen Verwahrung haftet der Verwahrer hingegen nur für pflichtwidriges Verhalten). Tritt jedoch der Verwahrungszweck gegenüber der Besitzübertragung und der Ausübung der Besitzerrechte in den Hintergrund, beschränkt sich auch die Haftung des honorierten Verwahrers oder des Hotels auf blosse Pflichtwidrigkeiten.

Art. 12(c) des Gesetzes legt ferner fest, dass die verschärfte Haftung des Hotelbetriebes nur dann Platz greift, wenn der Gast die Geschäftsleitung über die Wertgegenstände informiert und auf deren Verlangen die Wertsachen zur Verwahrung übergeben hat. Unterblieb die Mitteilung an die Geschäftsleitung oder die Übergabe zur Verwahrung, so beschränkt sich die Haftung des Hotelbetriebes auf blosse Pflichtverletzungen. Die Haftung für Verlust oder Beschädigung von Gästeeigentum erlischt schliesslich, falls die Verlustanzeige an die Geschäftsleitung verspätet erfolgte.

Art. 12(e) verleiht Hotelbetrieben ein Retentionsrecht an den in ihren Räumlichkeiten befindlichen Effekten des Gastes, der seinen Verpflichtungen nicht nachkommt.

Besonders ist darauf hinzuweisen, dass laut israelischer Rechtsprechung die Hinterlegung von Wertsachen in einem Hotelsafe für sich allein keine entgeltliche Verwahrung begründet. Um die strengere Haftung zu bewirken, muss der Gast vielmehr die Geschäftsleitung des Hotels über den Inhalt des Safes in Kenntnis gesetzt haben. Billiger Schmuck gilt übrigens laut Gerichtspraxis nicht als Wertsache, die in einem Safe zu deponieren und dem Hotel zu notifizieren ist.

D Verschiedenes

Gemäss *Art. 492 des Strafgesetzbuches* ist die unterlassene Führung einer Gästeliste strafbar.

Art. 22, 27 und 28 der Verordnung betreffend die Überwachung von Gütern und Dienstleistungen untersagt, angebotene Dienstleistungen ohne Grund nicht zu erbringen. Gleiches stipuliert in leicht erweiterter Form *Art. 6 des Gesetzes über die touristischen Dienstleistungen* von 1976.

Die Beziehungen zwischen Reiseunternehmen einerseits und Hotelbetrieben anderseits sind in einem Kollektivabkommen zwischen der israelischen Hotelvereinigung und der Reiseunternehmer-Vereinigung niedergelegt. Im Falle einer Lücke wird, weil kein spezielles Hotelgesetz besteht, auf die *allgemeinen Regeln des Vertragsrchts* abgestellt oder auf den " Draft Convention for Hotel Keepers", des Internationalen Instituts für die Vereinheitlichung des Privatrechts (*Unidroit*).

VII. Time Sharing

Als *Time-Sharing* wird gemeinhin die gemeinsame Finanzierung und der gemeinsame Gebrauch von Ferienimmobilien durch mehrere Erwerber verstanden, wobei die vertragliche Ausgestaltung stark variieren kann. In Israel wurde bisher über das *Time Sharing* nicht legiferiert; ein Ausschuss des Justizministeriums befasst sich mit einem Gesetzesentwurf, der den Schutz des Käufers gewährleisten soll.

Die unqualifizierte Vorbereitung und Durchführung eines *Time-Sharing*-Projekts birgt die Gefahr der Insolvenz und damit der Schädigung der Käufer von *Time-Sharing*-Einheiten in sich. In diesem Zusammenhang stellen sich verschiedene Fragen, wie etwa, ob die Rechte des Käufers dinglicher oder vertraglicher Natur sind. Weil die Rechtslage unklar ist, besteht tatsächlich gesetzgeberischer Handlungsbedarf.

Gegenwärtig bleiben die Beteiligten auf die allgemeinen Regeln zur Vertragsverletzung verwiesen, wobei insbesondere auf die Regelung von Treu und Glauben bei der Vertragserfüllung gemäss *Art. 39 des Vertragsgesetzes (Allgemeiner Teil)* von 1973 zu berücksichtigen ist.

Nach der vorliegend vertretenen Auffassung sollten aufgrund des Grundsatzes von Treu und Glauben die Käufer in sämtlichen Angelegenheiten der Projektplanung, Projektverwirklichung und des Projektmanagements durch eine Gesellschaft oder eine Körperschaft vertreten sein. Diese Organisationsstruktur verleiht den Käufern einen rechtlichen Status, der ihnen gestattet, einstweilige Verfügungen zu beantragen und alle notwendigen rechtlichen Vorkehrungen zur Wahrung ihrer Rechte zu treffen.

VIII. Investitionen in Hotels in Israel

Nach dem *Gesetz betreffend Erleichterung von Kapitalinvestitionen* von 1959 berechtigen Investitionen in Bau oder Renovation von Hotels sowie Investitionen in andere Betriebe von touristischem Interesse den Investor zu staatlichen Krediten, Steuererleichterungen und staatlichen Garantien für Anleihen von Kommerzbanken.

Üblicherweise muss der Investor 30% der Projektkosten aufbringen, während der Rest durch eine staatliche Anleihe oder durch eine vom Staat garantierte Bankanleihe finanziert werden kann. Vor der Inangriffnahme eines Projektes ist ein Finanzplan zu erarbeiten, aus dem die Gewinnaussichten sowohl des Investors als auch des israelischen Staates hervorgehen müssen. Eine entsprechende Studie wird in der Regel von der involvierten Bank oder von einer dem Touristikministerium angegliederten Entwicklungsgesellschaft ausgearbeitet; die Erstellungskosten bewegen sich um die USD 5'000.

Die Investitionserleichterungen können schon vor dem Landerwerb beantragt werden. Liegen die geforderte Finanzierungsstudie sowie ein Bebauungsplan für das vorgesehene Hotelareal vor, so wird das Projekt durch den Investitions-Ausschuss des Touristikministeriums überprüft. Fällt die Begutachtung positiv aus - die Entscheidung ergeht innert einiger Wochen - , kann das Projekt weiterverfolgt werden. Die staatliche Anleihe wird allerdings erst ausbezahlt, nachdem der Investor seinen Teil von 30% investiert hat. Ohne das Landabtretungsverfahren vor der israelischen Bodenbehörde dauert das Verfahren drei bis vier Monate; das Landabtretungsverfahren kann länger dauern.

Das Touristikministerium gewährt auch Erleichterungen für Apartment-Hotels: Solche Hotels erhalten Bewilligungen, bis zu 50% der Apartments an im Ausland wohnhafte Personen zu verkaufen. Für Time-Sharing-Projekte bestehen keinerlei Erleichterungen.

IX. Fazit

Obschon Israel Gesetze und Bestimmungen besitzt, die sich auf den Tourismus beziehen, sind diese doch in keiner Weise der wichtigen Rolle angemessen, die Reisegeschäft und Tourismus in der Volkswirtschaft des Staates spielen.

Es wäre hilfreich, wenn sämtliche gesetzlichen Bestimmungen, die sich auf Reisegeschäft und Tourismus beziehen, in einem Tourismusgesetz niedergelegt würden, das mit der Gesetzgebung der europäischen Union über organisierte Reisen übereinstimmen sollte. Im weiteren würden sowohl die internationale Tourismusindustrie als auch der Reisende davon profitieren, wenn ein weltweit harmonisiertes Rechtssystem geschaffen würde, vergleichbar etwa mit den *Warschauer Abkommen* auf dem Gebiet der Aviatik.

Schliesslich würde ein international genehmigtes und anerkanntes Versicherungssystem im Reise- und Tourismusbereich sowohl den Touristen als auch die Tourismus-Industrie schützen und viel zum gegenseitigen Goodwill aller Beteiligten beitragen.

20 COMPUTERRECHT

Gideon Fisher[1]

Adriel Caro[2]

I. EINLEITUNG

Das neue *Computergesetz* von 1995 löst die Mehrzahl der juristischen Probleme, welche sich aufgrund der Unfähigkeit des bestehenden Systems ergaben, mit neuen technologischen Entwicklungen Schritt zu halten.

Das neue Gesetz bedeutet für die israelische Rechtswelt einen Schritt nach vorne und verringert die permanente Lücke zwischen Computern und anderen technologischen Entwicklungen auf der einen und der Gesetzgebung sowie richterlicher Auslegung auf der anderen Seite. Israel hat sich nun all den Ländern angeschlossen, welche bereits eine Computergesetzgebung erlassen haben.

Die Reform mit den zugehörigen Gesetzesänderungen wird einen weitreichenden Einfluss auf das Rechtssystem ausüben und jene Rechtsteilnehmer ermutigen, welchen die Verwendung von Computern und computergestützter Kommunikation ein integrierter Teil der Geschäftstätigkeit geworden ist.

Das *Computergesetz* trat am 25. Oktober 1995 in Kraft. Darin wird das Justizministerium ermächtigt, Ausführungsverordnungen zu erlassen, welche jedoch der Gutheissung durch den Verfassungs- und Gesetzgebungsausschuss der Knesset, des israelischen Parlaments, unterliegen.

Das Gesetz liefert Legaldefinitionen für Schlüsselbegriffe wie “Computer“, „Programm“, „Information“, „Output“ sowie „Computermaterial” und befasst sich mit verschiedenen Themen einschliesslich Haftpflichtrecht, Be-

---

[1] Gideon Fisher verfasste den englischen Originaltext. Er ist Rechtsanwalt in Tel Aviv und auf internationales Handels- sowie Immaterialgüterrecht spezialisiert. Ferner amtiert er als ausserordentlicher Professor an der juristischen Fakultät der Universität Tel Aviv sowie als Vorsitzender der EU-Kommission der israelischen Anwaltkammer in der Sektion Tel-Aviv.

[2] Adriel Caro, lic.iur. HSG, verfasste die deutsche Bearbeitung. Er ist Rechtsanwalt in Zürich.

weisrecht, Straf- und Strafprozessrecht (Durchsuchungen und Beschlagnahme). Es statuiert und regelt neue Straftaten, namentlich "Computervergehen", sowie neue Haftpflichttatbestände unter dem *Haftpflichtgesetz*. Beweisrechtliche und strafprozessuale Probleme werden durch indirekte Änderungen des *Beweisrechtsgesetzes* und der Strafprozessordnung normiert.

II. GEREGELTE BEREICHE

A Strafrecht

Das *Computergesetz* schafft in der Form neuer Straftatbestände konkrete, eigenständige Regelungen, welche insbesondere gegen die Störung oder Beeinflussung von Computern und Computerdaten, sowie das unerlaubte Eindringen in Computersysteme Schutz bieten sollen. Diese neu definierten "Computerstraftaten" ergänzen und aktualisiert das veraltende System der Straftatbestände, welches zuvor hinter dem Stand der Technik zurückgeblieben war und damit das tägliche Leben im allgemeinen und die Geschäftswelt im besonderen behindert hatte.

Das Gesetz widmet einen eigenen Abschnitt dem Thema "Computerviren", welche gesetzlich definiert werden. Abschnitt 6 des Gesetzes unterscheidet zwischen zwei Vergehensarten: Während die Herstellung oder das Editierens eines Virusprogrammes, lediglich mit drei Jahren Gefängnis bestraft wird, gilt die Übertragung eines Virus, respektive die Infizierung eines Computers als wesentlich schwerwiegender und kann mit einer Gefängnisstrafe bis zu fünf Jahren sanktioniert werden.

B Haftpflichtrecht

Bis zum Erlass des *Computergesetzes* bot das Haftpflichtrecht ungenügenden Schutz bei Schadenfällen, welche sich im Zusammenhang mit der Störung, Beeinträchtigung und der Löschung von Computermaterial/-daten ereigneten. Das *Computergesetz* regelt nun entsprechende Haftpflichttatbestände unter Bezugnahme auf das *Haftpflichtgesetz*

Weil das *Computergesetz* das unrechtmässige Eindringen in ein Computersystem unter Strafe stellt, werden die Gerichte eine solche Handlung als einen Haftungsgrund aus unerlaubter Handlung und als einen Bruch von Vertragspflichten werten.

Das Gesetz hat dem Beklagten die Beweislast dafür auferlegt, dass eine Handlung rechtmässig war, was die Situation des Klägers wesentlich erleichtert. Jedoch muss der Kläger, um Schadenersatz zu erhalten, nachweisen, dass der erlittene Schaden auf eine Sorgfaltspflichtverletzung des Beklagten zurückzuführen ist oder von diesem vorsätzlich verursacht wurde.

C Beweisrecht

Dieser Abschnitt des Gesetzes stellt die wichtigste Neuerung dar und ist insofern fortschrittlich, als dass er präzise den technologischen Fortschritt widerspiegelt. Das Gesetz erweitert den Anwendungsbereich der Abschnitte 35 und 36 des *Beweisgesetzes*, welche zuvor nur auf Bankinstitute anwendbar waren:

Nach dem Vorbild des englischen Rechtssystems kennt das israelische Recht den Grundsatz, dass Beweise aus zweiter Hand ungültig sind und entsprechend Dokumente grundsätzlich der Bestätigung durch eine Zeugenaussage bedürfen. Demgegenüber verleiht nun die Gesetzesnovelle "institutionellen Aufzeichnungen", welche im ordentlichen Betrieb gewisser Institutionen hervorgebracht werden, verstärkte Beweiskraft, indem sie keiner Bestätigung durch Zeugenaussagen bedürfen. Als "Institution" im Sinne des Gesetzes gelten: Der Staat, lokale Behörden, Gewerbe sowie sämtliche Tätigkeiten, welche eine öffentlich zugängliche Dienstleistung erbringen. Im Gegensatz zur früheren Praxis ist nunmehr der ausschliessliche Gebrauch "institutioneller Aufzeichnungen" als Beweismittel zulässig.

Damit ein Dokument als Beweisstück zugelassen wird, müssen jedoch folgende Voraussetzungen nachgewiesen sein:

1. Die Institution zeichnet routinemässig Geschehnisse kurz nach deren Ereignis auf;
2. Die verwendete Methode, Information zu sammeln und aufzubereiten, ist ein Indikator für die Authentizität des Inhaltes dieser Information;
3. Wenn es sich bei der Aufzeichnung um Computeroutput handelt, muss das folgende bewiesen werden:
   (a) Dass die zur Aufzeichnung verwendete Methode deren Authentizität manifestiert;
   (b) Dass die Institution regelmässig angemessene Schutzmassnahmen ergreift, um das unbefugte Eindringen in Computerdaten und die Störung des Computerbetriebes zu verhindern.

Das Gesetz sieht ebenfalls eine Ausnahme von der Beweisregel vor, dass nur Originale als Beweise zulässig sind, indem es erlaubt, dass die Richtigkeit des Inhaltes institutioneller Aufzeichnungen mittels einer Fotokopie nachgewiesen wird. Diesbezüglich gilt hingegen ein Computeroutput, der die Voraussetzungen einer institutionellen Aufzeichnung erfüllt, nicht als Kopie, sondern als Original.

Ein spezielles Augenmerk muss auf die gesetzlichen Anforderungen bezüglich eines angemessenen Schutzes von Computerdaten gegen unbefugte Einsichtnahme gerichtet werden. Jede Institution und jedes Geschäft muss diese Anforderungen erfüllen, um die beweisrechtlichen Erleichterungen der Novelle beanspruchen zu können. Die Anforderungen müssen sowohl dann eingehalten werden, wenn mit einer die Authentizität manifestierenden Methode Ereignisse aufgezeichnet oder Material gesammelt und aufbereitet wird, als auch wenn Massnahmen gegen Eindringen und Störung ergriffen werden.

D Durchsuchungs- und Beschlagnahmerecht

Die wichtigste Bestimmung, welche das Durchsuchen und die Beschlagnahme von Computern und Computerdaten regelt, findet sich in Abschnitt 23(a) der Strafprozessordnung. Diese Bestimmung sieht vor, dass die Durchsuchung von Computermaterial/-daten nur aufgrund eines gerichtlichen Befehls gestattet ist, in welchem ein Richter ausdrücklich das Eindringen in Computersysteme oder die Produktion von Computeroutput erlaubt. Im Befehl müssen die Bedingungen und der Zweck der Durchsuchung aufgeführt sein.

Die Bedeutung dieser Bestimmung liegt darin, dass ohne richterlichen Befehl die Polizei – auch während einer Hausdurchsuchung – nicht befugt ist, in Computersysteme einzudringen. Gemäss der Änderung des *Abhörgesetzes* von 1995 sowie der Strafprozessordnung wird Information aus der Kommunikation zwischen Computern, welche bei einer Durchsuchung von Computermaterial/-daten entdeckt wird, im Strafprozess als Beweis dann zugelassen, wenn die Durchsuchung aufgrund eines richterlichen Durchsuchungsbefehls erfolgte.

Infolge der neuen Gesetzgebung und den erwähnten Ergänzungen zum *Abhörgesetz* benötigt eine Behörde, welche ein Interesse daran hat, die Kommunikation zwischen Computern zu überwachen, eine Bewilligung. Es ist jedoch nicht notwendig, über einen richterlichen Durchsuchungsbefehl im Sinne der Strafprozessordnung zu verfügen, zumal es sich hierbei nicht um einen Fall von Eindringen in Computermaterial/-daten, sondern um einen Fall von Abhörung im Sinne des *Abhörgesetzes* handelt.

Wenn Informationen aus einem Computer ohne die notwendige Bewilligung beschafft werden, ist das entsprechende Beweismaterial nach Abschnitt 13(a) nicht verwendbar. Gleichzeitig ist ein richterlicher Durchsuchungsbefehl notwendig, um in Computermaterial/-daten einzudringen und/oder Computeroutput beschaffen zu können, da es sich hierbei um einen Fall von Durchsuchung und nicht um Abhörung handelt. Informationen, die der Kommunikation zwischen Computern entstammen, welche im Zuge einer gesetzmässigen Hausdurchsuchung bekannt werden, werden nicht als ein Fall von unzulässiger Abhörung behandelt, selbst wenn zuvor kein spezieller richterlicher Durchsuchungsbefehl vorliegt. Zusammenfassend gesagt ist es verboten, einen Computer oder Computerdaten ohne vorgängigen richterlichen Befehl zu beschlagnahmen.

III. Schutz der Privatsphäre

Nach seiner neuesten Novellierung im Jahre 1996 ist auch das *Gesetz zum Schutze der Privatsphäre* dem Stand der Technik angepasst worden und erweitert den bisherigen Schutz der Privatsphäre gegen die missbräuchliche Verwendung von Computerdatenbanken. Das geänderte Gesetz beinhaltet folgende Aspekte:

- Eine besser verständliche Definition des Begriffs der "Datenbank" und die Verpflichtung, gewisse Arten von Datenbanken registrieren zu lassen.
- Der Justizminister stellt eine "Überwachungseinheit" auf, welche die Registrierung und Sicherheit von Datenbanken überwachen soll.
- Das geänderte Gesetz regelt und limitiert das Instrument der "direct mailings".
- Die Sanktionen bei Gesetzesverstössen wurden verschärft.

INDEX

E

F

G

H

I

J

K

L

M

N

O

P

S

T

www.ingramcontent.com/pod-product-compliance
Lightning Source LLC
LaVergne TN
LVHW042239300926
849161LV00003B/400